ASAS DA
LOUCURA

Paul Hoffman

ASAS DA LOUCURA
A EXTRAORDINÁRIA VIDA DE SANTOS DUMONT

Tradução
Marisa Motta

1ª edição

EDITORA RECORD
RIO DE JANEIRO • SÃO PAULO
2023

CIP-BRASIL. CATALOGAÇÃO NA PUBLICAÇÃO
SINDICATO NACIONAL DOS EDITORES DE LIVROS, RJ

H648a Hoffman, Paul
          Asas da loucura : a extraordinária vida de Santos Dumont / Paul
       Hoffman ; tradução Marisa Motta. - 1. ed. - Rio de Janeiro : Record, 2023.

          Tradução de: Wings of madness: Alberto Santos-Dumont and the invention of flight
          Inclui índice
          ISBN 978-65-5587-288-0

          1. Santos-Dumont, Alberto, 1873-1932. 2. Aviadores - Biografia - Brasil.
       3. Inventores - Biografia - Brasil. 4. Aeronáutica - Brasil - Biografia. I. Motta,
       Marisa. II. Título.

23-82848   CDD: 926.2913092
                                  CDU: 929:629.7

Gabriela Faray Ferreira Lopes - Bibliotecária - CRB-7/6643

Título em inglês:
Wings of madness: Alberto Santos-Dumont and the invention of flight

Copyright © 2003 by Paul Hoffman

Todos os direitos reservados. Proibida a reprodução, armazenamento ou transmissão de
partes deste livro, através de quaisquer meios, sem prévia autorização por escrito.

Texto revisado segundo o Acordo Ortográfico da Língua Portuguesa de 1990.

Direitos exclusivos de publicação em língua portuguesa somente para o Brasil
adquiridos pela
EDITORA RECORD LTDA.
Rua Argentina, 171 – Rio de Janeiro, RJ – 20921-380 – Tel.: (21) 2585-2000,
que se reserva a propriedade literária desta tradução.

Impresso no Brasil

ISBN 978-65-5587-288-0

EDITORA AFILIADA

Seja um leitor preferencial Record.
Cadastre-se no site www.record.com.br
e receba informações sobre nossos
lançamentos e nossas promoções.

Atendimento e venda direta ao leitor:
sac@record.com.br

Para Ann, Alexander e Matt

Sumário

Prólogo: Um jantar suspenso (Champs-Élysées, 1903)	9
1. A chegada (Minas Gerais, 1873)	15
2. "O lugar mais perigoso para um rapaz" (Paris, 1891)	26
3. O primeiro voo (Vaugirard, 1897)	37
4. Sede de ciência (Paris, 1899)	60
5. O segredo do abutre	77
6. Uma tarde sobre o castanheiro dos jardins do barão de Rothschild (Paris, 1901)	87
7. "Os pobres serão os perdedores!" (Torre Eiffel, 1901)	107
8. "Os exércitos se transformam em pilhéria"	125
9. Um mergulho inesperado no Mediterrâneo (Baía de Mônaco, 1902)	134
10. "A aerostação é inútil, diz lorde Kelvin" (Londres e Nova York, 1902)	148
11. O primeiro carro aéreo do mundo (Paris, 1903)	171
12. Facadas malévolas e um suborno russo (St. Louis, 1904)	193
13. "Um aeroplano levantou voo propelido por um pequeno motor, Santos Dumont realiza um feito inédito na Europa" (Paris, 1906)	207
14. "Uma guerra de engenheiros e químicos"	229
15. "A cavalaria das nuvens"	240
16. Partida (Guarujá, 1932)	247
Post-mortem: À procura de um coração (Campo dos Afonsos, 2000)	256

Origens e agradecimentos	261
Notas	267
Escritos de Santos Dumont	285
Leituras de Santos Dumont	287
Feitos de Santos Dumont	289
Índice	295

Prólogo

Um jantar suspenso
(Champs-Élysées, 1903)

Em dezembro de 1903, Alberto Santos Dumont, o pioneiro da aviação, havia onze anos residindo em Paris, ofereceu uma pequena recepção em seu apartamento na Champs-Élysées. Louis Cartier, o joalheiro, estava lá, bem como a princesa Isabel, filha de D. Pedro II, o último imperador do Brasil. Como não houve uma lista impressa de convidados, pode-se apenas conjeturar quem eram os outros participantes do jantar. Mas seus parceiros regulares dos jantares e amigos próximos incluíam George Goursat, o sofisticado escritor e cartunista que desenhava caricaturas dos ricos e famosos nas paredes dos restaurantes da moda; Gustave Eiffel, o arquiteto da torre; Antônio Prado Jr., filho de um embaixador brasileiro; dois ou três Rothschild, os primeiros a conhecerem Santos Dumont — agora com 30 anos —, quando a aeronave experimental caiu em seus jardins; a imperatriz Eugênia, viúva reclusa de Napoleão III; e alguns reis, rainhas, duques e duquesas, tão numerosos que é impossível mencionar todos os nomes.

Quando o mordomo de Santos Dumont levou os convidados à sala de jantar, eles acharam divertido subir numa escada portátil para se sentarem em cadeiras com pés compridos colocadas ao redor de uma mesa ainda mais alta. Porém não ficaram surpresos. Desde o fim dos anos 1890, Santos Dumont costumava dar "jantares aéreos". Os primeiros foram em mesas e cadeiras normais suspensas por cabos que eram presos no teto de grande pé-direito do apartamento. Isso funcionava quando o franzino brasileiro, que pesava pouco mais de 50 quilos, jantava sozinho, mas, ao reunir um grupo, o teto acabou cedendo ao peso dos convidados. Santos Dumont era um artesão habilidoso, que aprendera marcenaria com os empregados da fazenda de café de seu pai, e então construíra as mesas e as cadeiras com pés compridos, que se tornaram características de seu apartamento desde então. Nos primeiros jantares, os convidados, entre goles de absinto verde-leitoso, perguntavam sempre qual era o objetivo da mesa tão alta. E o tímido anfitrião, que preferia que os outros falassem, corria seus dedos cheios de anéis entre os cabelos negros partidos ao meio, num estilo visto quase sempre em mulheres, e explicava com malícia que era para que imaginassem como seria a vida numa máquina voadora. Os convidados riam. As máquinas voadoras não existiam nos anos 1890, e os prognósticos científicos eram desanimadores. Santos Dumont ignorava os risinhos sarcásticos e insistia que em breve elas estariam em toda parte.

Os balões a gás eram vistos normalmente no céu de Paris ao final do século XIX, mas não eram máquinas voadoras. Sem a força de um motor, os grandes globos flutuantes — descritos como esféricos, mas, na verdade, com a forma de uma pera invertida — estavam sempre à mercê do vento. Na virada deste século, Santos Dumont revolucionou o mundo da aeronáutica. Instalou um motor de automóvel e um propulsor em um balão e, para torná-lo aerodinâmico, deu-lhe o formato de um charuto alongado. No dia 19 de outubro de 1901, milhares de pessoas o viram circum-navegar a torre Eiffel em sua nova aeronave. A multidão que se aglomerou nas pontes do Sena era tão numerosa que muitos caíram no rio ao escalar os parapeitos para ter uma visão melhor. Os cientistas que observaram o voo do apartamento de Gustave Eiffel no alto da torre tinham a certeza de que ele não conseguiria realizá-lo. Temiam que um vento imprevisível o impelisse contra o para-raios da torre. Outros estavam convencidos de que o balão explodiria. Quando Santos Dumont contrariou todas as previsões, Júlio Verne e H. G. Wells enviaram-lhe telegramas de congratulações.

No fim de 1903, à época dos jantares com Cartier e com a princesa Isabel, ele tornara-se uma figura familiar no céu de Paris. Desenhara uma pequena aeronave, que seus admiradores chamavam de Baladeuse ("Andarilho"), seu transporte pessoal, na qual passeava, amarrando-a nos lampiões a gás diante dos locais noturnos em moda na cidade. O Baladeuse era tão fácil de manejar quanto a nova invenção, o automóvel, que percorria, barulhento, as ruas de Paris, mas tinha a vantagem de não assustar os cavalos nem os pedestres ao voar. Os dirigíveis de corrida maiores eram mais complicados de manobrar, e Santos Dumont queixou-se com Cartier que não conseguia calcular o tempo de seus voos porque era muito perigoso tirar as mãos dos controles para puxar o relógio de bolso. Cartier prometeu arranjar uma solução e logo depois inventou um dos primeiros relógios de pulso para ele — uma versão comercial que se tornaria acessório indispensável para os parisienses sofisticados.

Santos Dumont tinha a visão romântica de que todas as pessoas no mundo possuiriam seus próprios Baladeuses e, assim, seriam livres como pássaros para viajar a qualquer lugar que quisessem e a qualquer momento que lhes desse vontade. O futuro das aeronaves, pensava, estava no balão mais leve que o ar e não no aeroplano mais pesado que o ar, o qual, até quanto sabia, não progredira além dos planadores não propelidos. Ele imaginava aeronaves gigantescas — não zepelins rígidos, mas balões grandes e flexíveis, com o local de carga suspenso na parte de baixo — transportando passageiros entre Paris e Nova York, Berlim e Calcutá, Moscou e Rio de Janeiro.

Santos Dumont não acreditava em patentes e divulgou amplamente os projetos de seus dirigíveis. Ele via as aeronaves como carruagens da paz conectando culturas diferentes para que os povos se conhecessem, reduzindo, dessa forma, possíveis hostilidades. Em retrospecto, parece uma ideia ingênua, com a Primeira Guerra Mundial uma década adiante, porém seu otimismo não era incomum nos meios científicos na virada do século, quando novidades como a luz elétrica, o automóvel e o telefone transformaram de modo radical a sociedade.

Nessa noite de dezembro de 1903, Santos Dumont e seus amigos conversaram sobre o ano esplêndido que ele passara. Não tivera seus acidentes usuais, que o tornaram famoso como o homem que desafiava constantemente a morte. Não caíra em telhados de hotéis parisienses nem fizera mergulhos inesperados no Mediterrâneo, ou súbitas aterrissagens em locais estranhos. Fora um ano tranquilo. No Baladeuse, ele tinha o céu da França. Era o único que estava sempre voando em uma aeronave. Quando o copeiro serviu vinho aos convidados, Cartier e a princesa Isabel fizeram um brinde à engenhosidade do anfitrião. Ninguém mais estava perto de dominar o ar — ou assim parecia.

Ansioso por um novo desafio, Santos Dumont juntou-se à competição para construir e voar no primeiro avião do mundo. Durante uns poucos meses, parecia ter sido bem-sucedido, mas, depois de um voo pioneiro duramente discutido, a glória coube a Wilbur e Orville Wright, que haviam feito uma experiência em segredo. Santos Dumont reteve a distinção de ter voado no primeiro avião na Europa, e seu entusiasmo e sua perseverança inspiraram aeronautas em todo o continente.

No início, a aeronáutica na Europa funcionava como um clube de cavalheiros. Os encontros de balões nas manhãs de domingo substituíam as partidas de polo ou as caçadas de raposas. As máquinas voadoras eram um divertimento para os homens ricos que possuíram os primeiros automóveis — os barões do petróleo, os advogados abastados e os magnatas da imprensa. Eles aceitaram Santos Dumont como um deles porque era o filho bem-educado de um rico fazendeiro de café. Eles apoiavam os inventores de dirigíveis e aviões, financiando seus projetos e oferecendo prêmios lucrativos para experimentos aeronáuticos "pioneiros": o primeiro a contornar a torre Eiffel num balão a motor, o primeiro a voar 45 metros em um avião e o primeiro a atravessar o canal da Mancha.

O aspecto recreativo dessas competições tinha como objetivo disfarçar seu perigo. Mais de duzentos homens, muitos deles com mulheres e crianças, alguns grandes engenheiros e inventores à sua época, morreram em acidentes antes do sucesso de Santos Dumont. Os pioneiros da aeronáutica não conheciam as técnicas modernas para construir uma aeronave capaz de voar com segurança. A única maneira de provar que poderiam voar era fazendo experimentos arriscados, porque a maioria dessas máquinas precárias não ascendia, não tinha estabilidade no ar ou não conseguia pousar ilesa. Santos Dumont conhecia os riscos da aerostação. E embora falasse com os amigos que voar era o maior prazer de sua vida, não teria se exposto tanto ao perigo se não fosse por uma meta mais ambiciosa — a invenção de uma tecnologia que revolucionaria os meios de transporte e promoveria a paz mundial.

A primeira metade de sua meta realizou-se durante sua vida. Hoje, o avião é o principal meio de transporte de longa distância. Só nos Estados Unidos decolam 90,7 mil voos por dia. E no Brasil, 157 aviões partem para a Europa toda semana. O tempo de voo de São Paulo a Paris é de onze horas, um percurso que Santos Dumont faria em mais de uma semana de navio e trem. No entanto, seu objetivo de contribuir para a paz mundial não foi plenamente realizado. Os aviões comerciais, o telefone, o rádio, a televisão e, agora, a internet transformaram o mundo em uma comunidade global. Se um terremoto atingir El Salvador, o transporte aéreo de alimentos de Londres para o local atingido pode ser realizado em horas. Se uma epidemia de Ebola for detectada no Congo, os médicos dos Centers for Disease Control podem chegar lá em um dia. Porém, a aviação militar fez milhares de vítimas não apenas em Hiroshima e Nagasaki, mas também no curso normal da guerra. E em uma manhã do dia 11 de setembro de 2001, algo inconcebível aconteceu: dois aviões comerciais converteram-se diabolicamente em mísseis de ataque a arranha-céus. A primeira grande invenção do século XX tornou-se o pesadelo do século XXI.

A motivação dos irmãos Wright ao desenvolver o avião era diferente da de Santos Dumont. Eles não eram idealistas nem sonhavam reunir pessoas distantes umas das outras. Não buscavam emoções fortes nem romantizavam o prazer de voar ou tinham certa espiritualidade aérea. Não eram esportistas com senso de humor e, com certeza, não ofereciam jantares em cadeiras com pés compridos. Eles pretendiam construir aeronaves com intuito financeiro, e quando inicialmente o governo dos Estados Unidos se recusou a financiá-los, eles não tiveram escrúpulos em se aproximar de militares estrangeiros.

Às vésperas da Primeira Guerra Mundial, quando era evidente que o avião poderia ser usado como arma de destruição em massa, Santos Dumont foi o primeiro aeronauta a manifestar-se contra a militarização das aeronaves. Era uma voz solitária, conclamando os chefes de Estado a desativar suas bombas. Orville Wright não se juntou a esse apelo (nessa época, Wilbur já havia morrido).

Santos Dumont foi talvez o homem mais prestigiado de Paris nos primeiros anos do século XX. Sua imagem elegante estampava caixas de charutos, caixas de fósforos e aparelhos de jantar. Desenhistas de moda fizeram negócios prósperos com réplicas de seu chapéu-panamá e com seus colarinhos altos e duros dos quais ele tanto gostava. Fabricantes de brinquedos não conseguiam produzir quantidade suficiente de modelos de seus balões. Até mesmo os confeiteiros franceses o homenageavam com bolos em forma de charuto decorados com as cores da bandeira brasileira.

Ele era famoso em ambos os lados do canal da Mancha — na verdade, em ambos os lados do Atlântico. "Quando os nomes daqueles que ocuparam posições de destaque no mundo forem esquecidos", declarou o *Times* londrino em 1901, "um nome permanecerá em nossa memória, o de Santos Dumont".[1]

Hoje, seu nome quase não é lembrado fora do Brasil, onde ainda é um herói de míticas proporções. Uma cidade, um grande aeroporto e diversas ruas têm seu nome. A mera menção de seu nome provoca um sorriso na maioria dos brasileiros quando eles imaginam a época em que seu ousado conterrâneo cruzava orgulhosamente os céus em um pequeno balão. Assim como o resto do mundo em grande parte esqueceu Santos Dumont, os brasileiros, ao romantizá-lo em poemas, canções, estátuas, bustos, pinturas, biografias e comemorações em sua memória, esquecem seu lado negativo. Ele foi um gênio torturado, um espírito livre que buscava escapar do confinamento da gravidade, da rivalidade dos companheiros aeronautas, do isolamento de sua educação no meio rural, da visão estreita dos cientistas mais velhos, da conformidade da vida de casado, dos estereótipos sexuais, e mesmo do destino de sua querida invenção.

Muitos meninos sonharam em ter uma máquina de voar, uma espécie de carro alado que pudesse decolar e pousar em qualquer lugar sem precisar de uma pista de pouso. No século XXI, ninguém realizou esse sonho. Uma pequena elite corporativa utiliza helicópteros para ir ao trabalho, voando entre locais de pouso seguros e os telhados dos escritórios. Mas mesmo um poderoso industrial cosmopolita não pode voar até seu restaurante favorito, o teatro ou uma loja. Um único homem na história usufruiu essa liberdade. Seu nome foi Alberto Santos Dumont, e seu corcel aéreo era um balão dirigível.

1

A chegada

(Minas Gerais, 1873)

Alberto Santos Dumont nasceu durante o reinado de D. Pedro II, em 20 de julho de 1873, em um local remoto de Minas Gerais. Os pais de Alberto, Henrique Dumont e Francisca de Paula Santos, foram a primeira geração de brasileiros a viver no distrito de João Aires, na minúscula cidade de Cabangu. No início, Cabangu consistia em apenas sua casa. Henrique era engenheiro e fora contratado para construir uma extensão da Estrada de Ferro D. Pedro II até essa longínqua região de Minas Gerais. A estrada de ferro fazia parte de um vasto projeto de obras públicas do imperador, e foi uma honra para Henrique receber essa incumbência. A desvantagem era a vida tão isolada.

Quando Alberto tinha 6 anos, o trabalho de construção da ferrovia terminou, e seu pai, com a herança da esposa, mudou-se com a família para as terras férteis do estado de São Paulo e comprou uma fazenda de café. A mudança foi difícil; foi preciso arar o terreno, plantar 500 mil pés de café, construir paióis para estocar, secar e beneficiar os grãos, e moradias para os trabalhadores e feitores. A propriedade era tão extensa que Henrique construiu uma estrada de ferro com 96 quilômetros de comprimento para percorrê-la e comprou sete locomotivas. O trabalho foi recompensador. Henrique, apelidado de "rei do café" pela imprensa, logo se tornou dono de uma das maiores fazendas do país. A fortuna recém-adquirida permitiu-lhe importar professores europeus para os filhos e enviar Alberto, mais velho, para colégios particulares em São Paulo e Ouro Preto. Santos Dumont escreveu mais tarde:

Os europeus imaginam as plantações brasileiras como pitorescas colônias primitivas, perdidas na imensidade do sertão, não conhecendo melhor a carreta nem o carrinho de mão que a luz elétrica ou o telefone.

Em verdade, há, em certas regiões recuadas do interior, colônias desta espécie [...]. Atravessei algumas delas [...]. Tais não eram porém as plantações de café de São Paulo.

Dificilmente se conceberia meio mais sugestivo para a imaginação de uma criança que sonha com invenções mecânicas.[1]

Aos 7 anos, ele dirigia as locomóveis, máquinas a vapor sobre rodas utilizadas para carregar os frutos vermelhos de café dos campos para a estrada de ferro. Cinco anos depois, persuadiu o maquinista a deixá-lo guiar uma enorme locomotiva Baldwin e transportar um vagão cheio de grãos para a usina de beneficiamento.

Dos oito filhos de Henrique, Alberto era o sexto e o mais novo dos três meninos, e o que mais se interessava pela mecânica de produção do café. Ele conhecia cada etapa do longo processo. "Presumo que, em geral, não se faz nenhuma ideia do método todo científico que preside à exploração de uma fazenda de café no Brasil",[2] ele recorda, desde o momento em que os frutos são colhidos e entram nos vagões, até quando o subproduto é embarcado nos navios transatlânticos. Em *Os meus balões*, sua autobiografia escrita em 1904, Santos Dumont descreve com minúcias o processo de produção de café na fazenda da família.

[...] Os grãos vão primeiramente a grandes tanques cheios d'água continuamente agitada e renovada. A terra aderente deposita-se no fundo e os grãos flutuam, conjuntamente com os detritos vegetais, e são carregados ao longo de uma calha inclinada, cujo fundo é crivado de pequenos orifícios. Através desta passa o café com um pouco d'água, ao passo que os pedaços de madeira e folhas continuam flutuando.

Eis assim os grãos limpos. Guardam sempre a cor vermelha e o aspecto e tamanho das cerejas.

Cada fruto contém duas sementes, cada uma das quais está envolvida por uma película.

Na sua passagem a água arrasta os grãos ao despolpador, que, esmagando a polpa externa, produz o isolamento das sementes.

Longos tubos, ditos secadores, recebem estas ainda molhadas e revestidas da película e as agitam sem cessar, ao mesmo tempo que as submetem à ação do ar quente. O café é muito delicado e deve ser manuseado cuidadosamente.

Uma vez secas, são as sementes apanhadas pelos alcatruzes de uma elevadora sem fim, que as conduzem até um outro edifício, onde ficavam as demais máquinas.

A primeira destas é um ventilador munido de peneiras de vai e vem, que apenas deixam passar entre suas malhas os grãos. Nenhum destes se perde aí; nenhuma impureza fica. O mais insignificante calhau ou fragmento de madeira que passasse seria, aliás, bastante para avariar a máquina seguinte, o descascador, que é um conjunto de peças de extrema finura.

Apanhadas por um outro elevador, de cadeia sem fim, as sementes, agora descascadas, mas sempre misturadas com as cascas, são levadas a um novo ventilador, onde as últimas, pela sua leveza, são arrastadas pelo vento.

A operação seguinte tem lugar no separador, que é um grande tubo de cobre, de 7 metros de comprimento por 2 de diâmetro, em posição ligeiramente inclinada. Este tubo, no seu primeiro percurso, tem uns pequeninos crivos pelos quais passam os grãos menores; depois orifícios maiores, que dão passagem aos de tamanho médio; e mais adiante, orifícios ainda mais largos, para a saída dos grãos volumosos que constituem o moka.

A função do separador consiste, portanto, em separar o café conforme o tamanho. Cada tipo cai sobre uma tremonha particular. Embaixo estão as balanças e os homens com os sacos. À medida que cada saco recebe o seu peso normal de café, é substituído por outro, vazio. Assim se formam repetidamente lotes enormes, que, depois de costurados e marcados, são expedidos para a Europa.[3]

Quando menino, Santos Dumont passava dias inteiros observando as máquinas e aprendendo a consertá-las. Elas quebravam com muita frequência.

[...] As peneiras móveis, especialmente, arriscam-se a se avariar a cada momento. Sua velocidade bastante grande, seu balanço horizontal muito rápido consumiam uma quantidade enorme de energia motriz. Constantemente fazia-se necessário trocar as polias. E bem me recordo dos vãos esforços que empregávamos para remediar os defeitos mecânicos do sistema.

Causava-me espécie que, entre todas as máquinas da usina, só essas desastradas peneiras móveis não fossem rotativas. Não eram rotativas e eram defeituosas! Creio que foi este pequeno fato que, desde cedo, me pôs de prevenção contra todos os processos mecânicos de agitação, e me predispôs a favor do movimento rotatório, de mais fácil governo e mais prático.[4]

A preferência pelos motores rotativos o ajudou muito na construção das máquinas voadoras quando adulto.

Alberto também era o faz-tudo da casa. A máquina de costura da mãe travava constantemente, e ele parava qualquer coisa que estivesse fazendo para consertá-la. Quando as pernas ou os braços das bonecas das irmãs caíam, ele os colocava de novo no lugar. Quando as rodas das bicicletas dos irmãos entortavam, era ele quem as alinhava.

Alberto era um menino solitário e sonhador, e preferia a companhia das máquinas da usina às refeições com a família. O ambiente em casa era quase sempre tenso. O pai, um homem racional e de espírito científico, zombava abertamente da profunda religiosidade e das superstições da mãe nos jantares com a família. Embora Henrique apreciasse a fascinação do filho mais novo pela tecnologia, ele não compreendia por que Alberto não se interessava em caçar, brigar e outras atividades masculinas como os irmãos. Alberto nunca se juntava aos homens nos passeios a cavalo e nos piqueniques em locais distantes da fazenda.

À noite, lia até bem tarde. O pai, que estudara engenharia em Paris na École Centrale des Arts et Métiers, tinha espalhadas pela casa pilhas de livros em francês, inglês e português. Alberto leu a maioria deles, até mesmo os manuais técnicos. Os livros favoritos eram de ficção científica. Ele gostava da imagem de Júlio Verne de um céu povoado de máquinas voadoras e, aos 10 anos, já tinha lido todos os seus romances. Aprendeu nos livros de engenharia do pai que o balão de ar quente fora inventado em 1783, por Joseph e Etienne Montgolfier, fabricantes de papel em Annonay, na França, uma cidade no vale do Ródano, a 64 quilômetros de Lyon. Os irmãos Montgolfier construíram um grande invólucro em forma de pera, de papel e seda, com uma abertura na base para ser inflado com a fumaça de palha queimada. Um relato dizia que a inspiração viera quando Joseph jogou despropositadamente uma embalagem cônica de papel do pão doce na lareira e, surpreso, viu-a subir pela chaminé sem queimar. Outra história a atribuía ao ver a camisola de sua mulher levitar depois que ela a colocara diante do forno para secar.

O fato de que "milhões de pessoas" ao longo da história viram o mesmo fenômeno, observou um comentarista, "e que não tenham tirado proveito prático dessa experiência, só engrandece aqueles que a partir de indícios tão banais fizeram a descoberta".[5] O projeto mais antigo de aerostação, como o balonismo era chamado, precedeu os Montgolfier em 2 mil anos, mas provavelmente não é autêntico. Em *As noites áticas*, o escritor romano Aulo Gélio descreveu uma pomba voadora construída por Arquitas de Tarento, um matemático pitagórico que viveu no século IV a.C. Era um "modelo com a forma de uma pomba ou de um pombo esculpido em madeira dotado de um mecanismo engenhoso que lhe permitia voar: equilibrava-se muito bem e movia-se impulsionado por um fluxo de ar oculto e direcionado".[6] Embora o "ar oculto e direcionado" sugira uma antecipação do balão de ar quente, é duvidoso que um pássaro de madeira oco fosse suficientemente leve para ascender. É mais provável que o voo aparente da pomba fosse produzido por um engenho mecânico acionado por fios invisíveis.

O princípio físico da aerostação era tão simples como a solução dos Montgolfier de encerrar ar quente num saco: o balão flutuava porque pesava menos que o volume equivalente de ar, assim como um navio flutua porque pesa menos que o volume equivalente de água. Mas a analogia entre um navio e um balão só funciona se aceitarmos o pressuposto da pressão atmosférica, fato desconhecido antes da época de Galileu, quando Evangelista Torricelli, o inventor do barômetro, demonstrou que a pressão atmosférica diminuía com a altitude. Outro pesquisador do século XVII, Otto von Guericke, de Magdeburgo, Alemanha, inventou uma bomba a vácuo para criar um "ar rarefeito" encontrado em altitudes muito elevadas. Em 1670, Francesco de Lana Terzi, um padre jesuíta italiano, concebeu uma nave tripulada, sustentada por quatro enormes esferas ocas de cobre desprovidas de ar. Como essas esferas seriam mais leves que o ar que deslocavam, ele esperava que a nave ascendesse como uma bolha de ar sobe através da água. Com conhecimentos matemáticos sofisticados, o padre calculou que as esferas teriam 7,5 metros de diâmetro e poucos milímetros de espessura. Ao ser advertido por seus colegas físicos que esferas tão finas se romperiam quando o ar fosse retirado delas, ele respondeu, segundo o historiador e engenheiro L. T. C. Rolt:

> que isso era só um exercício teórico, argumentando que como Deus não agraciou os homens com o dom de voar, qualquer tentativa séria e prática de escarnecer de Seu desígnio seria uma atitude ímpia e repleta de perigo para a raça humana. Suspeita-se que os jesuítas possam ter tido uma conversa séria com esse padre cientista, e que ele ocultara suas verdadeiras intenções porque sentira o cheiro de madeira queimando na fogueira.[7]

Mas outros clérigos prosseguiram com os exercícios teóricos. Em 1755, Joseph Galien, um frei dominicano e teólogo da universidade papal de Avignon, propôs recolher o ar rarefeito das camadas superiores da atmosfera e encerrá-lo num navio com 1,6 quilômetro de comprimento, capaz de levantar 54 vezes o peso carregado pela arca de Noé. Em primeiro lugar, Galien nunca explicou como planejava alcançar as altas camadas atmosféricas, e seu supervisor na universidade implorou-lhe que tirasse um longo descanso de suas obrigações eclesiásticas e, na volta, restringisse as especulações à teologia e não à tecnologia.

Esses projetos quiméricos para o balonismo foram abandonados quando os Montgolfier demonstraram quão distantes estavam da realidade. Em 5 de junho de 1783, os dois irmãos fizeram uma demonstração com um balão não tripulado de 9 metros de diâmetro na praça pública de Annonay. Oito homens seguraram o balão com 6 mil metros cúbicos, cujo invólucro consistia em pedaços de seda e papel presos por botões e botoeiras. Quando os Montgolfier deram o sinal, os homens soltaram o enorme envelope de gás e ele ascendeu cerca de 2 mil metros. Depois de dez minutos, caiu num campo a uns 2 quilômetros de distância.

As notícias sobre o experimento chegaram à Academia de Ciências de Paris, cujos membros trabalhavam na construção de um balão mais leve que o ar, mas não haviam obtido até então nenhum resultado prático. Os cientistas parisienses, não querendo ser suplantados por fabricantes de papéis incultos, aceleraram os esforços. O engenheiro físico Jacques Alexandre César Charles, ajudado por dois artesãos, os irmãos Ainé e Cadet Robert, substituíram a fumaça de palha queimada por hidrogênio e, em 23 de agosto de 1783, começaram a inflar um balão de seda de 4 metros de diâmetro na place des Victoires. O hidrogênio era obtido derramando 226 quilos de ácido sulfúrico sobre 453 quilos de limalhas de ferro. Charles não previu que a reação química produzisse tanto calor, e o tecido do balão precisou ser aspergido repetidamente com água fria para não queimar. O vapor acumulado pelo balão condensou-se e o invólucro vergou com o peso.

O balão levou três dias para encher e, quando a notícia do evento se espalhou, uma multidão aglomerou-se na praça impedindo a livre circulação nas ruas vizinhas. Para diminuir o congestionamento, Charles mandou que levassem o balão à noite, escoltado por guardas armados, para o Campo de Marte, uma área maior, próximo ao local onde se encontra hoje a torre Eiffel. Barthélemy Faujas de Saint-Fond presenciou a cena:

> Não poderia haver espetáculo mais magnífico que ver o balão ser assim transportado, precedido por tochas iluminadas, cercado por um "cortejo" e escoltado por um destacamento de guardas a pé e a cavalo; a caminhada noturna, a forma e o tamanho do balão carregado com tanta precaução; o silêncio que reinava, a hora pouco usual, tudo dava uma impressão singular e misteriosa àqueles que conheciam o motivo. Os cocheiros dos fiacres ficaram tão atônitos que pararam as carruagens e se ajoelharam humildemente, com o chapéu na mão, enquanto a procissão passava.[8]

Às 17 horas, no dia 27 de agosto, os assistentes de Charles soltaram triunfantes o balão que, rapidamente, ascendeu a uma altura de mil metros. Depois de 45 minutos, ele desceu num campo na cidade de Gonesse, a 24 quilômetros de Paris.

Ao contrário do balão de ar quente, que poderia ter sido feito em qualquer momento de nossa história, a invenção do balão de hidrogênio só foi possível após a descoberta, em 1766, do gás chamado no início de flogístico, ou "gás inflamável", pelo cientista inglês Henry Cavendish. Ao tomar conhecimento de que o "gás inflamável" era nove vezes mais leve que o gás comum, Joseph Black, em Edimburgo, encheu um saco pequeno e fino com o novo gás e observou-o subir até o teto do seu laboratório. Ele teve dificuldade, no entanto, em reproduzir a experiência em uma escala maior, pois os materiais utilizados como sacos eram ou muito pesados ou muito porosos. Em uma grande conferência pública, ele usou a alantoide de um bezerro como invólucro, mas foi humilhado com seu fracasso em ascender e desistiu por completo do balonismo. Em 1782, Tiberius Cavallo, membro da Sociedade Real de Londres, "descobriu que a bexiga, mesmo quando cuidadosamente cortada, é muito pesada, e que o papel chinês é permeável ao gás".[9] Charles foi bem-sucedido porque teve a ideia de impermeabilizar a seda, porém sem deixá-la pesada, envernizando-a com uma solução de resina elástica.

Os Montgolfier deram o passo seguinte na corrida para o progresso da aerostação.[10] Em 19 de setembro de 1783, eles repetiram o experimento em Versalhes, na presença do rei Luís XVI, da rainha Maria Antonieta e de sua corte. Segundo um espectador, os fabricantes de papel:

> recolheram todos os sapatos velhos que encontraram e os jogaram sobre a palha úmida que estava queimando, junto com pedaços de carne putrefata; essas eram as substâncias que compunham o gás do balão. O rei e a rainha aproximaram-se para examinar o invento, mas o cheiro nauseabundo que se desprendia do material em combustão os fez se afastar imediatamente.[11]

Os cientistas franceses sentiram-se especialmente insultados com a demonstração, porque os dois irmãos os haviam precedido na invenção do balão, apesar das noções incorretas sobre a causa de sua ascensão. Os Montgolfier atribuíam a "força ascensional" à fumaça mais leve que o ar, produzida pela combinação de carne fétida e sapatos sujos. Na verdade, as partículas de fumaça eram mais pesadas que o ar e prejudicavam a subida do balão. A ascensão se dera não em razão dessa fumaça, mas pelo ar quente encerrado no invólucro, que era mais leve que o ar mais frio do ambiente. Para a maioria dos espectadores, não importava o que fizera o espetacular balão azul e dourado voar — eles simplesmente se maravilharam com o fato. Os primeiros passageiros aéreos no mundo, uma ovelha, um galo e um pato, foram colocados em uma gaiola suspensa embaixo do balão. Os animais escaparam ilesos da viagem de cerca de 3 quilômetros até a floresta de Vaucresson, exceto o galo, cuja asa direita ficou ferida por um golpe maldoso desferido pela ovelha.

Charles e os Montgolfier comunicaram ao rei que na próxima ascensão eles seriam os passageiros, porém Sua Majestade proibiu que súditos tão preciosos arriscassem a vida. Em vez disso, ofereceu prisioneiros como os primeiros pilotos, com a proposta de serem libertos se sobrevivessem. Mas Charles, por fim, convenceu o rei de que o primeiro tripulante deveria ser um homem da ciência, que poderia descrever a viagem, caso tivesse a sorte de retornar. A honra coube a Francis Pilâtre de Rozier, um eminente membro da Academia de Ciências, e superintendente da coleção de história natural do rei. Em 15 de outubro de 1783, ele ascendeu num balão cativo (preso ao chão), com o ar quente fornecido pela combustão da mistura de palha e madeira colocada num cesto de ferro pendurado embaixo do balão. Como achou fácil atiçar o fogo quando estava no ar, Pilâtre de Rozier e um companheiro, o marquês d'Arlandes, subiram num balão livre pela primeira vez em 21 de novembro. Ascendendo do Bois de Boulogne às 13h54, eles alcançaram uma altitude entre 150 a 300 metros e, após 25 minutos de voo, desceram além dos limites da cidade de Paris, a cerca de 820 metros de onde haviam partido. Dez dias mais tarde, Charles e Ainé Robert tiveram a honra de ser as primeiras pessoas a ascender num balão de hidrogênio, numa viagem de duas horas que começou nas Tulherias e terminou a 43 quilômetros de distância, na cidade de Nesle.

Poucos meses depois da viagem de Charles, viam-se no céu de Paris tanto os balões de hidrogênio, conhecidos como *charlières*, quanto os *montgolfières* (balões de ar quente). Os *charlières* eram mais seguros porque não precisavam de uma chama aberta, mas os *montgolfières* eram mais viáveis, visto que o hidrogênio era caro e raro de se encontrar. A "balomania", como o historiador Lee Kennett chamou essa moda, invadiu a França:

> A década de 1780 foi, em muitos sentidos, uma época frívola e libertina e as novas "máquinas aerostáticas" fizeram enorme sucesso.

As ascensões tornaram-se tão em voga quanto os bailes a fantasia, e tão numerosas que as autoridades da cidade de Paris promulgaram uma lei regulamentando sua prática — as primeiras normas de tráfego aéreo no mundo. Os formatos dos diferentes balões eram reproduzidos em objetos tão diversos como encostos de cadeiras ou caixas de rapé.[12]

Em 1883, Alberto Santos Dumont, aos 10 anos, ainda não vira um balão, mas imitava a invenção dos Montgolfier em miniatura. A partir das ilustrações dos livros, ele fazia pequenos balões de papel e os enchia de ar quente com a chama do fogão. Nas comemorações dos dias santos, ele fazia demonstrações para os trabalhadores do campo. Até mesmo seus pais, que não aprovavam esses experimentos incendiários, não conseguiam esconder o espanto ao ver os *montgolfières* voarem mais alto que a casa. Ele construiu também um aeroplano pequeno, de madeira, cujo propulsor, chamado na época de "hélice", era acionado por tiras de borracha enroladas.

Por ter lido Júlio Verne, Alberto estava convencido de que as pessoas já tinham ultrapassado a etapa dos balões de ar quente e haviam voado em aeronaves, também conhecidas como dirigíveis (balões a motor que obedeciam à ação do leme). A família e os amigos tentavam dissuadi-lo dessa ideia. Ele e outras crianças gostavam muito de uma brincadeira.

O divertimento é muito conhecido. As crianças colocam-se em torno de uma mesa e uma delas vai perguntando em voz alta: "Pombo voa?"... "Galinha voa?"... "Urubu voa?"... "Abelha voa?"... E assim sucessivamente. A cada chamada todos nós devíamos levantar o dedo e responder. Acontecia porém que de quando em quando gritavam: "Cachorro voa?"... "Raposa voa?"... ou algum disparate semelhante, a fim de nos surpreender. Se algum levantasse o dedo, tinha de pagar uma prenda.

E meus companheiros não deixavam de piscar o olho e sorrir maliciosamente cada vez que perguntavam: "Homem voa?"... É que no mesmo instante eu erguia o meu dedo bem alto, e respondia: "Voa..." com entonação de certeza absoluta, e me recusava obstinadamente a pagar prenda.

ASAS DA LOUCURA

Quanto mais troçavam de mim, mais feliz eu me sentia. Tinha a convicção de que um dia os trocistas estariam do meu lado.[13]

Alberto só viu um voo tripulado aos 15 anos, em 1888, em uma feira em São Paulo, quando um aeronauta ascendeu num balão esférico e desceu de paraquedas. A imaginação de Alberto inflamou-se:

> Durante as compridas tardes ensolaradas do Brasil, ninado pelo zumbido de insetos e pelo grito distante de algum pássaro, deitado à sombra da varanda, eu me detinha horas e horas a contemplar o céu brasileiro e a admirar a facilidade com que as aves, com suas longas asas abertas, atingiam as grandes alturas. E, ao ver as nuvens que flutuavam alegremente à luz pura do dia, sentia-me apaixonado pelo espaço livre.
>
> Assim meditando sobre a exploração do grande oceano celeste, por minha vez eu criava aeronaves e inventava máquinas.
>
> Tais devaneios eu os guardava comigo. Nessa época, e no Brasil, falar em inventar uma máquina voadora, um balão dirigível, seria quase passar por desequilibrado ou visionário. Os aeronautas, que subiam em balões esféricos, eram considerados como profissionais habilíssimos, quase semelhantes aos acrobatas de circo.
>
> Se o filho de um fazendeiro de café sonhasse em se transformar em um êmulo deles, cometeria um verdadeiro pecado social.[14]

Os pais de Santos Dumont eram conservadores. Eles apoiavam o imperador, cuja estrada de ferro Henrique construíra com tanto empenho. Mas não podiam evitar que a curiosidade do filho o expusesse a todos os tipos de ideologia que lhes desagradava. Quando Alberto estava na usina de beneficiamento de café, apesar de sua timidez, ele ouvia as conversas dos operários sobre o movimento democrático. O jovem Alberto se interessava pouco por política e não escolhera ainda sua profissão — provavelmente não lhe ocorrera que alguém pudesse se tornar um aeronauta ou inventor. No entanto, sabia que, qualquer que fosse sua escolha, ela teria um profundo impacto nas pessoas que o rodeavam. Com certeza, nenhum outro pioneiro da aeronáutica tivera ambições tão grandes uma década antes de começar a voar.

2

"O lugar mais perigoso para um rapaz"
(Paris, 1891)

O mundo restrito de Santos Dumont expandiu-se quando ele tinha 18 anos. Aos 60 anos, seu pai, ainda no comando da família e da fazenda, sofreu uma queda de cavalo e teve uma séria concussão cerebral que o deixou hemiplégico. Como não se recuperou plenamente, Henrique vendeu seu negócio de café por 6 milhões de dólares e partiu para a Europa com a esposa e Alberto em busca de tratamento médico. Eles tomaram um vapor para Lisboa. Após uma breve estadia no Porto, onde duas irmãs de Alberto moravam com seus maridos portugueses, os irmãos Villares (uma terceira irmã que voltara para o Brasil se casara com outro irmão Villares), eles partiram de trem para Paris. Henrique tinha esperança de que os médicos parisienses o curariam. Afinal, lá, Louis Pasteur estava realizando milagres na medicina, salvando crianças da raiva canina por meio da vacinação.

Desde o momento em que desembarcou na estação de trem de Orléans, em 1891, Santos Dumont apaixonou-se pela cidade. "Paris é, como se diz, o lugar para onde emigra a alma dos bons norte-americanos quando morrem",[1] escreveu. Para um jovem que adorava as invenções, Paris no fins do século XIX representava "a própria grandeza e o progresso". Logo se encantou com as maravilhas tecnológicas da cidade. No primeiro dia, visitou a torre Eiffel, construída dois anos antes e que, com seus 300 metros de altura, era quase duas vezes mais alta que qualquer construção feita pelo homem no mundo. Embora a maciça treliça de ferro estivesse iluminada com a luz a gás convencional, os elevadores que carregavam visitantes e meteorologistas para a plataforma de observação moviam-se por esta extraordinária nova forma de energia — a eletricidade. Alberto passou metade do dia andando nos elevadores, e depois se sentou num banco do Sena e admirou a alta silhueta da torre recortando-se no céu.

Henrique compartilhava seu deslumbramento. Quando estudara engenharia havia quatro décadas, a profissão não tinha a notoriedade daqueles dias na França e na Inglaterra. A construção de sólidas porém graciosas pontes, para estender o sistema ferroviário ao longo dos rios e desfiladeiros da Europa, conferiu prestígio à profissão de engenheiro. "Se quisermos um trabalho diferente e o encomendarmos a um arquiteto, ele hesita, discute, preocupa-se com ninharias",[2] observou o príncipe Albert da Grã-Bretanha, mas "peça a um engenheiro e ele o executará". Gustave Eiffel era um desses famosos construtores de pontes, e foi escolhido para construir a monumental torre para a Exposição Universal de Paris, em 1889, uma feira mundial para comemorar o centenário da Revolução Francesa e divulgar os avanços tecnológicos da industrialização no século XIX. Em ambos os lados do Atlântico, pensava-se em construir uma torre dessa altura, mas o projeto era mais acalentado na França. Paris queria provar para si mesma e para o mundo que se recuperara plenamente da Guerra Franco-Prussiana, na qual os alemães anexaram as províncias da Alsácia e da Lorena, e a subsequente Comuna de Paris, em que 20 mil franceses foram massacrados por seus companheiros e áreas inteiras da cidade se sublevaram.

Os organizadores da exposição aprovaram o projeto assim que o viram, porém alguns escritores e pintores protestaram contra a ideia de uma "torre grotesca e vertiginosa dominando Paris como uma chaminé de fábrica negra e gigantesca"[3] e da "odiosa sombra da execrável coluna metálica" sempre visível. No entanto, quando a torre foi construída, muitos dos estetas indignados a aprovaram, salvo a notável exceção do escritor Guy de Maupassant que, se comentava, jantava regularmente "no restaurante no segundo andar porque era o único lugar da cidade de onde não se via a torre".[4] Em 1891, os parisienses ainda estavam em lua de mel com o colosso metálico de 10 mil toneladas. Henrique e Alberto viam jovens elegantes subirem os 1.671 degraus usando vestidos especiais comprados na rue Auber, conhecidos como *Eiffel ascensionniste*, que ostentavam diversos modelos de golas para proteger "as intrépidas visitantes das temperaturas mais frias em altitudes elevadas".[5]

Alberto Santos Dumont também se maravilhou com os novos veículos. As primeiras bicicletas produzidas em série percorriam silenciosamente as ruas, com pneus de borracha em vez das barulhentas rodas de madeira que ele conhecia. A bicicleta deu à classe média parisiense uma liberdade de movimento que poucos brasileiros poderiam ter e contribuiu para uma revolução sexual, quando as mulheres, desejando a mesma liberdade de movimento dos homens, insistiram em ter suas próprias bicicletas, e para andar nelas usaram calças — culotes — pela primeira vez. (Um anúncio popular na época mostrava uma noiva sorridente partindo em sua bicicleta após abandonar o noivo no altar.) Os primeiros e raros carros a motor, totalmente desconhecidos no Rio de Janeiro, percorriam estrepitosamente as ruas em velocidades inferiores a 16 quilômetros por hora — e os mesmos artistas que haviam desaprovado a torre Eiffel reclamavam que "o cheiro acre da gasolina dissipava o nobre odor do estrume do cavalo".[6] Nas esquinas das ruas havia *théâtrophones*, um sistema de distribuição telefônica em que o público pagante podia ouvir espetáculos de ópera, música de câmara, peças e até mesmo reuniões políticas.

Apesar dessas novidades tecnológicas, o típico apartamento parisiense, exceto no chamado bairro norte-americano na margem direita do Sena, não tinha certos confortos comuns de Nova York e Chicago (mas não ainda do Rio ou de São Paulo). "Os elevadores são uma exceção e não uma regra, as velas são mais usadas do que as lâmpadas elétricas... e um banheiro bem-equipado é praticamente inexistente",[7] observou o nova-iorquino Burton Holmes, contemporâneo de Santos Dumont e um dos primeiros repórteres fotográficos do mundo. Holmes ficara especialmente aborrecido com a dificuldade de tomar um banho quente:

> "Um banho, monsieur? Mas claro! Providenciarei o banho para as 17 horas", disse o obsequioso concierge quando eu expressei meu desejo de total imersão. "Mas quero o banho agora, antes do café da manhã", insisti. "Impossível, monsieur, demora para prepará-lo e levá-lo, porém será maravilhoso — seu banho —, o último cavalheiro que tomou um há um mês gostou muito. O senhor verá

como um banho em Paris é delicioso — ele lhe será levado às 16 horas." A esta hora, um homem, ou melhor, um par de pernas, subiu cambaleando a escada — a propósito, cinco lanços — com uma grande banheira de zinco que cobria a cabeça, os ombros e a metade do corpo do infeliz proprietário das pernas. A banheira foi colocada no meio do meu quarto: forraram-na com um tecido de linho branco; diversas toalhas e um grande roupão de banho para me abrigar após a experiência estavam ostensivamente à mostra. Começou então a importante operação de encher a banheira. Dois baldes, três criados, e incontáveis viagens ao hidrante, muitos andares abaixo e, por fim, aconteceu a proeza: a banheira estava cheia de água fria como gelo. "Mas eu pedi um banho quente." "Paciência, monsieur, aqui está a água quente!" Aí, o encarregado do banho abriu um cilindro alto de zinco parecido com um extintor de incêndio e derramou cerca de 4 litros de água quente nessa cuba de linho branco. Resultado, um banho morno ao preço de sessenta cents e que demorou duas horas, pois a banheira foi esvaziada retirando a água, balde após balde. Então, o orgulhoso proprietário do equipamento pendurou os baldes nos braços, pôs a banheira na cabeça como se fosse um chapéu e começou a perigosa descida dos meus cinco lanços de escada.

Nas casas particulares, o telefone era tão escasso quanto a água quente. "A alta sociedade mostra-se relativamente lenta em aceitar o telefone",[8] mencionou o historiador Eugen Weber, e mesmo "o presidente Grévy foi longamente persuadido a aceitar a instalação de um aparelho no Palácio do Eliseu". A classe alta considerava o telefone uma interferência na sagrada privacidade de suas casas. Era raro encontrar um parisiense como a condessa de Greffulhe, que apreciava "a vida mágica, sobrenatural",[9] que o telefone oferecia: "É estranho para uma mulher deitada em sua cama", ela explicava, "falar com um homem que pode estar deitado na dele. E você sabe, se o marido entrar basta jogar o aparelho embaixo da cama e ele não perceberá nada". Até 1900, "havia só 30 mil telefones na França",[10] Weber observou, quando os hotéis de Nova York tinham mais de 20 mil.

Contudo, com a exceção de uns poucos estetas ranzinzas, os parisienses, ainda mais que os nova-iorquinos, acreditavam nas virtudes inerentes da tecnologia. Quando o estado de Nova York instituiu a cadeira elétrica em 1899, Weber comentou que as companhias de energia elétrica protestaram, com medo de que as pessoas, ao saberem do poder letal da eletricidade, não iriam querê-la em suas casas ou seus escritórios. Mas os franceses riam da possibilidade de uma cadeira elétrica mortífera; eles não podiam imaginar que essa nova fonte extraordinária de energia pudesse ser destrutiva.[11]

Santos Dumont sentiu-se à vontade em meio aos adeptos dos avanços tecnológicos em Paris. A cidade tinha todos os recursos, porém, para sua surpresa, o céu não era povoado por aeronaves. Ele esperava que fosse pontilhado de versões reais das máquinas de voar de Júlio Verne. Afinal, esse era o país onde os irmãos Montgolfier ascenderam no primeiro balão de ar quente um século antes. Além disso, como Santos Dumont sabia, em 1852 o francês Henri Giffard voara precariamente a uma velocidade de menos de 1 quilômetro por hora no primeiro balão motorizado do mundo, em formato de charuto, de 44 metros de comprimento, com um motor a vapor de 5 HP e um propulsor. Em 1883, dois irmãos, Gaston e Albert Tissander, substituíram o motor a vapor por um motor elétrico e atingiram a velocidade de 5 quilômetros por hora. Em 1884, como parte do programa militar francês de balonagem, o coronel Charles Renard e o tenente Arthur Krebs foram mais bem-sucedidos com um motor elétrico alcançando o recorde de velocidade de 23 quilômetros por hora. Santos Dumont não compreendia por que nos sete anos seguintes as aeronaves não haviam evoluído como meio de transporte do dia a dia. Na verdade, não havia aeronaves em 1891.

Os balões a gás sem motor que ascendiam eram, em geral, amarrados ao solo por longas cordas que os impediam de serem carregados pelo vento. A maioria não era dirigida por inventores ou cientistas, mas por balonistas que se exibiam nas ruas. Uma mulher muito conhecida sentou-se num piano suspenso por um balão e tocou Wagner a 151 metros acima da terra. Outro artista regularmente colocava galos, tartarugas e camundongos em balões, e orgulhava-se de que não lhes fazia nenhum mal. Em Paris, havia também alguns comerciantes inescrupulosos que cobravam preços exorbitantes para passeios em balões livres. Eles controlavam mais ou menos a altitude jogando fora o lastro ou deixando escapar gás, mas tinham pouco domínio da direção que o vento lhes impunha.

ASAS DA LOUCURA

Antigamente, os clérigos admoestaram homens que tentaram voar, prevenindo-os de que estavam cortejando o desastre ao invadir o reino dos anjos. Em 1709, o aeronauta brasileiro Lourenço de Gusmão, conhecido como o padre voador, foi preso pela Inquisição sob acusação de feitiçaria. Mesmo no esclarecido final do século na França, o desejo do homem de voar ainda era visto como uma bruxaria. Santos Dumont ouvira uma história sobre um balão levado pelo vento imprevisível de Paris para uma cidade vizinha, onde caiu abruptamente. Enquanto os infelizes clientes que haviam pago pelo passeio pulavam da cesta, os camponeses atacaram o balão avariado, batendo nele ferozmente com paus e denunciando-o como obra do diabo. Para prevenir futuros acidentes com consequências mais funestas, o governo distribuiu um panfleto na região rural explicando que os balões não eram naves das forças do mal. Para Santos Dumont, esse problema poderia ser resolvido de uma melhor forma. Decidiu, então, que era sua missão desenhar um balão dirigível resistente ao vento e, assim, ninguém seria levado inadvertidamente para terras estranhas.

O primeiro passo seria voar em um desses balões existentes. Um dia, quando seus pais estavam numa consulta médica, Santos Dumont buscou os endereços de balonistas no catálogo da cidade e procurou o primeiro da lista. "O senhor quer subir em balão?, perguntou-me o homem em tom grave. Hum, hum!... Acha que terá coragem? Isso não é nenhuma brincadeira, e o senhor me parece muito jovem."

Santos Dumont convenceu-o de seu propósito e de sua resolução, e o aeronauta consentiu em ascendê-lo por no máximo duas horas se fizesse sol e o tempo estivesse calmo.

> Minha remuneração, acrescentou ele, será de 1.200 francos. Além disto, o senhor assinará um contrato declarando que se responsabiliza por qualquer acidente na sua pessoa e na minha, em benefício de terceiros, bem como por qualquer dano que suceder ao balão e seus acessórios. O senhor ficará também com o encargo de pagar nossas passagens de volta e o transporte do balão com sua cesta na estrada de ferro, do lugar em que aterrarmos até Paris.

Santos Dumont pediu um tempo para refletir.

Para um rapaz de 18 anos, 1,2 mil francos era uma grande quantia. Como justificar-me de tal despesa perante os meus? E fiz o raciocínio seguinte: se arriscar 1.200 francos pelo prazer de uma tarde, posso gostar ou não gostar. No segundo caso, empregarei meu dinheiro em pura perda; no primeiro, ficarei com vontade de repetir o divertimento e não disporei de meios.

O dilema mostrou-me o caminho a seguir. Renunciei não sem mágoa à aerostação e fui buscar consolo no automobilismo.[12]

O interesse por automóveis surgiu quando ele acompanhou o pai ao Palais des Machines, um prédio que, como a torre Eiffel, fora construído como parte da Exposição Universal de Paris, em 1889. Durante a feira, o amplo edifício, uma catedral de ferro e vidro dedicada à tecnologia, abrigara milhares de artefatos do mundo inteiro, desde equipamento de mineração e teares movidos a vapor ao primeiro automóvel com motor a gás patenteado por Karl Benz, e a amostra de fonógrafos e luzes elétricas de Thomas Edison, operada pelo próprio inventor. Embora a exposição tivesse sido encerrada oficialmente meses antes da visita de Henrique e Alberto, o Palais des Machines continuava a exibir novas tecnologias. Em um dado momento, Henrique percebeu que perdera de vista o filho. Percorreu lentamente o caminho de volta em sua cadeira de rodas e encontrou Alberto fascinado por um motor de combustão interna, deslumbrado ao ver que uma máquina muito menor que um motor a vapor pudesse ser tão potente. "Parei diante dele como que pregado pelo Destino. Estava completamente fascinado", Santos Dumont escreveu mais tarde. "Contei a meu pai a minha admiração de ver funcionar aquele motor, e ele me respondeu: 'Por hoje basta.'"[13]

Logo depois, Alberto visitou a fábrica da Peugeot em Valentigny. Embora tivesse escrúpulos de gastar o dinheiro ganho com muito esforço por seu pai em uma ascensão de balão, ele não hesitou em comprar um automóvel cupê de 3,5 HP. A Peugeot só fabricou dois carros em 1891 — o volante e os freios funcionavam muito mal —, e o jovem brasileiro de 18 anos era agora o orgulhoso proprietário de um deles. Poucos meses depois, quando seu pai constatou que a medicina parisiense não lhe restauraria a saúde, Alberto tomou o navio com ele para o Brasil. Trouxe o Peugeot cupê e ao

ASAS DA LOUCURA

dirigi-lo em São Paulo ficou conhecido como a primeira pessoa a guiar um automóvel na América do Sul.

Henrique sabia que estava à morte e teve uma longa conversa com Alberto sobre seu futuro. Ele percebera como o filho mais novo fora feliz na Cidade Luz e, para tristeza de sua esposa, insistiu que ele voltasse sozinho para Paris, a despeito de preveni-lo ambiguamente que "era o lugar mais perigoso para um rapaz".[14] Disse-lhe que não precisaria se preocupar em ganhar dinheiro para viver e adiantou-lhe sua herança de meio milhão de dólares. Despediu-se com o desafio: "Vamos ver se você se torna um homem" — duras palavras que refletiam sua preocupação com o desinteresse do filho pelo sexo oposto. Alberto chegou a Paris no verão de 1892 e seu pai morreu em agosto.

A primeira tarefa de Santos Dumont em Paris foi procurar outros balonistas no catálogo de endereços.

> Como o primeiro, todos me pediam somas extravagantes pela mais insignificante ascensão. As atitudes eram sempre as mesmas. Faziam da aerostação um perigo e uma dificuldade, exagerando, a seu bel-prazer, os riscos de pessoas e bens. Ainda, não obstante os altos preços que pediam, não mostravam interesse em que eu lhes aceitasse as propostas. Evidentemente, estavam decididos a guardar a aerostação só para eles, como um segredo de Estado. E a consequência foi que me limitei a comprar um novo automóvel.[15]

Santos Dumont também se preocupou com sua educação. Henrique e ele haviam pesquisado algumas universidades em Paris, mas, ao final, o pai, sabendo que Alberto poderia rebelar-se contra um currículo rígido, sugeriu que ele contratasse um professor particular. Isso agradou a Alberto, que tinha pesadelos recorrentes de ser chamado a responder uma pergunta diante de uma sala de aula cheia. Em 1892, ele contratou um antigo professor universitário chamado Garcia e os dois elaboraram um intenso programa de estudos voltado para as "ciências práticas" — física, química e engenharia mecânica e elétrica. Esse plano de estudo em casa estimulou o lado recluso e de "rato de biblioteca" em Santos Dumont e, nos cinco anos seguintes, ele concentrou-se nos livros. Ocasionalmente, visitou primos na Inglaterra, onde se esgueirava nas salas de conferências da Universidade de Bristol e ouvia os professores; como não era um aluno oficial, havia pouco perigo de ser interrogado.

Para relaxar durante esses anos de estudo, Santos Dumont dirigia carros. (Segundo biógrafos brasileiros, ele possuía mais automóveis em 1892 que qualquer outra pessoa em Paris, mas a veracidade dessa afirmação e a quantidade exata de carros não puderam ser confirmadas.) Ele passava o tempo percorrendo as largas avenidas, porém os primeiros motores de combustão interna eram tão precários que quebravam com frequência, bloqueando o tráfego predominante de veículos puxados a cavalo. Seu Peugeot era uma tal novidade que, mesmo quando estava trafegando normalmente, dificultava a circulação porque as pessoas se precipitavam à rua para vê-lo melhor. A polícia o advertia a prosseguir o caminho e, uma vez, ele foi multado — o que pode ter sido a primeira violação de tráfego na cidade — em razão de provocar distúrbio perto do prédio da Ópera. O "distúrbio" foi, na verdade, um improvisado encontro festivo de pedestres encantados com a visão do carro.

No final do século, os parisienses gostavam muito de festas. Segundo Eugen Weber, eles transformavam até mesmo experiências desagradáveis, tal como a vacinação contra a varíola, em ocasiões festivas. As inoculações eram "realizadas em festas, como se estivessem indo ao teatro",[16] as colunas sociais comentavam. "Alguém organiza um almoço íntimo; o doutor chega na hora da sobremesa, a vacina em seu bolso." À época de seus estudos, Santos Dumont não era muito inclinado a festas ou bebidas alcoólicas, contudo por vezes frequentava a noite parisiense: esse turbilhão de conversas inteligentes e decadência moral. Os cafés eram lugares para conversar não apenas sobre arte e literatura, mas também sobre os progressos científicos e tecnológicos, como a descoberta dos raios X e a construção do metrô em Paris. Os pretensos intelectuais passavam a noite conversando, com interrupções para se injetarem com morfina em seringas de metal dourado, beber Vin Coca Mariani (um vinho impregnado de cocaína), ou comer morangos embebidos em éter. A virada do século em Paris era condescendente com alguém como Santos Dumont, inseguro sobre sua sexualidade. Os frequentadores dos cafés de vanguarda promoviam experimentos eróticos, e a homossexualidade ficou tão em voga que todos tinham de experimentar. "Todas as mulheres sofisticadas a praticam", escreveu a esposa de um banqueiro, "mas é muito difícil, é preciso ter aulas."[17]

Em 1897, Santos Dumont voltou para o Brasil e refletiu sobre os cinco anos passados em Paris. Orientado por Garcia, ele dominava as ciências. Ele lhe era grato por isso, porém havia coisas que desejava ter feito. "Lastimei amargamente não ter perseverado no meu projeto de ascensão", escreveu. "Longe de todas as possibilidades, as excessivas pretensões dos aeronautas pareciam-me de pequena monta."[18]

Antes de voltar para Paris, comprou numa livraria no Rio um exemplar do livro *Andrée's Balloon Expedition, In Search of the North Pole*. O livro, escrito pelos construtores de balão parisienses Henri Lachambre e Alexis Machuron, foi uma grande diversão na longa viagem de navio. Lachambre e Machuron construíram um grande balão chamado Eagle para o jovem cientista sueco Salomon August Andrée, que havia mais de uma década planejava fazer a primeira expedição de balão ao polo Norte. Andrée teve, por fim, essa oportunidade em 11 de julho de 1897, ao ascender da ilha de Dane, no litoral norte da Noruega, perto de Spitsbergen, para fazer um percurso de 3,7 mil quilômetros, que esperava completar em seis dias. Ele estava acompanhado por dois amigos, três dúzias de pombos-correio, um barco, um fogareiro, um trenó, tendas, vários instrumentos científicos, câmeras fotográficas, comida e alpiste suficientes para durar quatro meses. Embora o Eagle não fosse motorizado, Andrée o equipou, inteligentemente, com grandes velas para poder manobrá-lo caso o vento desviasse sua rota em mais de 30 graus.

Lachambre e Machuron publicaram seu livro nos dias da ascensão de Andrée, antes que soubessem de seu destino. Eles mencionaram que um pombo-correio entregara uma mensagem encorajadora: "13 de julho, 12h30, 82°2' de latitude norte, 15°5' de longitude leste. Bom progresso em direção ao Norte. Tudo vai bem a bordo. Esta mensagem é a terceira levada por um pombo-correio. Andrée".[19] Quando Santos Dumont desembarcou na França, soube que só mais um pombo voltara. A expedição de Andrée era a conversa favorita nos cafés de Paris. O sentimento predominante era de que ele não retornaria, o que realmente aconteceu. Só três décadas mais tarde um grupo de caçadores descobriu o corpo de Andrée e seu diário na ilha de White, um grande bloco de gelo deserto a apenas 240 quilômetros do ponto de partida do Eagle. As velas aparentemente falharam, e Andrée não conseguiu pilotar o balão em meio a uma terrível tempestade de neve, que finalmente o derrubou. Andrée descreveu no diário como ele e seus companheiros sobreviveram comendo líquens e gordura de foca durante três meses. Então o livro se encerra. O inverno rigoroso chegara, e os homens morreram congelados em uma nevasca.

Em sua autobiografia, Santos Dumont escreveu como a história de Andrée o afetara:

> Consagrei os lazeres da travessia à leitura desse livro, que foi para mim uma revelação. Acabei decorando-o como se fosse um manual escolar. Detalhes de construção e prazos abriram-me os olhos. Enfim, eu chegava a ver claro! O enorme balão de Andrée — do qual a capa trazia uma reprodução fotográfica, mostrando os flancos e o ápice escalados, como uma montanha, pelos operários encarregados de envernizá-lo — não havia custado senão 40 mil francos. Chegando a Paris, decidi-me a deixar de lado os aeronautas profissionais e dirigir-me aos construtores.[20]

Santos Dumont se identificava um pouco com Salomon Andrée. Ele gostava do espírito aventureiro do jovem cientista sueco e compartilhava sua crença no poder ilimitado da tecnologia para pôr fim ao tormento humano. Andrée descreveu, em uma série de artigos otimistas, os prováveis benefícios da luz elétrica e de outras novas invenções para a evolução do homem, a liberdade, a higiene, o atletismo, a linguagem, a arquitetura, o planejamento militar, a vida doméstica, o casamento e a educação. Apesar de sua loquacidade ao escrever, Andrée era um homem reservado em público, e Santos Dumont também era de poucas palavras em ocasiões sociais.

Ambos evitavam relações íntimas com mulheres e nunca se casaram. "No casamento, lida-se com fatores que não podem ser organizados conforme um plano", escreveu Andrée.

> É também um grande risco unir-se a uma condição de vida em que outro indivíduo possa se sentir plenamente autorizado — e que direito eu teria de reprimir essa individualidade? — *a pedir o mesmo lugar na minha vida que eu ocupo*! Logo que sinto um broto de afetividade germinando, apresso-me a podá-lo, pois sei que qualquer sentimento que eu me permitisse sentir se tornaria tão forte que eu não *ousaria* me submeter a ele.[21]

3

O primeiro voo
(Vaugirard, 1897)

No outono de 1897, Santos Dumont visitou os construtores do balão de Andrée no Parc d'Aérostation em Vaugirard, nos arredores de Paris. Esperava que os arquitetos desse projeto arriscado e singular do primeiro voo ao polo Norte fossem receptivos aos seus interesses pela aeronáutica. Lachambre e Machuron o agradaram de imediato. Eles não o dispensaram como um mero sonhador nem pediram honorários caros ou exageraram os perigos óbvios da aerostação. "Quando perguntei ao sr. Lachambre o preço de um ligeiro passeio em balão, fiquei tão surpreso com a resposta que lhe pedi que me repetisse", escreveu Santos Dumont.

> Uma ascensão de três ou quatro horas, com todas as despesas pagas, incluindo o transporte de volta do balão em caminho de ferro, custar-lhe-á 250 francos.
> E as avarias?, arrisquei eu.
> Mas, retrucou o meu interlocutor, rindo, nós não vamos ocasionar avarias.[1]

Santos Dumont aceitou a proposta antes que Lachambre tivesse a chance de mudar de ideia. Machuron propôs fazer a viagem no dia seguinte.

Santos Dumont não confiou em seus queridos veículos motorizados para levá-lo ao local da ascensão, e logo bem cedo chegou a Vaugirard num fiacre para assistir aos preparativos. O balão vazio estendia-se sem forma na grama. Sob o comando de Lachambre, os operários começaram a encher de gás o invólucro até que o balão, lentamente, atingiu 13 metros de diâmetro e 750 metros cúbicos. Às 11 horas, o trabalho terminara. Uma brisa suave balançava a cesta de vime; Machuron pôs-se de pé de um lado e oposto a ele ficou o pequenino brasileiro, impaciente e nervoso, segurando um grande saco de lastro de areia para que a cesta não se inclinasse demais na direção de Machuron, que tinha o dobro de seu peso. "Larguem tudo!", gritou Machuron. Os operários soltaram o balão, e a primeira sensação de Santos Dumont no ar foi que o vento cessara.

> No mesmo instante, o vento deixou de soprar. Era como se o ar em volta de nós se tivesse imobilizado. É que havíamos partido, e a corrente de ar que atravessávamos nos comunicava sua própria velocidade. Eis o primeiro grande fato que se observa quando se sobe num balão esférico.
>
> Esse movimento imperceptível de marcha possui um sabor infinitamente agradável. A ilusão é absoluta. Acreditar-se-ia, não que é o balão que se move, mas que é a terra que foge dele e se abaixa.
>
> No fundo do abismo que se cava sob nós, a 1,5 mil metros, a terra, em lugar de parecer redonda como uma bola, apresentava a forma côncava de uma tigela, por efeito de um fenômeno de refração que faz o círculo do horizonte elevar-se continuamente aos olhos do aeronauta.[2]

Ele ainda via as pessoas na terra — pareciam formigas, observou (uma descrição que hoje soa como lugar-comum, mas que deve lhe ter parecido original). Ele não ouvia suas vozes. O único som eram os latidos fracos dos cães e o apito ocasional de uma locomotiva.

Eles subiram ainda mais alto. De súbito, uma nuvem encobriu o sol, esfriando o gás do balão, que começou a murchar e descer, devagar a princípio e, depois, mais rápido. "Tive medo", recordou Santos Dumont, "não me sentia cair, mas via a terra aproximando-se velozmente e sabia o que isso significava"[3.] Os dois homens jogaram lastro até estabilizar o balão numa altura de 3 mil metros. Santos Dumont descobriu a utilidade do lastro e fez a segunda grande observação:

ASAS DA LOUCURA

> Alguns quilos de areia bastam para restituir ao indivíduo o domínio da altitude. Readquirimos o equilíbrio acima de uma camada de nuvens. [...] Sobre esse fundo de alvura imaculada, o sol projetava a sombra do balão; e nossos perfis, fantasticamente aumentados, desenhavam-se no centro de um triplo arco-íris. Pelo fato de não vermos a terra, toda noção de movimento deixava de existir para nós. Poderíamos avançar com a velocidade de um furacão sem nos apercebermos. Nenhum meio de conhecer o rumo tomado, senão descer e determinar nossa posição.[4]

Eles perceberam que voavam já havia uma hora ao ouvir os sinos das igrejas tocando o ângelus ao meio-dia. Santos Dumont, para quem cada refeição era uma ocasião especial, declarou que estava na hora de almoçar. Machuron franziu o cenho — ele não planejara descer tão cedo. Mas Santos Dumont também não pensava em voltar. Com um olhar malicioso, abriu sua mala e retirou um suntuoso almoço: ovos cozidos, rosbife, frango, queijos variados, fruta, sorvete derretido e doces. Para deleite de Machuron, também abriu uma garrafa de champanhe, que lhes pareceu especialmente efervescente em razão da reduzida pressão atmosférica naquela altitude.

Santos Dumont apanhou duas taças de cristal. Ao fazer um brinde ao seu anfitrião, comentou que jamais fizera refeições em cenário tão esplêndido.

> O calor do sol, pondo as nuvens em ebulição, fazia-as lançar em derredor de nossa mesa jatos irisados de vapor gelado, comparáveis a grandes feixes de fogos de artifício. A neve, como por obra de um milagre, espargia-se em todos os sentidos, em lindas e minúsculas palhetas brancas. Por instantes os flocos formavam-se, espontâneos, sob os nossos olhos, mesmo nos nossos copos![5]

Nenhuma refeição estava completa para Santos Dumont sem um cálice de licor e o delicioso café brasileiro que ele carregava numa garrafa térmica.

Enquanto os dois aeronautas saboreavam o Chartreuse, a neve começou discretamente a se acumular em cima do balão. Mas pelo menos Machuron estava sóbrio o suficiente para verificar os instrumentos. Em um dado momento, o barômetro subiu 5 milímetros, indicando que o balão ficara mais pesado com a precipitação atmosférica, e que poderia estar caindo com grande velocidade, mesmo que eles não sentissem qualquer movimento. De repente, mergulharam em semiobscuridade quando a aeronave atravessou uma nuvem. Eles ainda distinguiam a cesta, os objetos e os equipamentos próximos ao cordame, porém o balão não era mais visível. "Experimentamos assim, e por um instante, a singular sensação de estarmos suspensos no vácuo, sem nenhuma sustentação, como se houvéssemos perdido nosso último grama de gravidade e nos achássemos prisioneiros do nada opaco",[6] escreveu Santos Dumont. Apressados, atiraram fora mais lastro. Depois de alguns minutos, saíram do nevoeiro escuro e viram-se a apenas 300 metros da cidade — o balão descera quase 2,7 mil metros. Os dois localizaram sua posição com um compasso, comparando os pontos de referência na terra com os que viam no mapa. "Foi-nos fácil identificar as estradas, os caminhos de ferro, as aldeias, os bosques. Tudo isso avançava para o horizonte com a rapidez do vento." Rajadas de vento impeliam o balão em todas as direções, transformando em sopa o que restara do rosbife e do sorvete.

Se a viagem de estreia mostrara a Santos Dumont a importância do lastro para manter o equilíbrio de um balão, ensinara-lhe também a utilidade da *guide rope* para uma aterrissagem e decolagem tranquilas. A corda grossa, de uns 100 metros de comprimento, pendente da cesta, servia de freio automático quando o balão voltava para a terra em grande velocidade por qualquer razão. E os motivos poderiam ser vários: uma rajada de vento, a perda acidental de gás, o acúmulo de neve no invólucro ou uma nuvem passando diante do sol. Quando o balão desce abaixo de 100 metros, a corda se arrasta cada vez mais no solo, diminuindo, assim, o peso da aeronave e amenizando sua queda. Ao contrário, quando o balão sobe com muita rapidez, ao levantar a *guide rope* o peso do balão aumenta, reduzindo a velocidade da ascensão.

Essa corda, um acessório simples e eficiente, também tinha suas inconveniências, como Santos Dumont observou baseando-se em sua experiência:

> Pelo fato de se arrastar sobre superfícies desiguais, sobre campos e sobre prados, sobre colinas e sobre vales, sobre estradas e sobre casas, sobre sebes e sobre fios telegráficos, imprime ao balão violentas sacudidelas. Acontece que, após ter-se enrolado, ela desembaraça

instantaneamente; ou que venha a prender-se a qualquer aspereza do solo, ou enganchar-se ao tronco ou aos galhos de uma árvore.[7]

Quando Machuron preparava-se para aterrissar, a corda enrolou-se num grande carvalho, ocasionando uma parada abrupta do balão, e os dois aeronautas foram arremessados contra a extremidade da cesta. Durante quinze minutos, o balonete fustigado pelo vento "sacudiu-os como um cesto de legumes". Machuron aproveitou a ocasião para dissuadir Santos Dumont de construir um balão a motor. "Observe o humor traiçoeiro e vingativo desse vento", ele gritou. "Estamos presos à árvore, mas veja com que força ele procura arrancar-nos!" Nesse momento, Santos Dumont foi jogado de novo no fundo da cesta. "Que propulsor a hélice seria capaz de vencê-lo?", prosseguiu Machuron. "Que balão alongado não se dobraria em dois?"[8]

Por fim, conseguiram se desvencilhar do carvalho atirando fora quase todo o lastro. Mas a aventura não se encerrara. "O balão deu então um pulo terrível e foi como uma bala furar as nuvens. Estávamos ameaçados de atingir alturas que depois nos podiam ser perigosas para a descida, dada a pequena provisão de lastro de que já dispúnhamos",[9] recordou Santos Dumont. O experiente Machuron tinha ainda um último recurso: abriu a válvula para escapar o gás e o balão começou a descer em direção a um campo aberto, e a *guide rope* dessa vez cumpriu sua função ao tocar o solo. Em circunstâncias normais, esse seria um local ideal para aterrissar, mas uma forte corrente de vento prometia uma descida difícil. A sorte favoreceu Santos Dumont, no entanto, e o balão caiu depois de quase duas horas no ar na extremidade do campo.

> Avançava ao nosso encontro um recanto da floresta de Fontaine-bleau. Em alguns instantes, à custa do nosso último punhado de lastro, contornamos a extremidade do bosque. As árvores agora nos protegiam contra o vento. Atiramos a âncora, ao mesmo tempo que abríamos completamente a válvula para dar escapamento completo ao gás.[10]

Eles pousaram sem problemas, saltaram ilesos da cesta e olharam o balão esvaziar. "Alongado no chão, ele esvaía-se do gás restante em estremecimentos convulsivos, como um grande pássaro batendo as asas ao morrer", disse Santos Dumont. Além disso, não teriam achado local melhor para o pouso final, pois desceram no belo parque do castelo de Ferrières, propriedade de Alphonse de Rothschild, 70 anos, presidente do Conselho Geral do Banco da França e responsável pela fortuna da família famosa. Criados e trabalhadores da propriedade ajudaram os dois aeronautas a dobrar o balão e colocá-lo junto com o cordame e a mesa de almoço na cesta. Em seguida, eles transportaram a carga de 200 quilos à estação de trem mais próxima, a uma distância de 4 quilômetros. Na viagem de quase 100 quilômetros até Paris, Santos Dumont conversou com Machuron sobre seu enorme interesse pela aeronáutica. O construtor prometeu construir um balão em forma de pera para ele. O único desapontamento de Santos Dumont foi o de ter que refrear seu sonho de um balão dirigível. Os dois chegaram a Paris às 18 horas. Santos Dumont declarou que o dia fora um sucesso e começou a pensar no que iria jantar.

Machuron e Lachambre nunca tiveram um cliente tão impaciente e difícil. Santos Dumont voltou à oficina dos construtores no dia seguinte para encomendar seu primeiro balão, o Brasil. Os desacordos logo surgiram. Machuron pensara em um balão de tamanho normal, com uma carga entre 4,2 mil e 17,5 mil metros cúbicos de gás. Mas Santos Dumont queria um invólucro quatro vezes menor que os dos aeróstatos existentes, um balão compacto com cerca de 6 metros de diâmetro e 100 metros cúbicos que, ao ser esvaziado, poderia ser carregado em sua maleta de mão. Machuron recusou a encomenda e passou uma tarde tentando convencer Santos Dumont de que o Brasil jamais voaria. "Quantas vezes, mais tarde, os meus projetos foram submetidos a provas análogas! Hoje estou habituado a elas. Espero-as. Todavia, por mais desconcertado que ficasse então, perseverei no meu ponto de vista",[11] escreveu mais tarde.

Machuron e Lachambre insistiram que a estabilidade de um balão dependia de um peso mínimo. O aeronauta precisava de espaço para se mover na cesta, sem temer que suas ações provocassem turbulências incontroláveis na aeronave. Com um balão pequeno, essa liberdade seria impossível. Não, Santos Dumont retrucou. Se o comprimento dos cabos de suspensão que conectam a cesta ao balão fossem proporcionalmente mais longos, o centro da gravidade, até mesmo de um sistema leve, não se alteraria muito com os movimentos do aeronauta. Desenhou dois diagramas para mostrar sua ideia. Os construtores veteranos admitiram que ele tinha razão e começaram os projetos para construir o Brasil com os materiais de costume.

Santos Dumont também discordou do plano porque, segundo ele, os materiais eram muito pesados. Queria fazer o balão com uma seda japonesa bem leve e levou para Machuron uma amostra do tecido. "Será muito fraco", disse o construtor. "Não resistirá à enorme pressão do gás."[12] Santos Dumont queria provas e, então, Machuron mediu a resistência da seda com um dinamômetro. O resultado surpreendeu a ambos. A seda era trinta vezes mais resistente do que seria necessário. Embora o metro quadrado do tecido pesasse pouco mais de 28 gramas, era capaz de suportar uma tensão de mais de 700 quilos.

Quando Santos Dumont partiu, Machuron e Lachambre entreolharam-se confusos. Ele os persuadira a mudar todos os materiais usuais. O invólucro de seda do balão pesaria menos de 4 quilos. Porém, as três camadas de verniz para impedir o vazamento do gás aumentariam o peso para 14 quilos. A rede que cobriria o balão pesaria cerca de 2 quilos em vez dos 50 habituais, e a cesta de vime pesaria apenas 6 quilos, cinco vezes mais leve que o normal.

Santos Dumont teria de esperar alguns meses para testar seu balão, pois Machuron e Lachambre tinham diversas encomendas para entregar antes de começar a construção do Brasil. Os dois construtores estavam também comprometidos com ascensões públicas em feiras, festivais e casamentos na França e na Bélgica. Santos Dumont preferia que eles permanecessem na oficina construindo a aeronave e, assim, fez-se um acordo em que ele os substituiria nas ascensões, após dois treinos com Machuron. "Isto evitava trabalho ao sr. Lachambre, a quem eu indenizava de todas as despesas e todos os incômodos, proporcionava-me prazer e permitia-me praticar o 'sport'. A combinação acomodava a nós dois",[13] relembrou Santos Dumont. Ao final, ele fez mais de 24 voos antes de o Brasil ficar pronto. Em uma tarde tempestuosa de março de 1898, ele substituiu Lachambre numa feira em Péronne, no norte da França. Os trovões ribombavam ao longe e alguns espectadores, conhecendo sua inexperiência, insistiram que ele desistisse de voar ou, ao menos, levasse um copiloto. Os semblantes preocupados reforçaram sua decisão de ascender sozinho. "Não atendendo a ninguém, parti, conforme havia deliberado", recordou ele. Ascendeu no fim da tarde como planejara.

> Em breve lastimei-me da minha temeridade. Achava-me só, perdido nas nuvens, entre relâmpagos e ruídos de trovões, e a noite se fechava em torno de mim.
> Eu ia, ia nas trevas. Sabia que avançava a grande velocidade, mas não sentia nenhum movimento. Ouvia e recebia a procela, e era só. Tinha consciência de um grande perigo, mas este não era tangível.[14]

Permaneceu de pé toda a noite aguardando o fim da tempestade. Quanto mais esperava, sem dano visível para o balão, menos medo sentia. "Uma espécie de alegria selvagem dominava os meus nervos. [...] Lá no alto, na solidão negra, entre os relâmpagos que a rasgavam, entre o ruído dos raios, eu me sentia como parte integrante da própria tempestade!" Quando o mau tempo passou, a inebriante sensação da balonagem noturna cedeu à beatitude.

> A gente sente-se só no vácuo obscuro, em limbos de trevas onde se tem a impressão de flutuar sem peso, fora do mundo, a alma aliviada do fardo da matéria! Está-se feliz assim, quando, de tempos em tempos, surgem luzes terrestres. Pontinhos acendem-se ao longe e lentamente se apagam. Ali, onde antes não se enxergava senão um débil clarão, veem-se de súbito inumeráveis manchas brilhantes, que desfilam em linhas, uma atrás das outras como cachos de claridade. É uma cidade que se atravessa.
> [...] E quando esta [a aurora] vem, numa coroa de carmesim, de ouro e de púrpura, é quase a contragosto que se procura a terra. Novo prazer é o imprevisto de uma aterragem em não se sabe que parte da Europa. Para muitas pessoas, a aerostação não possui atrativo maior. O aeronauta transforma-se em explorador. [...] e goza-se de indizível alegria em ir ter com homens estranhos, como um Deus saído de uma máquina. Em que país se está? Em que língua, alemã, russa, norueguesa, obter-se-á resposta?

Nessa ocasião, a resposta veio em flamengo, porque Santos Dumont descera no interior da Bélgica.

ASAS DA LOUCURA

Assim que retornou a Paris, insistiu com seus jovens amigos, a quem o gosto pelas aventuras fora reprimido em virtude de pressões familiares e negócios, que praticassem a balonagem.

> Ao meio-dia, almoçais tranquilamente com os vossos. Às 14 horas, partis em balão. Dez minutos mais tarde não sereis mais um cidadão vulgar, sim um explorador, um aventureiro da ciência, tal como os que vão gelar nos icebergs da Groelândia ou fundir de calor nos rios de coral da Índia.[15]

E a aventura não terminava com o pouso. Alguns aeronautas, contou a seus amigos, foram baleados ao descerem em países estrangeiros.

> Outros detidos no momento da aterrissagem e levados à presença de algum burgomestre ou governador militar, começaram por sofrer o susto de uma acusação de espionagem — enquanto o te-légrafo avisava sua prisão à capital distante — para acabarem o dia bebendo champanhe no entusiasmo de uma roda de oficiais. Outros, mesmo em pequenos lugares perdidos, tiveram de se de-fender contra a ignorância e a superstição das populações rurais. Tal é a fortuna dos ventos.

Santos Dumont escolheu fazer sua primeira ascensão no balão Brasil no dia 4 de julho de 1898, no Jardin d'Acclimatation, o jardim zoológico do Bois de Boulogne, um grande bosque quase três vezes maior que o Central Park, em Nova York. No início do século, fora o local de refúgio de ladrões e marginais. Napoleão III pedira ao barão Haussmann para redesenhar o parque nos moldes do Hyde Park de Londres. Ele transformou algumas áreas arborizadas em espaços abertos e policiados, construiu bangalôs, pavilhões, jardins e alamedas largas o suficiente para que as carruagens pudessem fazer a curva. À época de Santos Dumont, o parque era a área de lazer das pessoas ricas de Paris, com campos de polo bem-cuidados e o hipódromo de Longchamp.

O Jardin d'Acclimatation, na extremidade norte do Bois, foi inaugurado em 1856. Foi originalmente concebido como um centro de pesquisa científica para abrigar animais exóticos que suscitavam interesse dos criadores franceses. Entre os primeiros habitantes havia iaques do Tibete, porcos-espinhos de Java, toninhas da América do Sul, zebus da Índia e zebras, cangurus, guepardos, lhamas, avestruzes e tatus. Havia também mastins da Espanha, galgos siberianos e outras raças de cães. Alphonse de Rothschild, o novo amigo de Santos Dumont, dirigira o Jardin d'Acclimatation por algum tempo, mas o projeto mostrou-se muito caro para ser mantido apenas como empreendimento científico e, em 1865, tornou-se uma atração turística com a introdução de animais com mais apelo popular como ursos, elefantes, hipopótamos e dromedários. As crianças podiam andar num trem puxado por uma zebra ou ver uma charrete puxada por lhamas com um macaco como cocheiro. No entanto, os diretores do zoológico não estavam contentes com a mera exibição de animais. A fim de atrair mais público, decidiram mostrar também gente "dos quatro cantos do mundo". Indígenas norte-americanos, esquimós, núbios, hindus e curdos eram exibidos com etiquetas e mapas indicando sua procedência, como se fossem macacos exóticos. Aos domingos, senhoras elegantes e seus acompanhantes passeavam pelos jardins do zoológico e contemplavam pasmos os nativos à mostra.

Santos Dumont poderia ter escolhido um lugar mais reservado, mas ele confiava no Brasil e queria mostrá-lo aos curiosos do Jardin d'Acclimatation. Além disso, o local era conveniente porque Lachambre instalara ali uma usina de produção de hidrogênio. O pequeno balão, com um longo cordame desproporcional ao seu tamanho, mostrava-se à altura do desafio. Santos Dumont demonstrou comedimento incomum em não embarcar a cesta com seu farto almoço, para que o Brasil pudesse carregar o máximo possível de lastro, 30 quilos de sacos de areia. Apesar de o balão conter só um sétimo da carga de hidrogênio de um aeróstato normal, ascendeu com facilidade seu piloto e o lastro. Enquanto Machuron e Lachambre olhavam, ansiosos, a ascensão, Santos Dumont demonstrou a estabilidade do Brasil movimentando-se pela cesta do balão. Aliviados, os dois beberam a garrafa de champanhe que ficara para trás. Após a descida suave, Santos Dumont recolheu a corda, esperou o balão esvaziar e guardou todo o equipamento em sua maleta.

O voo tranquilo inspirou-lhe confiança. Se os aeronautas veteranos descreram da estabilidade do Brasil e subestimaram a resistência da seda

ASAS DA LOUCURA

japonesa, por que também não poderiam estar errados quanto à dificuldade de construir um balão dirigível? Como poderiam ter tanta certeza de que uma aeronave autopropulsada não resistiria a um vento forte? E se ele mudasse a forma do balão esférico para um cilindro alongado? Em vez de ser impulsionado pelas correntes aéreas, por que não "cortaria o ar"?

O primeiro obstáculo foi a escolha da fonte de propulsão. O motor a petróleo era um candidato improvável, pois não era confiável, além de ser barulhento e malcheiroso — características que perturbariam a tranquilidade da balonagem. Os motores a petróleo dos automóveis pareciam ter vontade própria, diminuindo ou aumentando a velocidade, e enguiçando a seu bel-prazer, fato bastante desagradável numa estrada, mas inaceitável no ar.

Santos Dumont comprara seis automóveis depois do Peugeot cupê. Embora não estivesse contente com o desempenho deles, gostava de passear com seus veículos barulhentos. O prazer de umas férias no outono foi dirigir 960 quilômetros num Panhard de 6 HP de Paris a Nice; levou 54 horas para chegar, parando com frequência para fazer pequenos reparos e regular o motor, mas não para dormir. Entretanto, nunca mais fez uma longa viagem de carro, porque não suportava ficar longe de seus balões.

Por fim, deixou de usar automóveis para movimentar-se no dia a dia. "Em um dado momento, enamorei-me dos automóveis a petróleo pela liberdade que eles nos davam", disse a um jornalista alguns anos mais tarde. "Você pode comprar gasolina em qualquer lugar: e assim tem-se a liberdade de partir para Roma ou São Petersburgo. Porém, ao descobrir que não queria ir a esses lugares, mas tão somente fazer viagens curtas aos arredores de Paris, passei a usar um pequeno buggy elétrico",[16] acrescentou, de um tipo visto raramente na França.

Em 1898, importou um veículo elétrico de Chicago e "nunca se arrependeu da compra". Todos os dias fazia um passeio matinal no Bois de Boulogne e, às tardes, visitava as oficinas dos construtores de balões em Vaugirard e o Automóvel Clube na place de la Concorde. O motor elétrico, além da confiabilidade, tinha outras vantagens sobre o motor a petróleo: era silencioso e sem odor. Mas não servia para viagens aéreas porque, com suas baterias, era muito pesado e, provavelmente, seria difícil modificá-lo. Santos Dumont sabia que o governo francês apoiara os esforços de Renard e de Krebs nos anos 1880 e "gastara milhões de francos em aeronaves com motores elétricos, cujos projetos foram finalmente abandonados sobretudo em razão do peso do motor".[17]

Certo dia, quando passeava em Paris num triciclo De Dion, ocorreu-lhe que talvez tivesse sido precipitado ao descartar o motor a petróleo. O motor de 1 cilindro do triciclo "pareceu-lhe adequado no momento",[18] comparado aos incômodos motores a petróleo de alta potência dos veículos de quatro rodas. O motor de 1,75 HP do De Dion era relativamente potente, embora não o suficiente para uma aeronave. A fim de aumentar a potência, planejou combinar dois motores desses. Normalmente, era muito convicto de suas invenções, mas desta vez não se sentiu confiante de exibir-se em público.

"Procurei próximo da minha residência, no centro de Paris, a oficina de algum pequeno mecânico", recordou Santos Dumont, "onde pudesse fazer executar o meu plano sob as minhas próprias vistas e eu pudesse meter a mão na obra".[19] Ele encontrou o que queria na rua do Coliseu. No local, trabalhou numa máquina com dois cilindros de um motor a petróleo, isto é, "posicionados um atrás do outro, de modo a funcionar em uma só biela, alimentados por um único carburador". Para que tivesse um peso mínimo, eliminou todos os elementos que não fossem estritamente necessários à sua solidez. Desse modo, "realizei algo de interessante para a época — um motor de 3 ½ HP pesando apenas 30 quilos".

O trabalho agradou e ele resolveu testar o motor reconstruído em seu triciclo. A corrida de carros Paris-Amsterdã aproximava-se, e ele achou que seria uma ótima oportunidade para experimentá-lo na competição. Ficou desapontado quando o informaram que o veículo com motor "envenenado" não atendia aos requisitos necessários para inscrevê-lo, mas tirou o melhor partido da situação dirigindo o triciclo junto com a corrida até se convencer de que poderia manter a mesma velocidade dos líderes da prova. "Poderia obter uma honrosa classificação no final, pois o meu veículo era de todos o mais potente em relação ao peso, e a velocidade média do vencedor não foi além de 40 quilômetros por hora", escreveu Santos Dumont. "Mas temia que a trepidação do motor, submetido a um esforço tão rude, fosse causa de qualquer desarranjo"[20] e atrasasse a construção da aeronave. Portanto, ele se retirou da corrida ainda na dianteira. A trepidação do motor lembrou-lhe dos defeitos mecânicos das máquinas da fazenda de café, em decorrência dos movimentos vibratórios. Decidiu testar o novo motor e levou o triciclo ao Bois de Boulogne à noite, quando o parque estava vazio. Contratara dois operários robustos para encontrá-lo lá, munidos de cordas resistentes, e recompensou-os generosamente para que não contassem a experiência noturna. Escolheu uma grande árvore com um galho bem grosso logo acima de sua cabeça. Os homens jogaram as cordas por cima do galho e as amarraram com firmeza nas extremidades do triciclo. Santos Dumont subiu no veículo e pediu que o levantassem a alguns centímetros do chão. Pôs o motor em movimento e observou suas vibrações suspenso no ar; eram muito menos perceptíveis que na terra, onde havia um elemento de atrito.

Ficou exultante com o teste, pediu mais uma vez segredo aos homens e esgueirou-se do parque antes que fosse preso por violar o regulamento.

Ao amanhecer, contou aos amigos seu plano. "Desde o início todos foram contrários à ideia",[21] relembrou. "Disseram-me que um motor a explosão poderia incendiar o hidrogênio do balão e isso provocaria a minha morte." Lembrou aos amigos descrentes que meio século antes Giffard pilotara sem problemas um balão com um motor a explosão, apesar de o voo ter obtido sucesso parcial (porque o motor não tinha potência suficiente para resistir aos impulsos do vento). O motor do triciclo, insistiu Santos Dumont, desprenderia menos fagulhas e fumaça.

Desenhou o projeto de construção de uma aeronave em formato de charuto e retornou à firma dos construtores em Vaugirard. Lachambre a princípio recusou-se a aceitar a tarefa, lembrou Santos Dumont, "alegando a impossibilidade de construir tal aeróstato e que não seria responsável por minha precipitação e imprudência".[22] Santos Dumont lembrou-lhe de que ouvira dele as mesmas dúvidas antes de construir o Brasil. Prometeu também indenizar Lachambre caso ocorresse qualquer explosão ou danos, e concordou em trabalhar no motor longe da oficina. Diante da insistência, Lachambre iniciou o trabalho sem entusiasmo.

A ideia principal de Santos Dumont ao projetar esse dirigível, a que deu o nome de Santos Dumont Nº 1 — o primeiro de uma série de aeronaves construídas ao longo da vida —, era de fazer um balão alongado o menor possível, capaz de arcar com o peso do motor a petróleo reconstruído, o propulsor, o leme, a cesta, o cordame, uma quantidade mínima de lastro, a corda e, claro, seu próprio peso, não muito além de 50 quilos, dependendo de seus hábitos alimentares no momento.

Entregou a Lachambre o projeto de um invólucro. "Era um balão cilíndrico terminado em cone na frente e atrás."[23] Teria 25 metros de comprimento por 3,50 metros de diâmetro, com 180 metros cúbicos de gás, e uma força ascensional de 210 quilos. Computando todo o peso dos acessórios, Santos Dumont calculou que só restariam uns 30 quilos para o material do invólucro, o verniz e o envelope exterior (ou a rede que envolvia a parte inflável e as cordas de suspensão que prendiam a cesta ao balão). A seda japonesa, que tinha provado sua resistência no Brasil, não seria suficiente para manter esse peso ideal; era preciso outra inovação. Primeiro, pensou em alternativas para o verniz, mas não conseguiria um líquido mais leve capaz de selar suficientemente a seda. Depois, decidiu não usar o invólucro exterior. As cordas de suspensão da cesta se fixariam diretamente no balão, conectadas a longas hastes de madeira introduzidas em ourelas horizontais costuradas na seda. Santos Dumont orgulhou-se de uma ideia tão simples e instruiu o relutante Lachambre a costurar o balão dessa forma. O experiente construtor preocupou-se com os pontos que poderiam romper-se, causando a queda fatal da cesta. Do mesmo modo como fizera com o motor, Santos Dumont eximiu-o de qualquer responsabilidade.

Enquanto Lachambre trabalhava, Santos Dumont ocupava-se do motor na rua do Coliseu. Colocou o motor do triciclo atrás da cesta e prendeu um propulsor de alumínio diretamente na haste do motor. Ao suspender a cesta, o motor e o propulsor de 2 metros nas traves da oficina, pôde ver o desempenho do aparelho no ar. Com o motor em pleno funcionamento, a cesta projetou-se violentamente para a frente. Santos Dumont puxou-a de volta com uma corda horizontal ligada a um dinamômetro e calculou que a força de tração da hélice chegaria a cerca de 12 quilos, o que "prometia uma boa velocidade a um balão cilíndrico das dimensões do meu, cujo comprimento equivalia a sete vezes seu diâmetro".[24] Repetiu diariamente os testes até ter certeza dos resultados. Se tudo funcionar como previsto, concluiu, a aeronave alcançaria a velocidade de 28 quilômetros por hora.

Com a introdução do propulsor (e de um leme de seda esticado numa armação triangular de aço) para controlar o movimento horizontal do balão por causa do impulso do vento, Santos Dumont voltou sua atenção para o equilíbrio vertical, o qual se mantinha precariamente em balões esféricos soltando lastro ou deixando escapar gás. "Suponhamos que se esteja em equilíbrio a 500 metros de altitude", escreveu.

ASAS DA LOUCURA

De súbito, uma pequena nuvem quase imperceptível encobre o sol por alguns segundos. A temperatura do gás esfria um pouco e se, neste momento, não se joga lastro suficiente para compensar a força ascensional perdida pela condensação do gás, começa-se a descer. Imagine que se tenha atirado fora o lastro — a quantidade certa, porque, caso seja demais, o balão fica muito leve e sobe demais. A pequena nuvem cessa de cobrir o sol. O gás se aquece à temperatura inicial e o balão retoma sua força ascensional. Mas como carrega pouco peso em razão do lastro arremessado, sobe-se muito e o gás do invólucro se dilata ainda mais ou escapa pela válvula de segurança, e novamente é preciso soltá-lo, e os problemas recomeçam. Essas imprevisíveis montanhas-russas, ou aclives e declives sucessivos, dos balões esféricos devem ser evitadas ao máximo na minha aeronave.[25]

Ocorreu a Santos Dumont que com o novo propulsor ele poderia controlar a ascensão se soubesse como inclinar o aparelho, levantando ou abaixando a proa e, desse modo, o motor direcionaria a subida e descida do balão. Mais uma vez encontrou uma solução simples: um sistema de pesos deslocáveis, capaz de modificar o centro de gravidade da aeronave facilmente. Os pesos eram só dois sacos de lastro, um na parte dianteira e outro atrás, suspensos ao invólucro por cordas longas e grossas. Uma corda mais fina ligava cada peso à cesta, pela qual se podia puxá-los, mudando o centro de gravidade de todo o sistema. Caso o peso da frente estivesse retesado, a proa se levantaria e, ao se puxar o peso da parte posterior, se inclinaria. Além da *guide rope* de 60 metros de comprimento, que seria útil para a decolagem e aterrissagem, o Nº 1 não precisaria de lastro adicional. Santos Dumont esperava ter minimizado o problema do lastro para poder carregar uma grande cesta de almoço. Ele estava pronto para voar no Nº 1, assim que Lachambre aplicasse o verniz.

No dia 18 de setembro de 1898, após três meses e meio de sua primeira ascensão no Brasil, Santos Dumont testou o Nº 1. Já sobrevoara mais de cem vezes Paris em balões esféricos, e sua reputação de balonista corajoso e inventivo era conhecida em toda a cidade. Nenhum aeronauta parisiense voava por prazer próprio; os outros eram balonistas profissionais e as ascensões pagas eram, em geral, feitas em áreas rurais. Deram-lhe carinhosamente o apelido de "Petit Santos", mas isso o incomodava. Passara a usar artifícios para disfarçar a pequena estatura — ternos escuros com listras verticais, saltos nos sapatos e um chapéu-panamá. Desenhara colarinhos altos feitos sob medida para suas camisas, de modo a alongar o pescoço. O nó da gravata era apertadíssimo para não acentuar sua pequenez e ele o mantinha assim prendendo-o com uma pérola ou um alfinete de gravata. Os ternos eram sempre impecavelmente bem passados. Ele foi o aeronauta mais bem-vestido que o mundo conheceu.

As pessoas iam assistir a suas ascensões também movidas pela curiosidade de vê-lo. Os acessórios de seu guarda-roupa eram muito femininos e atraíam o interesse dos espectadores e jornalistas, pois não combinavam com os riscos viris de pilotar as novas aeronaves. Um correspondente estrangeiro o descreveu assim:

> Santos, como prefere ser chamado, é baixo, franzino, de tez morena clara, com mais ou menos 1,60 metro de altura. Se não fosse pelo espesso bigode, porém bem aparado, que sombreia o lábio superior e dá força a toda a face, teria o rosto efeminado. O queixo, no entanto, revela de onde tira sua tenaz determinação e o espírito indomável que o levaram a continuar trabalhando até chegar à alta posição que ocupa atualmente. O maxilar inferior é comprido e anguloso e, quando ele o fecha, os músculos protuberantes denotam grande determinação. A boca também é proeminente e os lábios ligeiramente mais grossos que a média. Não é um homem bonito. Mas os dentes são brancos e bem-proporcionados, e o sorriso encantador. Espalha-se por todo o rosto, começando pelos olhos, suaviza e ilumina agradavelmente suas feições. [...] Porém, sua voz grave e suave transmite, de algum modo, uma feminilidade perceptível, mesmo que nos lembremos de seus ousados feitos de coragem. O efeito efeminado acentua-se com a pulseira de ouro que Santos usa, embora o punho da camisa a esconda, exceto quando um gesto ocasional a mostra por um momento. Isso é raro, contudo, porque Santos pensa muito mais que fala, e fala muito mais que gesticula.[26]

Amigos aeronautas e membros do Automóvel Clube chegaram cedo no Jardin d'Acclimatation para vê-lo preparar o Nº 1. O jardim zoológico agora abrigava um grande balão cativo de Lachambre. Ele lhe vendia hidrogênio por um preço razoável de 1 franco por metro cúbico, e o gás do Nº 1 lhe custou 1.270 dólares. Enquanto Santos Dumont inflava a aeronave, os aeronautas ali reunidos conversavam com certo nervosismo. Por fim, um deles externou a preocupação da combinação letal do motor a explosão com o gás altamente inflamável: "Se pretendia suicidar-me, talvez fosse melhor sentar-me sobre um barril de pólvora em companhia de um charuto aceso."[27]

Santos Dumont riu e garantiu-lhes que estava decidido a viver, mesmo se fosse só para testemunhar o futuro das máquinas voadoras. Mostrou-lhes o cano de escape do motor e disse com orgulho como o havia dobrado com as próprias mãos para que as fagulhas fossem expelidas do balão. Além disso, o motor do triciclo lhe era tão familiar que ele perceberia, pelas mudanças sutis de seu barulho, se começasse a queimar sem controle e, nesse caso, ele simplesmente o desligaria.

A questão do motor foi abandonada, no entanto, quando os espectadores o viram fazer algo ainda mais perigoso: preparava sua ascensão no lado do campo de turfe a favor do vento, perto do bosque. Embora a aeronave estivesse voltada contra o vento, muitos pensavam que o motor não resistiria à corrente de ar e o balão seria arremessado para trás a alguns metros das árvores mais próximas. Santos Dumont estava convencido da força de resistência do motor. Planejava ajustá-lo até que a potência do propulsor controlasse o vento e o balão ascendesse. Os outros aeronautas o aconselharam a não fazer uma subida tão arriscada no primeiro voo. Por que não seguir a norma dos balões esféricos de começar a ascensão na extremidade de um campo aberto, de face para o vento? Desse modo, o balão impulsionado pela corrente aérea teria um grande espaço para cruzar antes de chegar ao bosque. Santos Dumont cedeu, por fim, aos conselhos e moveu o Nº 1 para a outra extremidade do terreno. Foi uma abordagem errada.

Ele posicionou a aeronave no lugar indicado e com o motor desligado subiu na cesta. Então gritou: "Vamos!"[28] Machuron e Albert Chapin, o mecânico-chefe, soltaram as cordas de amarração e Santos Dumont ligou o motor. O Nº 1 avançou impulsionado pelo vento e pelo motor e, em alguns segundos, atravessou o campo de encontro às árvores no outro lado. "Não tive tempo de sobrevoá-las, porque o impulso do motor foi demasiado forte", recordou. O balão caiu — felizmente a queda foi amortecida pelo roçar da cesta nos galhos das árvores —, e ele saiu ileso, exceto quanto ao seu orgulho. Recriminou os colegas aeronautas por dissuadi-lo de seus planos. Nunca mais teria a "fraqueza de ceder". Mas o episódio rendeu dividendos. "Esse acidente", disse, "ao menos serviu para mostrar aos incrédulos a eficácia do meu motor e do meu propulsor."

Em dois dias consertou a aeronave e voltou ao Jardin d'Acclimatation para uma segunda tentativa. A multidão era mais numerosa dessa vez, atraindo estranhos divididos entre o medo e a excitação de verem uma nova queda. Soprava uma brisa forte e, dessa vez, Santos Dumont seguiu seu instinto de posicionar o balão na extremidade do campo, a favor do vento, e de apontá-lo em sua direção. O N° 1 subiu devagar, sem perigo de chocar-se nas árvores. Ele puxou o lastro dianteiro para a cesta e, então, com o centro de gravidade na parte de trás, a grande proa do balão se moveu para cima. Os espectadores aplaudiram. Ele cumprimentou a multidão com o chapéu e começou a mostrar que realmente podia pilotar o aparelho. Segurou o leme e contornou muito de perto o balão cativo de Lachambre. Os aplausos soavam cada vez mais altos, e Lachambre saudou seu pupilo.

A primeira surpresa de Santos Dumont foi constatar que podia sentir a aeronave mover-se, ao contrário da experiência nos balões esféricos. Surpreendeu-se com o vento no rosto e com o paletó que flutuava à medida que o N° 1 fendia o ar. Parecia-lhe estar no convés de um navio em velocidade. Pensara que o movimento oblíquo com os pesos deslocáveis seria desagradável. Mas isso não o incomodou, apesar do balanço considerável do N° 1. Atribuiu o fato às travessias feitas entre a França e o Brasil, como bem lembrou:

> Certa vez, de caminho para o Brasil, a tempestade foi tão violenta, que o piano de cauda deslocou-se do seu lugar e foi quebrar a perna duma senhora. Mas nem mesmo com tal tempo me senti incomodado.
>
> Sei bem que o que se experimenta de mais penoso no mar não é tanto o movimento, mas a pequena hesitação do navio antes de arfar, o mergulho ou a ascensão maliciosa que se segue, e que não é nunca a mesma, quer o choque se produza no côncavo ou na crista da onda. A isto se juntam, como agravante, o cheiro da pintura, do verniz, do alcatrão, misturado aos bafios da cozinha,

ao calor das caldeiras, à fumaça das chaminés, às emanações dos porões.

A bordo duma aeronave não há cheiro algum. Tudo é puro e limpo. A arfagem mesmo produz-se sem estremecimentos, sem nenhuma das hesitações do navio no mar. O movimento tem a maciez dum deslizamento, sem dúvida porque as vagas do ar opõem uma menor resistência. Menos frequente que no mar, a arfagem é também menos rápida; o mergulho se faz sem parada brusca e pode-se, em pensamento, prever o termo da curva. E não há choque para produzir no estômago uma bizarra sensação de vazio.[29]

Além disso, o aeronauta tinha uma grande vantagem sobre o capitão de um navio — ele podia mover-se com facilidade para os lados para evitar uma corrente indesejável e seguir um curso mais apropriado.

No início, o voo do Nº 1 não poderia ter sido melhor. "Durante alguns momentos pude ouvir o barulho do motor e propulsor revolvendo o ar", comentou uma testemunha. "Então, mesmo ao alcançar o equilíbrio, via-se ainda Santos Dumont mexendo nos equipamentos e nas cordas. Movia-se em enormes círculos e em evoluções, demonstrando perfeito controle da direção."[30]

Santos Dumont entusiasmou-se com a facilidade com que controlava o Nº 1. "Minha falta de prática fez-me porém cometer um erro grave: elevei-me a 400 metros, altitude insignificante para um balão esférico, porém absurda e inutilmente perigosa para uma aeronave em ensaios."[31] Nessa altitude, via toda a cidade e ficou fascinado pelo magnífico hipódromo de Longchamp. Dirigiu-se para as pistas de corrida. "À medida que a aeronave diminuía a distância, os que a olhavam com binóculos começaram a gritar que estava 'se dobrando ao meio'"[32], continua a testemunha.

Vimos o aparelho descer rapidamente, aumentando cada vez mais de tamanho. As mulheres gritavam. Os homens falavam em tom grave entre si. Aqueles que tinham bicicletas ou automóveis precipitaram-se para o local onde provavelmente cairia. Contudo, em uma hora Santos Dumont estava de novo com seus amigos, incólume, rindo nervosamente e explicando o defeito da bomba de alimentação de ar.

Não tivera problemas na subida. Quando a pressão atmosférica diminuiu, o hidrogênio dilatou-se, mantendo a rigidez do balão. No momento em que a expansão foi demasiada, a válvula de segurança soltou automaticamente um pouco de gás. Essa válvula era outra inovação de Santos Dumont. Em geral, os balões esféricos tinham um respiradouro natural, uma pequena abertura na parte de baixo, por onde o gás poderia escapar ao se expandir. O respiradouro impedia a explosão do balão, "mas o preço dessa imunidade", observou, "é que a perda de gás é muito grande no balão esférico, o que abrevia fatalmente o tempo da sua permanência no ar". E não era apenas uma questão de prolongar o voo que ele tinha em mente ao substituir o respiradouro pela válvula; ele também se preocupava em manter a forma cilíndrica da aeronave. Um balão esférico contraía-se ao perder muito gás, mas ainda era capaz de voar. Porém, no caso do balão cilíndrico, ele dobrava-se e era difícil ou até mesmo impossível voar. A introdução da válvula eliminava a perda acidental do gás, mas seu bom funcionamento era fundamental para um retorno seguro. Ele verificou várias vezes a válvula antes da ascensão porque, embora seus amigos achassem que o maior perigo era o de o balão se incendiar, sua preocupação principal era a de a válvula falhar e o balão explodir.

Mas os problemas ocorreram na descida. O aumento da pressão atmosférica comprimiu o balão, como esperado. Santos Dumont equipara o Nº 1 com uma bomba de ar para introduzir gás no aparelho, de modo a compensar qualquer contração. Essa era a ideia, porém na prática a bomba demonstrou ser muita fraca.

À medida que Santos Dumont descia, o Nº 1 começou a perder a forma, dobrando-se ao meio como uma pasta de papel. As cordas submetidas a uma tensão desigual ameaçavam rasgar o invólucro do balão. "Tive a impressão de estar tudo acabado, pois a descida iniciada não podia mais ser interrompida pelos meios em uso a bordo dum aeróstato onde nada mais funcionava",[33] recordou ele. As cordas que sustentavam os sacos de lastro emaranharam-se e ele não pôde mais controlar a direção da proa. Pensou em arremessar lastro. Isso com certeza faria o balão subir, e a redução da pressão atmosférica permitiria que a expansão do hidrogênio restaurasse a forma rígida e cilíndrica do balão. No entanto, quando retornasse à terra, o problema sem dúvida se repetiria ainda com mais gravidade; o balão es-

ASAS DA LOUCURA   57

taria flácido em razão da perda do gás nesse ínterim. Santos Dumont não
encontrava solução, e o Nº 1 caía rapidamente.

Ele temeu que as cordas que conectavam a cesta ao balão se rompessem
uma a uma. Olhou para baixo e a vista dos telhados, "com os espigões dos
tubos das chaminés", deixou-o nauseado.

> Não duvidei de, nesse momento, encontrar-me em face da morte.
> Que irá suceder?, pensava eu. Que vou ver e saber dentro de alguns
> minutos? Que verei depois de morto? Estremeci, pensando em
> meu saudoso pai. Em verdade, creio que em tais instantes não há
> lugar nem para lamentações nem espantos. O espírito está muito
> tenso para olhar diante de si. Ninguém sente medo senão quando
> alimenta ainda uma esperança.

Nesse momento, percebeu uma saída. Um vento caridoso levava-o para
longe das ruas pedregosas e dos telhados pontiagudos, em direção ao gramado macio de Longchamp, onde alguns meninos empinavam papagaios.
Santos Dumont gritou-lhes para segurar a *guide rope* e para que corressem
o mais rápido possível puxando-a contra o vento.

> Eram garotos inteligentes, pegaram no instante propício a ideia e
> a corda. E o resultado desse auxílio *in extremis* foi imediato, e tal
> qual eu esperava. A manobra amorteceu a violência da queda e
> evitou-me, pelo menos, um choque perigoso. Estava eu salvo pela
> primeira vez![34]

Os meninos ajudaram-no a guardar tudo na cesta. Ele pegou um táxi e
voltou para o centro de Paris. Logo esqueceu as dificuldades do voo, como
uma mãe esquece as dores do parto assim que vê o filho recém-nascido.

> Apesar do acidente, não experimentei nessa noite senão um sen-
> timento de enlevo [...] Eu havia subido sem sacrifício de lastro;
> descera sem sacrifício de gás; meus pesos deslocáveis haviam
> funcionado com pleno efeito; ninguém podia negar o triunfo dos
> meus voos oblíquos. Ninguém antes de mim fizera igual.[35]

Celebrou o acontecimento à noite no Maxim's,[36] o famoso restaurante na rue Royale, nº 3, até hoje em funcionamento. Ele fora um dos primeiros frequentadores desde que Maxime Gaillard abriu seu bistrô forrado de madeira escura, no início dos anos 1890. No começo, o restaurante servia refeições aos cocheiros enquanto esperavam seus patrões jantarem em outros lugares, mas logo eles descobriram sua cozinha farta e saborosa — a sopa de cebola, as ostras frescas, as lagostas cozidas, o linguado ao molho de conhaque, o frango assado, os escalopes de vitela, os pés e rabos de porco grelhados — e tomaram o lugar dos cocheiros. A localização do Maxim's, no centro da cidade, no mesmo quarteirão do Automóvel Clube, do aristocrático hotel Crillon e do exclusivo Jockey Club, era ideal para ser frequentado pela elite parisiense. O Maxim's atraía o que a pequena burguesia de Paris chamava com sarcasmo de *fils à papa*, jovens ricos que gastavam o dinheiro de seus pais com mulheres e vinho. Quanto ao vinho, Santos Dumont o apreciava muito. O Maxim's não servia almoço nessa época. O restaurante só abria às 17 horas para aperitivos, o jantar era servido das 20 às 22 horas, e a ceia prolongava-se até a madrugada.

Santos Dumont sempre chegava na hora da ceia e sentava-se na mesma mesa, no canto da sala principal iluminada à luz de velas. De costas para a parede, podia observar tudo, e as extravagâncias nas madrugadas eram memoráveis. Uma bela moça loura, que se tornara atriz de cinema mudo, costumava se despir, subir numa mesa e cantar canções sensuais. Um russo chamado Aristoff chegava todos os dias pontualmente às 4 horas e pedia a mesma refeição: salmão grelhado, ovos mexidos, bife à minuta e uma garrafa de champanhe. Em sua despedida de solteiro, um conde francês ordenou aos garçons que se vestissem como agentes funerários e arrumassem as mesas como se fossem ataúdes. O Maxim's era o local de muitos encontros românticos. Nos anos 1890, era raro que pessoas desconhecidas se aproximassem diretamente uma das outras, mas flertavam com os olhos através da sala de jantar. Muitos casais se formaram pela intervenção da famosa "madame Pi-Pi", responsável pelos toaletes do restaurante. Uma mulher interessada em um homem ia ao toalete e entregava furtivamente à madame Pi-Pi seu telefone ou endereço junto com a gorjeta. Quando ela voltasse, o homem procuraria madame Pi-Pi e a recompensava pela informação.

Santos Dumont jantava sozinho ou com amigos, como Louis Cartier ou George Goursat, mais conhecido por seu pseudônimo Sem, que desenhara a caricatura do amigo brasileiro na parede do restaurante. No Maxim's, Santos Dumont conheceu James Gordon Bennett, um editor norte-americano milionário, cuja mesa ocupava um lugar de destaque na sala da frente do restaurante. Bennett era proprietário do *New York Herald* e do *Paris Herald*, o único jornal de língua inglesa da cidade. Seu estranho senso de humor impregnava as publicações. Por exemplo, durante dezessete anos o *New York Herald* publicou todos os dias a mesma carta para o editor — uma nota escrita em 1899 por uma "senhora idosa da Filadélfia", que queria saber como converter graus Celsius para Fahrenheit — só pelo prazer de Bennett ver os leitores mostrarem a nota repetida. Ele gostava de carros velozes, iates vistosos e balões de ar quente. Indicou um repórter para cobrir cada uma das experiências das aeronaves de Santos Dumont. As centenas de matérias melodramáticas do *Herald* sobre seus perigosos voos tornaram Santos Dumont uma celebridade nos Estados Unidos.

Nos dias de voo, o Maxim's preparava-lhe um almoço. H. J. Greenwall, autor de *I'm Going to Maxim's*, descreveu a rotina do aeronauta brasileiro:

> Encaminhava-se para o hangar para preparar o voo do *Santos Dumont I*; o almoço era posto na cesta de vime onde o piloto viajava. A aeronave ascendia e, em geral, algum pequeno acidente ou acontecimento imprevisível aconteciam. Voltava ao hangar e ia para seu apartamento [no elegante endereço à rue Washington, nº 9, na esquina da Champs-Élysées, perto do Arco do Triunfo]. À noite, ia ao Maxim's... todas as noites; partia de madrugada com um almoço que poderia ser asas de frango frio, uma salada e alguns pêssegos. Um sono breve. E lá estava de novo Santos Dumont no hangar para voar no seu balão.[37]

4

Sede de ciência

(Paris, 1899)

Ao fim do século XIX, Santos Dumont era o único a voar em aeronaves a motor. (Na Alemanha, o conde Ferdinand von Zeppelin construía um imenso dirigível semirrígido com 140 metros — uma complexa estrutura de alumínio envolta em tecido, com 15 invólucros a gás separados —, mas ainda não havia ascendido.) Os amigos aeronautas de Santos Dumont ainda praticavam a balonagem em balões esféricos, nem sempre com sucesso. Em 1898, o jornal londrino *Evening News* fez um desafio aos balonistas para cruzarem o canal da Mancha de Londres para Paris. A. Williams, após meses de espera por um vento favorável, planejou ascender no dia 22 de novembro. Quando estava quase pronto, "ocorreu um pequeno acidente", informou o jornal, "que atrasou os preparativos e a partida foi adiada em uma hora".[1] Enquanto o balão estava sendo inflado, por alguma razão, chocou-se contra uma grade de ferro e se rasgou. Assim que o rasgo foi reparado e o enchimento se completou, Williams descobriu que o balão não conseguiria arcar com o peso de mais duas pessoas como previra, e só o sr. Darby o acompanhou. Depois de uma hora, eles desceram sobre uma árvore e logo ascenderam de novo.

> Por fim, depois de atravessar uma distância de menos de um quarto entre Londres e Paris (e, além disso, não na direção correta), descobriram que o balão não tinha potência suficiente para prosseguir a viagem, e tentou-se uma descida perto de Lancing. Neste

ASAS DA LOUCURA 61

momento, perceberam que o balão, supostamente repleto de todos os equipamentos necessários, não tinha nem mesmo uma âncora a bordo. O aeronauta, sem querer ser levado em direção ao mar, recorreu ao estratagema extraordinário de descer pela *guide rope*, deixando o desafortunado companheiro seguir caminho. Sem o peso de Williams, o balão começou a subir de novo e o passageiro viu-se no dilema de saltar cerca de 15 metros ou ser transportado para o mar. Escolheu a primeira opção e, apesar de muito machucado, conseguiu salvar-se. O balão desapareceu no canal, mas o encontraram alguns dias mais tarde na França.[2]

Darby teve sorte. Em 1899, a publicação *Revue Scientifique* enumerou as quase duzentas pessoas que haviam morrido em acidentes com balões. Em geral, as mortes eram penosas e rápidas. Cada edição mensal do *Aeronautical Journal*, um periódico britânico que acompanhava os progressos da aviação no mundo inteiro, publicava o relato de um acidente. Em outubro de 1899, a revista descreveu duas quedas fatais:

> Um balão cativo do exército italiano soltou-se no mês de julho, carregando consigo, além de um oficial e de um cabo que estavam na cesta, um soldado que segurara na corda na esperança de baixar o balão. Os passageiros da cesta tentaram puxar o infeliz soldado, mas após alguns minutos ele caiu, estraçalhando-se nas margens do Tibre...
>
> Em Beuzeville, França, um aeronauta chamado Bernard fez uma ascensão, mas ao perceber que o balão não tinha muita força ascensional dispensou a cesta e sentou-se na armação do invólucro. Supõe-se que o escape de gás do balão o tenha asfixiado, pois o viram soltar seu apoio e cair na terra de uma grande distância, morrendo no local.[3]

No início dos planos de impulsionar uma aeronave por meio de um motor de combustão interna, Santos Dumont soube que Karl Wolfert, um ministro protestante, tivera a mesma ideia. Wolfert recorrera aos conselhos técnicos de um pioneiro da indústria automobilística, Gottlieb Daimler. No dia 12 de junho de 1897, perante alguns conselheiros militares do kaiser, Wolfert iniciou os preparativos para ascender com Michael, seu mecânico, e um oficial do Exército prussiano. Pouco antes da partida, o oficial sofreu uma crise de claustrofobia na cesta do balão e desistiu da viagem. Na pressa de decolar e impressionar um público tão distinto, Wolfert esqueceu de acrescentar lastro para compensar a falta do peso do oficial. Ele e o mecânico ascenderam sob aplausos e acenos da multidão, e o balão equipado com pouco lastro subiu com muita rapidez a uma altura de mil metros. Sem indícios, o invólucro explodiu e a aeronave foi tragada pelas chamas. Ouviu-se um grito horrível e, então, um silêncio profundo. O público aturdido saiu em alvoroço de suas cadeiras para evitar a queda dos restos da aeronave. Dois corpos irreconhecíveis espatifaram-se sobre elas. Eles morreram no tipo de acidente que os amigos do aeronauta brasileiro haviam temido.

Em 12 de maio de 1902, Santos Dumont presenciou em Paris um acidente similar, que vitimou um amigo brasileiro, Augusto Severo. Inspirado nos trabalhos de Santos Dumont, Severo construíra um aeróstato batizado de Pax. Acompanhado por Saché, o maquinista, iniciou a subida. Mas as fagulhas do motor a petróleo inflamaram o balão e o hidrogênio explodiu. A carcaça da aeronave desceu 50 metros e caiu em cima de uma casa de um só pavimento na avenue du Maine, nº 89, perfurando o teto até o quarto do sr. Clichy. A cama estava do lado oposto onde caíram os fragmentos, e Clichy e a esposa acordaram com a visão da máquina destruída e de dois corpos desfigurados descendo pelo teto. O *Herald* noticiou:

> O maquinista jazia perto do motor, estendido na estrutura de madeira que servira de pavimento. O rosto fora terrivelmente queimado e a pele arrancada das mãos. Sua coluna quebrara-se com o choque. O sr. Severo, que parecia estar de pé no momento do acidente, tinha quase todos os ossos quebrados. Estava praticamente irreconhecível. Os ossos da tíbia projetavam-se através da pele e o maxilar estava retorcido.[4]

Santos Dumont ficou abalado com a tragédia, mas o acidente reforçou sua intenção de construir uma aeronave confiável e segura.

Os aeronautas não eram os únicos mártires da ciência no fim do século XIX e início do século XX. O ritmo do progresso industrial e científico era

ASAS DA LOUCURA

tão estimulante que homens e mulheres dispunham-se a sacrificar seu bem-estar em prol das novas conquistas. Os cientistas sempre foram conscientes dos riscos inerentes à exploração do desconhecido. Mas na Europa e nos Estados Unidos, no fim do século XIX, o desafio impunha-se. A prestigiosa revista norte-americana *Science*, recém-lançada, publicou em 1883: "Acima de tudo, [a ciência] deve devotar-se à verdade. Deve realizar com entusiasmo os mais difíceis trabalhos para defendê-la e não deve considerar que nenhum sacrifício é demasiado para preservá-la."[5] A ciência tornara-se a nova religião laica, e esperava-se que os praticantes, como os aeronautas, realizassem experimentos importantes, mesmo arriscando suas vidas.

Os médicos da época não temiam fazer experiências em si mesmos. Em seu livro *Who Goes First?*, Lawrence Altman contou a história de médicos franceses que desenvolveram a vacina antirrábica (e cuja reputação levou o pai enfermo de Santos Dumont a Paris). Transmitida pela mordida ou pela saliva de um animal infectado, a raiva era uma doença relativamente rara, mas muito conhecida pelos sintomas horríveis — a vagarosa porém total destruição do cérebro e do sistema nervoso central, provocando paralisia respiratória e convulsão — e o doloroso tratamento que consistia em "cauterizar a ferida com ferro quente".[6] Em 1880, Louis Pasteur,[7] já reverenciado pela "pasteurização" do leite e da cerveja, dedicou-se a essa doença. No período de um ano, ele descobriu um método de transmitir o vírus injetando material extraído do cérebro de um cão infectado em um cachorro sadio. Logo desenvolveu uma técnica para o tratamento do material extraído, de modo a ajustar a virulência da inoculação. A raiva transmitida pela mordida tinha um período de incubação longo. Ao dar a um cachorro mordido uma série de inoculações progressivamente mais fortes, o animal desenvolveria imunidade à doença antes do término do período de incubação. Em 1884, Pasteur relatou que os 23 cachorros imunizados não desenvolveram a doença, porém ele ainda receava usar a vacina em seres humanos. Ele até mesmo recusou o pedido do imperador do Brasil de aplicar a vacina em um país onde a incidência de raiva era muito maior que na Europa.

"A experimentação é válida em animais", Pasteur comentou, "mas é um crime se aplicada aos homens"[8]. A raiva era uma doença fatal e, assim, a ausência de uma vacina era uma condenação à morte. Em 1885, ele disse a três colegas que queria testar a vacina em si mesmo. Tirou a camisa e pediu

PAUL HOFFMAN

que eles injetassem nele o vírus vivo. Eles se recusaram. Não queriam ser cúmplices do possível suicídio de um dos mais amados cientistas da França. Em vez disso, os três assumiram o risco. Depois de algumas semanas, eles não haviam contraído a doença, e Pasteur ficou confiante em usá-la em vítimas de mordidas de cachorro. Em 1886, já tratara 350 pessoas e, exceto uma, todas haviam se salvado.

A autoexperimentação na medicina não se confinava à França. Em 1892, Max von Pettenkofer, o ativista alemão de saúde pública, responsável pela purificação da água de consumo da população de Munique, ingeriu, aos 74 anos, propositadamente, uma solução da bactéria da cólera-morbo. Ele acreditava que a bactéria por si só não causaria a doença em geral fatal, e que outros cofatores que ele identificara precisavam também estar presentes. Como não era portador desses cofatores, a terrível experiência tencionava provar que a bactéria da cólera não era o único agente. Ele teve diarreia durante uma semana, mas não ficou gravemente doente, confirmando a validade de sua teoria (porém, a ciência provou que ele estava errado e atribuiu seus sintomas brandos à imunidade adquirida por uma anterior exposição acidental à cólera). Pettenkofer preparara-se para o pior.

> Mesmo que eu tenha me iludido e a experiência tenha posto minha vida em perigo, teria encarado a morte com tranquilidade, pois não seria um suicídio tolo ou covarde; teria morrido a serviço da ciência como um soldado no campo de batalha. A saúde e a vida, como já disse muitas vezes, são dons terrenos importantes, mas não os mais elevados para um ser humano. Este, se estiver acima dos animais, deve sacrificar tanto a vida quanto a saúde por ideais mais elevados.[9]

No dia 8 de novembro de 1895, o físico alemão Wilhelm Conrad Roentgen[10] descobriu os raios X em seu laboratório em Würzburg. A descoberta fora acidental: Roentgen fazia experiências com um tubo de raios catódicos no laboratório escuro quando percebeu que os metais e outros materiais distantes do tubo emitiam uma estranha luminescência esverdeada. Ele suspeitou que a radiação do tubo provocava a emissão de luz, mas isso não poderia estar sendo causado pelos raios catódicos de pouco alcance,

ASAS DA LOUCURA

pois não teriam alcançado os materiais. Ao passar inadvertidamente a mão entre o tubo e a tela brilhante, viu o contorno de seus ossos. "Fotografou" imediatamente a mão da esposa e divulgou a descoberta para o mundo. A radiação "penetrante" conquistou a imaginação do público. Os raios X figuravam em anúncios, canções populares, desenhos humorísticos, romances e reportagens sensacionalistas nos jornais. "A mania dos raios X começou cedo e se expandiu com rapidez", observou a historiadora social Nancy Knight:

> "Sólidos escondidos à mostra!", noticiou com alarde o *The New York Times* em janeiro de 1896. A imprensa encantava-se com as possibilidades dos novos raios. Com a informação que eles propiciavam que "Madeira e carne fossem mais facilmente penetráveis [...] que o vidro comum", muitos observadores logo especularam sobre os diversos usos e aplicações. Até mesmo outros experimentos menos científicos da nova técnica foram considerados miraculosos. "Os resultados surpreendentes" anunciados por professores da Universidade de Yale foram radiografias de nogueiras mostrando "uma vista esplêndida das sementes das nozes". Algumas revistas e jornais populares exibiam radiografias de pés dentro de botas, moedas em caixas de madeira e a silhueta de mulheres em corpetes apertados. Um cartum popular insinuava efeitos igualitários dos raios X ao revelar que embaixo da camada superficial os ricos da Era Dourada eram iguais às pessoas do povo.[11]

Bem-alimentados ou famintos, gordos ou magros, os esqueletos se pareciam. Outro cartum chamado "A marcha da Ciência"[12] mostrava um bisbilhoteiro atrás de uma porta. A legenda dizia: "Resultado interessante obtido com a ajuda dos raios de Roentgen por um morador ao fotografar a porta da sala de jantar de sua casa."

Mesmo quando a mania dos raios X diminuiu, os médicos continuaram encantados com a nova luz invisível. Depois de dois meses da descoberta de Roentgen, a comunidade médica percebeu que os raios X eram um instrumento poderoso para revelar o interior do corpo humano.[13] Os médicos se entusiasmaram com a descoberta dos raios X porque não haviam acompanhado os progressos da Revolução Industrial. O século XIX assistiu a grandes avanços na prevenção de doenças (por meio de vacinas, práticas antissépticas e iniciativas da saúde pública), mas antes do aparelho de raios X não surgira uma tecnologia importante para o diagnóstico ou tratamento de doenças.

O entusiasmo dos seguidores de Roentgen não arrefeceu quando se constatou, na virada do século, que a exposição repetida aos raios X era prejudicial à saúde. Ao contrário, como Rebecca Herzig observou no artigo "Em nome da ciência: sofrimento, sacrifício e a formação da sociedade de roentgenologia", os pioneiros no uso dos raios X orgulhavam-se dos furúnculos dolorosos, das lesões cancerosas e dos membros amputados em decorrência do seu trabalho de diagnose. Frederick H. Baetjer, um roentgenologista do hospital Johns Hopkins, perdeu oito dedos e um olho nos anos de trabalho com os raios X. "Apesar do sofrimento pelo qual passou no interesse da ciência", publicou o *New York Times* depois da 72ª operação realizada para preservar seu corpo, ele planejava "continuar seu trabalho enquanto vivesse, com dedos ou sem".[14] Elizabeth Fleischmann, famosa por suas imagens, feitas com raios X, de soldados norte-americanos feridos na Guerra Hispano-Americana, foi louvada como a Joana d'Arc da América depois de sua morte, em 1905, em virtude de um câncer provocado pela radiação, após uma série de amputações.

"O campo emergente da roentgenologia", escreveu Herzig, "obteve reconhecimento pelas mortes e amputações espetaculares dos seus adeptos."[15] Eles portavam suas horríveis lesões como uma insígnia de honra.

> Roentgenologistas assustados e com membros amputados personificavam a causa abstrata da "ciência" tanto quanto os estigmas transmitiam a presença inefável da divindade. Em uma reunião profissional em 1920, a historiadora Bettyann Holtzmann Kevles relatou que muitos participantes não tinham, pelo menos, uma das mãos, e quando no jantar serviram frango, ninguém conseguiu cortar a carne.[16]

Quando Santos Dumont arriscava a vida pelo progresso da aeronáutica, ele seguia o nobre espírito de autossacrifício da época, porém seus propósitos não eram só altruístas. Ele tinha prazer de ser inventor e aeronauta, mas também gostava das exibições públicas, e as demonstrações arriscadas exigiam um desempenho melhor. Homens e mulheres choraram ao saber da

ASAS DA LOUCURA

trágica morte de Augusto Severo. Apesar da importância incontestável da invenção da máquina voadora, Santos Dumont não esperava ver pessoas chorando depois de um voo bem-sucedido, ao menos que percebessem os sacrifícios — os embates com a morte — que ele escolhera suportar.

Na primavera de 1899, Santos Dumont desmontou o Nº 1, guardando a cesta, o motor e o propulsor para aproveitá-los numa aeronave que mantivesse sua rigidez. O Nº 2 tinha o mesmo comprimento do Nº 1 e a mesma forma cilíndrica, mas era um pouco mais largo e, como resultado, continha 10% mais de gás, aumentando sua força ascensional para 20 quilos. Ele tirou proveito dessa capacidade maior de ascensão, acrescentando uma pequena ventoinha giratória para suplementar a fraca bomba de ar, "a qual", comentou secamente, "quase me matou".[17] A ventoinha e a bomba não remetiam o ar diretamente ao interior do invólucro, e sim a um pequeno balão interno costurado no tecido do invólucro externo. Dessa forma, o ar mantinha-se separado do hidrogênio (a mistura de ambos e não só o hidrogênio é que era altamente inflamável). O "balonete" servia para manter a pressão interna e o formato cilíndrico.

A primeira experiência foi marcada para o dia de 11 de maio de 1899, dia da Festa da Ascensão. De manhã, o céu estava límpido e Santos Dumont supervisionou o enchimento do Nº 2 na base de balões cativos do Jardin d'Acclimatation. "Nessa época", lembrou, "eu não possuía estação aeronáutica para o balão... e, por falta de um abrigo, procedeu-se a esse enchimento ao ar livre, em condições desfavoráveis, com atrasos, arrancos e interrupções."[18] À tarde, nuvens pesadas encobriram o sol e começou a chover. Como não tinha um lugar para guardar o balão, viu-se diante de um dilema: deveria esvaziá-lo perdendo o hidrogênio e o dinheiro pago por ele, ou tentar uma ascensão, embora com um motor que crepitava com a umidade, e o balão, molhado pela chuva, estivesse mais pesado e, talvez, mais perigoso que o costume. Decidiu ascender, mas por precaução prendeu o balão ao solo. A garoa tornou-se uma chuva forte e ele não conseguiu subir além das árvores quando se deparou com um sistema de alta pressurização que comprimiu o hidrogênio e o balão contraiu-se. Antes que a bomba de ar e a ventoinha pudessem inflar o balonete, uma forte rajada de vento dobrou o Nº 2 pior do que acontecera com o Nº 1 e o atirou sobre as árvores. O balão rasgou, as cordas partiram, e o Nº 2 caiu na terra.

Os amigos precipitaram-se para o local da queda e, ao vê-lo incólume, o admoestaram.

> Aí está a lição que você queria, compreenda enfim que não é possível manter a rigidez do seu balão cilíndrico. E não se exponha mais aos perigos dum motor a petróleo colocado embaixo do balão.
> Entretanto, eu dizia a mim mesmo:
> — Que tem de comum a rigidez da forma do balão com o perigo dum motor a petróleo? O erro não foi esse. Recebi uma lição, mas não a que pretendem.[19]

Encharcado e um pouco contundido, o chapéu-panamá esmagado, ele não tinha pressa de sair da cesta. Observou o estrago e satisfez-se ao pensar que o problema era a forma alongada e delgada do balão, "tão sedutora em alguns pontos, mas tão perigosa em outros". O Santos Dumont Nº 2, após uma vida breve, foi posto de lado, exceto o motor e a cesta. De manhã, desenhou o projeto de uma aeronave mais arredondada, que seria menos sensível às mudanças da pressão atmosférica. Construiu o Nº 3 com um formato fusiforme.

> A forma mais arredondada do novo modelo oferecia-me, por outro lado, a possibilidade de dispensar o balão interno de ar e sua bomba de alimentação que, por duas vezes, havia se negado a desempenhar seu mister no minuto crítico. Mesmo supondo que este balão, mais curto e mais grosso, tivesse necessidade de ser ajudado para guardar sua forma esférica, eu contava, para este fim, com uma haste inteiriça de bambu, de 10 metros de comprimento, fixa entre as cordas de suspensão, por cima da minha cabeça, imediatamente por baixo do balão.[20]

Com 20 metros de comprimento e 7,5 metros de diâmetro, o Nº 3 tinha capacidade para 500 metros cúbicos de gás, quase três vezes mais que o Nº 2. Quando inflado de hidrogênio, a terceira aeronave também tinha uma força ascensional três vezes maior que a segunda e duas vezes maior que a primeira. Essa capacidade de ascensão era mais que suficiente e, então, ele pôde substituir o escasso e caro hidrogênio pelo gás de iluminação, mais

ASAS DA LOUCURA

barato e mais fácil de se obter. Embora o gás de iluminação tivesse só metade do empuxo do hidrogênio, o Nº 3 podia carregar 50% a mais de peso que o Nº 2. A nova aeronave poderia transportar um motor, a cesta e o cordame, além do aeronauta, 100 quilos de lastro de emergência e um almoço completo.

Santos Dumont marcou a data do primeiro voo do Nº 3 para o dia 13 de novembro, apesar dos protestos dos assustados membros do recém--inaugurado Aeroclube de Paris, que insistiram para ele não voar em um dia agourento. (A França era conhecida pelo medo do número 13; um *quatorzième* ou um convidado profissional para completar o número 14 poderia ser contratado no último momento para evitar um jantar infortunado.) E o dia 13 de novembro de 1899 não era tão somente um dia de má sorte — era o dia para o qual, cem anos antes, alarmistas haviam profetizado o fim do mundo. Santos Dumont gostava de zombar das superstições dos outros. Certa vez, ele arredondou o salário de uma governanta com fobia desse número para um valor múltiplo de 13 e deu-lhe um colar com 13 contas. Mas tinha suas próprias crendices. "Só entrava em algum lugar com o pé direito primeiro",[21] relembrou Antoinette Gastambide, cujo pai fabricara um de seus motores. "Contou-me que só voava com uma meia de mulher enrolada ao pescoço", escondida pelo colarinho alto da camisa. "Era a meia da sra. Letellier, uma das mulheres mais famosas da Europa, que tivera muita sorte na vida." Antes de ascender, jamais dizia adeus, com medo de que fosse sua última despedida. Não dormia longe de seu chapéu, não pronunciava o número 50 e se recusava a carregar notas de 50 francos ou 50 mil-réis na carteira. Mais tarde, depois de uma queda assustadora no dia 8 do mês, ele evitava este número. Os amigos suspeitavam que sua preferência em voar em dias "agourentos" era um modo de desafiar os perigos óbvios da aerostação. Em geral, preferia ascender em datas históricas importantes, como 4 de Julho, 7 de Setembro ou a Festa da Ascensão.

No dia 13 de novembro de 1899, o tempo estava perfeito — frio e claro, sem sinais de precipitação —, e não havia sinais do fim do mundo. Santos Dumont passou a manhã inspecionando a aeronave, testando o motor e verificando o cano de escape. No início da tarde, os operários haviam enchido o balão com gás de iluminação e ele estava pronto para decolar do Parc d'Aérostation de Vaugirard. Seu amigo Antônio Prado perguntou-lhe se temia o voo depois dos dois desastres das aeronaves anteriores. Santos

70 PAUL HOFFMAN

Dumont confessou que estava nervoso. Prado quis saber como encarava o medo. "Fiquei pálido e tentei controlar-me pensando em outras coisas. Se não fosse bem-sucedido, fingiria coragem diante dos espectadores e enfrentaria o perigo. Mas mesmo assim, estava com medo",[22] disse ele.

A subida do N° 3, iniciada às 15h30, foi até então a mais feliz de todas. Logo que ascendeu, dirigiu-se para a torre Eiffel. "Sobrevoando esse campo magnífico durante vinte minutos, tive a imensa satisfação de descrever círculos, fazer acrobacias e quaisquer outras manobras que desejasse em todas as direções, ascensões e descidas diagonais e laterais",[23] lembrou. "Realizei por fim todas as minhas expectativas. A aeronave obedecia ao impulso do propulsor e do leme." Da torre Eiffel ele partiu em direção ao Bois de Boulogne. Não queria retornar a Vaugirard porque o balão cativo estava rodeado por casas, o que significava muita precisão no pouso, e o vento que começara a soprar poderia causar ainda mais riscos na descida. "A aterrissagem em Paris é geralmente perigosa para qualquer balão, por causa das chaminés que ameaçavam rasgar-lhe o flanco, e das telhas, sempre prontas a cair sobre a cabeça dos transeuntes."[24] Então decidiu pousar no Bois, desta vez com mais controle, "quase no mesmo lugar em que os meninos que empinavam papagaios haviam puxado a guide rope, salvando-me de uma queda perigosa".

Santos Dumont inspecionou o N° 3 e constatou satisfeito que o balão não perdera gás: "...após uma noite passada na garage encontrava-se, na manhã seguinte, em condições de voar novamente. A partir desse dia, não guardei mais a menor dúvida a respeito do sucesso da minha invenção".[25]

Essa noite, vangloriou-se de seu feito no Maxim's. Após uma descida controlada, os telhados não lhe pareciam tão ameaçadores, e o dinheiro economizado com o gás lhe permitia descer em qualquer lugar da cidade. A fim de provocar os membros do Automóvel Clube, gabou-se que desceria num dirigível no jardim da sede do clube na place de la Concorde. Contou a todos "que ia, para toda a vida, dedicar-se à construção de aeronaves".[26]

Contatou o Aeroclube de Paris, que adquirira um terreno em Saint-Cloud, logo a oeste do Bois, e persuadiu o clube a deixá-lo construir, à sua custa, um enorme aeródromo, um hangar para guardar balões, equipado com uma usina de produção de hidrogênio e uma oficina. Queria que o hangar de 30 metros de comprimento tivesse portas de 11 metros de altura, para

ASAS DA LOUCURA 71

que o balão inflado pudesse se locomover com facilidade. Mais uma vez encontrou resistência ao projeto. "Ao levantá-lo (o aeródromo), tive ainda de lutar contra a vaidade e os preconceitos dos mecânicos franceses, os quais tantos aborrecimentos já me haviam dado no Jardin d'Acclimatation." Eles afirmavam que, devido ao tamanho, as portas movediças não abririam adequadamente. "Sigam as minhas indicações", replicou, "e não se ocupem de saber se as portas são ou não são práticas."[27] Mas os mecânicos ainda estavam relutantes. "Foi preciso tempo para convencê-los. Uma vez prontas, as portas, naturalmente, funcionaram".[28] (Três anos mais tarde, o príncipe de Mônaco construiu um aeródromo cujas portas, segundo os planos de Santos Dumont, eram ainda maiores.)

Enquanto construía o hangar em Saint-Cloud, Santos Dumont continuou a voar com o Nº 3, que não exigia os mesmos preparativos tão elaborados de seus predecessores. "Leva-se um dia inteiro para encher um balão de 500 metros cúbicos com hidrogênio, ao passo que com o gás de iluminação comum leva-se apenas uma hora",[29] relatou ao *New York Herald*. "Pense quanto tempo se poupa! Só preciso olhar pela janela para ver as condições do tempo, e se estão favoráveis estou no meu balão uma hora depois." Como nunca mais ascendera com mau tempo, e a aeronave era mais estável que as outras, os voos transcorreram sem problemas, até o último, quando o leme caiu e foi preciso improvisar a descida. Felizmente, havia a planície de Ivry logo abaixo. Ele fez diversas ascensões no Nº 3 e bateu o recorde de permanência no ar: 23 horas.

Teria colocado outro leme no Nº 3 se não fosse o desafio surgido em uma das reuniões do Aeroclube de Paris, em abril de 1900. Para estimular o progresso da aerostação no novo século, Henry Deutsch de la Meurthe, um magnata do petróleo e membro fundador do clube, ofereceu um prêmio de 100 mil francos (20 mil dólares) à primeira aeronave que:

> entre 1º de maio e 1º de outubro de 1900, 1901, 1902, 1903 ou 1904, se elevasse do Parc d'Aérostation do aeroclube em Saint-Cloud, e, sem tocar em terra, por seus próprios meios, após descrever uma circunferência tal que nela se encontrasse incluso o eixo da torre Eiffel, retornasse ao ponto de partida no tempo máximo de meia hora. Caso outros aeronautas realizassem a tarefa no mesmo ano,

os 100 mil francos seriam divididos proporcionalmente ao tempo gasto por cada um.[30]

Deutsch acrescentou que se no fim de cada ano o prêmio não fosse ganho, ele daria, como gesto de encorajamento, os juros dessa quantia àquele que conseguisse realizar a melhor prova nos próximos 12 meses. Santos Dumont, que comparecera à reunião, comentou com amigos que Deutsch não teria de despender esses juros, pois ele pretendia ganhar o prêmio antes do fim do ano.

A torre Eiffel distava cerca de 6 quilômetros de Saint-Cloud, e a aeronave precisaria fazer o percurso numa velocidade de 23 quilômetros por hora para atingir o tempo previsto (na verdade, era mais provável que a velocidade necessária se aproximasse dos 25 quilômetros por hora, em razão do tempo perdido em circundar a torre). O Nº 3 só alcançara a velocidade de 19 quilômetros por hora, apesar de Santos Dumont calcular que, com bom tempo, com o motor e o propulsor funcionando perfeitamente, poderia atingir 20 quilômetros por hora. Mas sabia, claro, que não poderia confiar num tempo ideal e, além disso, "seu balão era demasiado pesado e seu motor fraco demais".[31] Ele precisava de uma aeronave mais rápida, e começou logo a construir o Nº 4.

O prêmio o entusiasmara, porém ele também estava inspirado pela Exposição de Paris, um marco do início do novo século. Nessa ocasião, muitos aeronautas famosos do mundo inteiro se reuniriam para assistir ao Congresso Internacional de Aeronáutica e debater o futuro das máquinas voadoras. Santos Dumont tinha pouca paciência para discussões teóricas. Queria ser visto voando no Nº 4 por aqueles que questionavam a dirigibilidade dos balões.

Em 10 de julho de 1900, a imprensa noticiou que ele iria testar em breve a nova aeronave. Segundo o *New York Times*, "amigos no Automóvel Clube brincam todos os dias com o sr. Santos Dumont sobre a esperada experiência com o novo balão. [...] Eles acham que ele irá morrer, mas a confiança do aeronauta em seu sistema é inabalável e está determinado a testá-lo".[32] No dia 1º de agosto, ele mostrou o Nº 4 aos amigos aeronautas. Eles se surpreenderam ao ver que ele dispensara a proteção da cesta de vime e parecia "estar montado numa vassoura como uma bruxa",[33] exposto no ar, sentado num

ASAS DA LOUCURA

selim de bicicleta. Ele excluíra a cesta, explicou, porque era muito pesada e um luxo desnecessário. Aproveitara a haste de bambu de 10 metros do Nº 3 e, em vez de colocá-la em cima de sua cabeça para dar rigidez ao invólucro do balão como fizera na aeronave anterior, agora sentava-se sobre ela. Escorada por um entrecruzamento de peças verticais e horizontais e um sistema de cordas fortemente esticado, a haste também sustentava o motor, o tanque de petróleo e o propulsor. Sterling Heilig escreveu no *Washington Star*:

> Quando Dumont sentou-se no selim da bicicleta, os pés nos pedais, uma das mãos apoiada no cilindro de bronze contendo o suprimento de gasolina e a outra no cilindro maior do lastro de água, admirei sua coragem em lançar-se ao ar tão desprotegido. "Se você desmaiasse no ar, cairia e se espatifaria", exclamei.
>
> "Não desmaiarei", ele respondeu. "Não tenho medo de cair do meu suporte porque sei que manterei o controle. Uma cesta seria conveniente para alguém que quisesse deitar nela e fechar os olhos, mas para controlar toda a maquinaria, é preciso estar bem situado para fazê-lo adequadamente. Além disso, tenho tudo ao alcance das mãos e dos pés. Não preciso de proteção melhor."[34]

O selim da bicicleta, assegurou aos colegas atônitos, era confortável, e todo o conjunto de mecanismos da bicicleta, muito funcional. Os guidões, por exemplo, controlavam o leme, e os pedais punham em marcha o motor de dois cilindros e 7 HP, uma melhoria feita no motor do triciclo de 3,5 HP. Por meio de um longo cabo, o motor faria girar uma hélice com duas grandes pás de tecido esticado sobre uma estrutura de aço. No Nº 3, o propulsor fora instalado na parte de trás, onde servia para impulsionar a subida da aeronave. No Nº 4, posicionava-se na frente da haste de bambu, onde, com cem rotações por minuto, impelia o balão. Embora o enorme leme hexagonal — feito de seda esticada sobre um caixilho de madeira — ocupasse uma área de 7 metros quadrados, ele era leve o suficiente para ser conectado diretamente ao invólucro do balão.

Cada corda da intrincada estrutura ao redor do selim da bicicleta tinha uma função específica. Controlavam o movimento dos pesos (a *guide rope* e os sacos de areia), produziam a faísca elétrica no motor, o abrir e fechar das válvulas e o girar da torneira do lastro para liberar a água. Uma corda servia até mesmo para rasgar o balão numa emergência. "Pode ser facilmente depreendido por essa descrição",[35] comentou Santos Dumont, "que uma aeronave, mesmo simples como a minha, é um organismo muito complexo; e que o trabalho imposto ao aeronauta não é uma sinecura."

Aqueles que examinaram o Nº 4 ficaram preocupados com a quantidade de coisas a fazer. Para eles, a máquina, apesar de "maravilhosamente engenhosa",[36] parecia muito complexa para operar. "É tão equipada com aparatos de todos os tipos que parece que ninguém conseguirá fazê-la funcionar", noticiou o jornal londrino *Daily Graphic*. "É perfeitamente possível que em um dado momento o sr. Santos Dumont queira desligar o propulsor, parar o motor e virar o leme." Não era apenas uma questão de lembrar, no corre-corre, qual era a função de cada corda, mas puxá-la corretamente no momento preciso. "Se isso acontecer, por estar sozinho, ele não conseguirá fazê-lo." O balão em si era menos controverso, embora também chamasse atenção. Parecia "uma enorme lagarta amarela",[37] disse o *Herald*. "Pode-se ter uma ideia de seu tamanho pelo local onde está abrigado. [...] Se um viajante for a este grande hangar, ficará confuso se é um embrião de uma igreja ou de um silo." Santos Dumont via o balão como um meio-termo, no formato e na capacidade, entre o Nº 3 e seus antecessores. Com 420 metros cúbicos de gás, 29 metros de comprimento e 5,1 metros de diâmetro, não tinha mais a forma cilíndrica terminada por dois cones.

"O formato era mais elíptico", disse Santos Dumont:

> e apesar de não ser tão alongado como o Nº 1, não era arredondado como o Nº 3, e julguei prudente instalar de novo, no interior do aeróstato, um balonete compensador de ar, desta vez alimentado por um ventilador rotatório de alumínio. Por ser menor que o Nº 3, teria menos força ascensional, por isso, voltei ao hidrogênio para obter uma força ascensional suficiente [gerado agora em sua nova fábrica].[38]

O Nº 4 podia ser menor em volume que seu antecessor, porém, com 29 metros de comprimento, era a mais longa e a mais impressionante aeronave à época.

ASAS DA LOUCURA

Durante duas semanas no mês de agosto, ele voou quase todos os dias com o Nº 4. O balão perdia muito pouco gás e, portanto, ele o guardava no novo aeródromo entre os voos. Era tão fácil de manter quanto um carro, comentou, e muito mais divertido. Os parisienses iam vê-lo retirar o enorme invólucro da garagem e montar no precário selim de bicicleta. O motor diante do assento respingava fagulhas, cinzas e óleo em seus ternos impecáveis, os quais ele enviava todos os dias para a tinturaria. Alguns aeronautas que chegavam cedo juntavam-se à multidão no aeródromo. Outros o viam voar a distância.

No dia 19 de setembro, o Congresso Internacional de Aeronáutica concluiu os trâmites oficiais para assistir a uma demonstração. Santos Dumont planejara contornar a torre Eiffel com o Nº 4, mas um vento forte o fez desistir do projeto e ele resolveu fazer uma simples "volta rápida no Bois".[39] Mesmo assim, como o jornal londrino *Daily Express* noticiou:

> a viagem que Santos Dumont irá realizar é particularmente perigosa. Parece haver nela todos os elementos de uma catástrofe. Um motor superaquecido tão próximo de alguns milhares de metros cúbicos de hidrogênio é suficiente para dar "calafrios" ao homem mais intrépido, mas Santos Dumont não lhe dá importância.[40]

Às 15h30, centenas de pessoas estavam reunidas no aeródromo. O vento aumentara e Santos Dumont, em geral imperturbável, sentia-se nervoso com a ideia de tirar o balão do hangar. Mas como muitos dos distintos convidados haviam cruzado o oceano para vê-lo, ele se sentiu impelido a fazer uma pequena demonstração. Sob aplausos e risos apreciativos, ele saiu com o balão, porém a multidão silenciou quando um golpe de vento forte jogou a aeronave contra o hangar. O leme quebrou. "Teria levado duas horas para reparar os defeitos e colocar o equipamento avariado em sua forma original",[41] o *Herald* noticiou, "e por isso ele não o fez." Santos Dumont anunciou que no momento seria uma imprudência tentar uma ascensão livre, mas que ele subiria a uma curta distância com o balão preso às vigas, para mostrar aos convidados que o motor resistia a um tempo tempestuoso. No início, subiu impulsionado pelo vento a uma altura de cerca de 20 metros. Em resposta aos gritos da multidão, deu uma volta com a aeronave e começou a mover-se contra o vento de 16 quilômetros por hora. "Este foi o teste mais difícil que todos queriam ver!", disse o *Herald*. "Sob o impulso do vento", a aeronave ganhava altura a cerca de 6 quilômetros por hora, mas a rota era difícil de manter porque, sem o leme, o Nº 4 tendia a girar até ficar em uma posição transversal. Porém, mesmo a pequena demonstração foi impressionante. "Os céticos convenceram-se e todos foram unânimes em afirmar que Santos Dumont poderia propelir o balão com seu motor", concluiu o *Herald*. Mas sem o recurso do leme, alguns questionaram se realmente ele "solucionara o problema da dirigibilidade da aeronave".

5

O segredo do abutre

Samuel Pierpont Langley, um dos participantes do Congresso de Aeronáutica, voltou na última semana de setembro de 1900 ao aeródromo de Santos Dumont para assistir a uma demonstração privada. Langley, diretor do Instituto Smithsonian e, incontestavelmente, a maior autoridade mundial em voos mais pesados que o ar, dedicava-se à construção de planadores e máquinas voadoras com asas. Enquanto as aeronaves eram mais utilizadas pelos europeus, sobretudo os franceses (e por um brasileiro francófilo), o desenvolvimento de um aeroplano era um fenômeno mundial, liderado pelos Estados Unidos.

A história de Ícaro e de mitos similares nas culturas asiáticas e africanas mostra que o fascínio pelo voo humano foi universal e remonta à Antiguidade. Existem diversas lendas sobre homens alados, mas não há mitos sobre pessoas ascendendo ao céu em máquinas similares a balões. Essa diferença pode ser explicada pelos exemplos oferecidos no mundo natural. Com a exceção de bolhas efervescentes ocasionais, há poucos exemplos de objetos esféricos transportados pelo ar, porém existe uma abundância de aves mais pesadas que o ar batendo as asas no céu. Por conseguinte, os primeiros aeronautas moldaram suas máquinas voadoras em pássaros e não em bolhas.

Em torno de 1500, Leonardo da Vinci fez o primeiro projeto documentado do voo humano. Ele escreveu 35 mil palavras sobre máquinas voadoras e desenhou quinhentos homens com asas artificiais. Mas Leonardo só voou no papel. Outros homens na Idade Média e na Baixa Renascença, como o matemático italiano Giovanni Battista Danti, também chamado de Dédalo de Perúgia, colaram penas nos braços e saltaram de torres, naturalmente caindo e quebrando os membros. Em 1660, um equilibrista francês chamado Allard gabou-se de que poderia voar do terraço de Saint-Germain ao bosque de Vesinet, caso o rei aquiescesse em vê-lo. Luís XIV concordou prontamente e um relutante Allard pulou da torre esmagando o crânio no pátio de pedra.

Os primeiros aeronautas, em suas tentativas de imitar o voo dos pássaros, cometeram o erro de se concentrarem no movimento das asas. No século XVIII, os naturalistas demonstraram com convicção que o homem não possuía força muscular para bater asas suficientemente grandes para impulsioná-lo no ar, e técnicos não foram bem-sucedidos em construir uma máquina chamada ornitóptero, que faria o movimento das asas por eles. Os progressos dos voos mais pesados que o ar surgiram apenas no início do século XIX, quando os inventores abandonaram essa ideia e basearam as máquinas em outras formas de locomoção que os pássaros faziam tão bem — planar com as asas relativamente imóveis.

O precursor foi sir George Cayley, um engenheiro inglês que se iniciou na aeronáutica influenciado pelos relatos dos voos dos irmãos Montgolfier, que o entusiasmaram já quando ele tinha 10 anos. Como outros pesquisadores prosseguiam com sucesso o trabalho dos Montgolfier, Cayley decidiu enveredar por um caminho menos trilhado da aeronáutica: o dos aparelhos mais pesados que o ar. Ele construiu modelos de planadores e, em 1809 e nos anos 1850, aparelhos de tamanho real. Engenheiros como Otto Lilienthal e Octave Chanute seguiram a concepção proposta por Cayley e, no início do século XX, o projeto de planadores era a área mais promissora da pesquisa aeronáutica. Ao insistir em aparelhos mais leves que o ar, Santos Dumont foi um dissidente entre os aeronautas de seu tempo. O aeróstato tinha uma vantagem óbvia sobre o aeroplano, pois, se a hélice ou o motor falhasse, o invólucro flutuante de gás evitaria a queda. Mas o tamanho e a falta de destreza do balão limitavam sua velocidade — um grande obstáculo na era da velocidade. Todas as semanas, bicicletas, navios a vapor, trens e carros estabeleciam novos recordes. A maioria dos aeronautas queria construir máquinas voadoras — as mais rápidas possíveis —, e os aviões, não os balões, pareciam ser a resposta, mesmo que ainda não tivessem levantado voo.

ASAS DA LOUCURA

Langley tinha o dobro da idade de Santos Dumont, mas os dois se entenderam bem desde o início. Nos ternos elegantes do brasileiro, mesmo que fossem um pouco ajanotados, esse intelectual de Boston — do qual um dos antepassados fora presidente de Harvard e o primeiro norte-americano a escrever um livro sobre astronomia — reconheceu um homem bem-educado. Em mais de uma ocasião, Langley repreendera um funcionário do Instituto Smithsonian por usar a gravata frouxa ou por estar com má postura na cadeira da escrivaninha. Antes de contratar alguém para um projeto aeronáutico, pedia referências para saber se o candidato tinha qualidades morais; qualquer um poderia pedir emprestadas roupas elegantes para a entrevista, porém isso não significava que fosse realmente uma pessoa educada. Esse homem solitário e esquivo detestava linguagem imprópria e exigia que seus mecânicos falassem um inglês refinado, mesmo quando um dos seus queridos motores novos ou aparelhos de teste estivessem prestes a explodir.

Langley dedicara-se à aeronáutica após uma ilustre carreira como astrônomo. Interessou-se pelas estrelas quando criança em Roxbury, Massachusetts, onde olhava pelo telescópio do pai não somente o céu, mas também a construção do monumento de Banker Hill. Ao final dos anos 1870, Langley inventou um novo instrumento, o bolômetro, para medir o calor do sol. A partir de dados coletados no topo do monte Whitney, no sul da Califórnia, ele descobriu que a radiação solar tinha um espectro muito maior do que se pensava e realizou um trabalho pioneiro sobre a extensão da absorção da energia solar pela pressão atmosférica. Suas descobertas conferiram-lhe títulos acadêmicos honoríficos em universidades no mundo inteiro e ele tornou-se membro da Academia Nacional de Ciências de Washington, D.C., da Sociedade Real de Londres e da Accademia dei Lincei de Roma. Poucas honrarias acadêmicas lhe escaparam. Presidiu a American Association for the Advancement of Science, e foi uma escolha natural para dirigir o Smithsonian quando o antigo diretor morreu, em 1887. Realizou todos esses feitos sem cursar uma universidade, tal como Santos Dumont.

Langley passara a se interessar com mais seriedade pelo voo mais pesado que o ar um ano antes de assumir o posto no Smithsonian. Em meados da década de 1880, os cientistas norte-americanos viam os aeronautas, de modo geral, como os antigos personagens quixotescos que se atiravam em pátios e de torres medievais. Em 1886, Chanute,[1] um engenheiro de estradas de ferro que fizera experiências com planadores e era a pessoa-chave para se obter informações sobre o que acontecia no mundo da aeronáutica nos Estados Unidos, acreditava que o progresso verdadeiro só aconteceria se mais engenheiros e cientistas fossem atraídos para a pesquisa aeronáutica, e que isso só ocorreria se sua imagem excêntrica mudasse. Como o historiador do Smithsonian, Tom Crouch, relatou no livro *A Dream of Wings*, Chanute não queria arriscar a reputação ao assumir publicamente essa posição, mas encontrou uma forma discreta de motivar os colegas. Ele fora encarregado de escolher o programa da sessão sobre engenharia mecânica da reunião da American Association for the Advancement of Science realizada em Buffalo, em 1886, e trabalhou em surdina para organizar duas palestras sobre aeronáutica de Israel Lancaster, um ornitólogo amador que construíra centenas das chamadas efígies voadoras, imitações de aves destinadas a mostrar como as máquinas inspiradas em pássaros podiam efetivamente voar.

Chanute deu à primeira sessão de Lancaster o inócuo título de "O pássaro voador", mas ela não se enquadrou no programa mais voltado às preocupações tradicionais dos engenheiros mecânicos. Lancaster relatou à culta audiência que suas efígies voaram a 450 metros de altitude durante quinze minutos. Ele então explicou com orgulho seu projeto de uma efígie com 18,5 metros quadrados de envergadura, que poderia transportar um homem. O temor de Chanute se confirmou; os ouvintes do ornitólogo "foram unânimes em ridicularizá-lo e rir de suas afirmações",[2] noticiou o *Buffalo Courier*. Depois disso, todos achavam que a segunda palestra de Lancaster seria um passatempo cômico. Estava previsto que ele faria uma demonstração das efígies, porém, com a sala repleta de cientistas zombeteiros, ele se acovardou. A audiência voltou-se contra ele, vaiando-o e gritando. Um provocador ofereceu 100 dólares se alguém fizesse a efígie voar; outro aumentou a aposta para mil dólares. Chanute, talvez esperando o pior, nem mesmo comparecera dessa vez. Mas Langley estava lá e não se juntou à zombaria. Sentado calmamente em meio à confusão, refletia, intrigado, sobre a promessa do voo humano.

> Como um abutre é capaz de se sustentar no ar durante horas, aparentemente sem o menor movimento das asas? Essas aves pesam de 2 a 5 quilos, são muito mais pesadas que o ar que deslocam, tanto

ASAS DA LOUCURA

quanto muitos ferros de engomar. Quando vemos balas de canhão flutuando no ar como bolhas de sabão, podemos achar que elas são surpreendentes, se não um milagre. Só não nos surpreendemos com um pássaro voando, pois essa é uma imagem de nossa infância. Talvez se também tivéssemos visto balas de canhão flutuando no ar, não indagaríamos o motivo, assim como não fazemos com o abutre.[3]

Langley trabalhava havia vinte anos como diretor do Observatório de Allegheny, em Pittsburgh, e estava terminando o mandato para assumir o posto no Smithsonian. Mesmo quando ainda se deslocava de Pittsburgh a Washington, não perdeu tempo em começar a trabalhar na questão do voo. Ele acreditava que a construção de modelos de tamanho reduzido não era suficiente para conquistar o ar. Como astrofísico, ele sabia que a aeronáutica não era ainda uma ciência. Muitos dos seus colegas físicos tinham a visão pessimista de que ela nunca seria uma ciência, porque os princípios newtonianos pareciam eliminar a possibilidade do voo tripulado. Esses físicos argumentavam que havia uma relação paradoxal entre a envergadura das asas e a resistência do vento. Asas suficientemente grandes para transportar um homem gerariam uma resistência significativa do vento, que só poderia ser superada por um motor muito potente. Mas esse motor possante e presumivelmente pesado requereria asas ainda maiores para permanecer no ar, que, por sua vez, provocariam maior resistência do vento e, por conseguinte, seria necessário um motor ainda mais possante. Isso, claro, exigiria asas ainda maiores, e assim por diante.

Langley esperava provar que os newtonianos estavam errados, mas, com a humilhação de Lancaster presente em sua cabeça, não manifestou suas intenções. Langley pensava que a questão não se resolveria sem um levantamento extensivo de dados empíricos sobre a real resistência do vento. Com esse propósito, construiu em Allegheny uma enorme "máquina de demonstrar a gravidade e os movimentos planetários" — um túnel aerodinâmico primitivo —, dois braços horizontais de 18 metros que giravam em torno de um eixo vertical movido por um motor a vapor. No fim desses braços que alcançavam velocidades de 112 quilômetros por hora, ele "prendeu" um albatroz morto, um condor, um abutre e várias formas artificiais de asas para observar seu desempenho. Fez tudo isso a portas fechadas, desaparecendo sorrateiramente com os pássaros empalhados e referindo-se de forma misteriosa às experiências como um trabalho sobre pneumodinâmica. Sua descoberta mais importante, a Lei de Langley, era encorajadora para os discípulos de Ícaro: à medida que a velocidade de um objeto aumenta, menos força — não mais força — era necessária para sustentá-lo no ar. Ele começou a construir modelos de aviões, começando com "brinquedos" impulsionados por tiras de borracha e, gradualmente, foi aumentando o tamanho. Em 1891, publicou sua conclusão de que o voo mais pesado que o ar não só era possível como poderia ser feito com os motores existentes. Mas os colegas de Langley não o levaram a sério quando ele afirmou que um motor a vapor de 1 HP e de 10 quilos poderia impulsionar um aeroplano de 90 quilos numa velocidade de 72 quilômetros por hora.

Em 1894, Langley assistiu a uma reunião da Associação Britânica para o Progresso da Ciência, em Oxford, na qual a validade da Lei de Langley foi vigorosamente discutida. Os cientistas britânicos não estavam predispostos a aceitar suas conclusões. William Thompson Kelvin, o decano da comunidade científica britânica, que se tornara professor de física na Universidade de Glasgow em 1846, aos 22 anos, e publicara o primeiro trabalho acadêmico aos 16 anos, foi o principal antagonista de Langley. Antes da reunião em Oxford, lorde Kelvin declarara de modo categórico que considerava impossível a construção de máquinas voadoras de grande porte. No encontro, acusou Langley de cometer erros de cálculo imperdoáveis. O decano da ciência norte-americana defendeu-se com firmeza, porém respeitosamente, e poderia ter lembrado a Kelvin que quando ele superestimara seu conhecimento em termodinâmica, fora desmascarado publicamente. (Kelvin cometera o erro de desafiar Charles Darwin no final dos anos 1860.) Outro membro da comunidade científica britânica, John William Strutt Rayleigh, o descobridor do argônio e pioneiro na pesquisa óptica, cujo trabalho explicava por que o céu é azul, foi mais condescendente. Embora sem se precipitar a defender Langley, ele o encorajou a atenuar as críticas demonstrando um voo mecânico. Assim, para salvar sua reputação, Langley não tinha muita escolha.

A fim de solucionar o problema do voo mecânico, Langley recorrera aos significativos recursos do Instituto Smithsonian: a compra de equipamentos, a ampla diversidade de especialistas, a grande verba para pesquisa. Ele construiu seis grandes protótipos de aviões com asas uma atrás da outra, um par na frente e outro atrás, como uma libélula. Cada conjunto de asas projetava-se como uma letra V comprimida. O protótipo maior tinha uma envergadura de 10 metros e pesava 12 quilos. Batizou suas aeronaves de Aeródromo — o que causou uma certa confusão, porque este era o nome dado em geral aos hangares dos balões. Movidos por motores a vapor posicionados entre as asas, os Aeródromos eram lançados através de uma catapulta de 6 metros montada em uma casa flutuante no rio Potomac. Langley testara a gigantesca catapulta no jardim zoológico. Os espectadores que viram a estranha máquina devem ter se perguntado se era um recurso extremo para dominar grandes mamíferos ferozes.

No dia 6 de maio de 1896, acompanhado pelo amigo Alexander Graham Bell, Langley viajou para a ilha Chopawamsic, a 48 quilômetros ao sul de Washington. Nesse local, o rio Potomac era suficientemente largo para um teste de voo. Além disso, era isolado, e Langley não poderia causar nenhum dano a transeuntes inocentes, e parecia seguro contra a bisbilhotice daqueles que poderiam desmoralizá-lo. Às 13h10, o Aeródromo Nº 6, longo demais, prendeu-se na catapulta e a asa esquerda rompeu-se antes que o assistente de Langley pudesse lançá-lo. Mas o modelo substituto, o Nº 5, foi um sucesso. Às 15h05, com asas dianteiras que mediam 4 metros, subiu cerca de 30 metros a uma velocidade de 32 a 40 quilômetros por hora e, até mesmo para surpresa de Langley, voou mais de 800 metros. O percurso do voo foi uma curva graciosa, e o aparelho só caiu no rio quando o motor a vapor ficou sem água. "Seu movimento era tão firme",[4] relatou Bell, "que pensei que um copo de água em sua superfície não teria derramado." Seis meses depois, o Nº 6 recomposto estabeleceu novo recorde, 7 quilômetros de voo numa velocidade de 48 quilômetros por hora. Langley demonstrara, pela primeira vez na história, que uma máquina mais pesada que o ar poderia voar com seu próprio impulso — e o inventor do telefone presenciara o feito. Mesmo lorde Kelvin admitiu o sucesso da experiência, apesar de ainda sustentar, mas com menos firmeza, que o voo tripulado era ainda impossível.

Depois do sucesso em 1896, Langley pensou em abandonar a aeronáutica e deixar que uma nova geração de cientistas continuasse o trabalho. Seu médico o prevenira que uma dedicação contínua, com as preocupações e tensões inerentes, lhe encurtaria a vida. Mas os planos do diretor do Smithsonian de se aposentar mudaram quando o presidente dos Estados Unidos, William McKinley, chamou-o. McKinley preparava-se para a guerra contra a Espanha e queria que Langley construísse um avião para inspecionar o inimigo e, ainda melhor, para carregar projéteis. Langley não poderia deixar de atender ao presidente. McKinley encarregou o jovem Theodore Roosevelt, subsecretário da Marinha, de persuadir o Congresso a destinar uma verba de 50 mil dólares para Langley prosseguir o trabalho. Langley aceitou a oferta só depois de longas negociações para se assegurar de que não haveria supervisão, militar ou de outra natureza, de como gastaria o dinheiro. Ele também convenceu o Congresso a manter seu trabalho e os recursos financeiros em sigilo, por motivos de segurança nacional, mas mesmo assim o projeto foi descoberto. A verdadeira razão do sigilo era o medo de que os lordes Kelvins do mundo pudessem saborear seu fracasso.

Santos Dumont, embora mais abastado que a maioria dos aeronautas, sentia inveja dos recursos de Langley, mas simpatizava com a luta para proteger seu trabalho dos intrometidos e céticos. Apesar de todas as realizações, Langley era no fundo um solteirão tímido, cuja reserva se exprimia num distanciamento arrogante. E ele tinha algumas peculiaridades que geravam animosidade; por exemplo, proibia os empregados de andar no corredor diante dele.

Langley tinha com certeza alguns caluniadores, não apenas antigos funcionários magoados com seus modos ditatoriais, mas também cientistas conceituados que desejavam abertamente seu fracasso. Esses críticos realizariam seu desejo três anos depois, porém, quando Langley foi à França no despontar do novo século, suas realizações no campo da aeronáutica não tinham precedentes. A adaptação dos aeródromos em aviões de tamanho real mostrou não ser uma tarefa simples, e o presidente McKinley não conseguiu utilizar um avião na luta contra a Espanha. Nos quatro anos desde que fizera a demonstração do voo mecânico, Langley constatara que o motor a vapor não era adequado. A fim de construir um motor apropriado para o primeiro avião de transporte de passageiros, contratou Stephen Marius Balzer, um ex-relojoeiro da Tiffany & Co., responsável pelo primeiro automóvel feito na cidade de Nova York, em 1894.

ASAS DA LOUCURA   85

Balzer projetou um elegante motor rotativo de cinco cilindros — todo o motor rodava em torno do eixo acionador. O motor rotativo tinha a vantagem de resfriar-se ao girar no ar, eliminando a necessidade de um sistema separado de resfriamento a água, mas tinha uma grave desvantagem: uma lubrificação inadequada. Não era possível manter o óleo do motor porque a força centrífuga pressionava o lubrificante para as extremidades externas dos cilindros. Descontente com o trabalho de Balzer, Langley fora à Europa no verão de 1900 para investigar as características dos motores dos automóveis europeus. Embora o motor de Santos Dumont fosse muito fraco para as necessidades de Langley, o norte-americano admirou os progressos que ele fizera com as máquinas mais leves que o ar. Santos Dumont acolheu com prazer a atenção de Langley. O interesse do diretor do Instituto Smithsonian deu-lhe legitimidade no meio científico, a qual ele ainda não usufruíra. Os dois conversaram até tarde da noite sobre o futuro da aviação. Viram que compartilhavam o mesmo temperamento obstinado. Nenhum dos dois admitia críticas com facilidade, e ambos insistiam que os operários seguissem à risca suas instruções e não manifestassem desagrado. Os dois já haviam mostrado que mantinham suas convicções diante de especialistas com opiniões contrárias.

Santos Dumont não dera muita atenção aos aeroplanos antes de encontrar Langley, mas o entusiasmo e o otimismo do diretor do Smithsonian eram contagiosos. Mesmo antes de começar a beber, Langley falou de sua visão de máquinas aladas gigantescas transportando pessoas ao redor do mundo. Santos Dumont prometeu-lhe que logo que ganhasse o prêmio Deutsch trabalharia também nos mais pesados que o ar.

Mas, no momento, precisava aperfeiçoar os aeróstatos. Ele reconheceu que o Nº 4, que Langley tão gentilmente elogiara, não conseguiria circundar a torre Eiffel em trinta minutos. Talvez tenha sido melhor, pensou, que não tivesse podido testá-lo como balão livre perante os participantes do Congresso de Aeronáutica. Sua baixa velocidade poderia tê-los desapontado e provocado o desinteresse pela aerostação prematuramente. Embora o motor do Nº 4 fosse duas vezes mais possante que o do Nº 3, a aeronave era mais pesada e, portanto, havia pouco ganho de velocidade. Santos Dumont sabia que precisava de mais potência e duplicou o número de cilindros do motor. A fim de compensar o aumento de peso do motor de quatro cilindros, aumentou o balão. Cortou o invólucro de seda ao meio e intercalou um acréscimo, "tal como se faz com as mesas elásticas".[5] Mas agora o balão de 29 metros passara a ter mais 4 metros de comprimento, demasiado grande para o aeródromo. Mandou então os operários derrubarem a parede de trás do hangar e ampliar seu comprimento. O trabalho completou-se em 15 dias e, com o Congresso de Aeronáutica ainda em sessão, ele ansiava por fazer outro voo.

No entanto, o tempo não cooperou. Chuvas fortes, tão típicas de Paris no outono, impediram a ascensão. "Após duas semanas do pior tempo possível", disse Santos Dumont, "esvaziei o hidrogênio e empreendi experiências com o motor e o propulsor."[6] Depois de muitas tentativas, conseguiu aumentar a velocidade da hélice em 50%, ou seja, para 140 rotações por minuto. "Tal foi a força de rotação e a frialdade da corrente de ar provocada que contraí uma pneumonia."[7] E, no fim do mês de outubro de 1900, ele viu-se forçado a cancelar outras tentativas. Para recuperar as forças, permaneceu na Riviera Francesa durante o outono e o inverno. Esperava também que o clima mais ameno de Nice lhe permitisse fazer algumas ascensões antes da primavera.

6

Uma tarde sobre o castanheiro dos jardins do barão de Rothschild

(Paris, 1901)

Santos Dumont nunca testou o motor de quatro cilindros no Nº 4, nem na Riviera ou em qualquer outro lugar. Mudara de ideia em relação à estabilidade do balão. Orgulhara-se de sua engenhosidade em adaptar a haste de bambu do Nº 3 como uma "plataforma" no Nº 4, mas agora percebia que seus críticos estavam certos ao apontá-lo como um recurso frágil e perigoso. Quando recuperou a saúde, alugou uma pequena carpintaria em Nice e construiu a primeira quilha para um aeróstato, uma estreita treliça de madeira de pinho, de formato triangular, ao mesmo tempo rígida e leve. A peça tinha 18 metros de comprimento e pesava 41 quilos. Certa manhã, enquanto passeava na oficina observando a quilha, tropeçou em um rolo de cordas de piano. Irritou-se, porém ficou impressionado com a resistência da corda. Depois de pensar se as destinaria à lata de lixo, decidiu utilizar as cordas de piano para reforçar a peça de pinho. E então

imaginei algo de inteiramente novo em aeronáutica. Por que não utilizar as cordas de piano também para todas as suspensões do dirigível, em lugar das cordas e dos cabos utilizados até aí pelos aeróstatos? Realizei a inovação e não tive senão que louvar-me. Estas cordas de piano, cujo diâmetro era de oito décimos de milímetro, possuem alto coeficiente de ruptura e uma superfície tão delgada que sua substituição à corda ordinária nas suspensões constitui maior progresso que muitas invenções mais brilhantes. De fato, constatou-se que as cordas de suspensão opõem ao ar quase tanta resistência quanto o próprio balão.[1]

Agora que construíra uma plataforma relativamente estável, aperfeiçoara o motor e o propulsor, repensou onde cada um deles deveria ser colocado. Ocorreu-lhe que, quando se sentava atrás da hélice no Nº 4, havia o perigo de a *guide rope* prender-se no propulsor e ser cortada em pedaços. No Nº 5 queria que a corda e os cabos de controle ficassem o mais distante possível das lâminas rotativas e, então, planejou colocar o selim da bicicleta na proa e pôr de novo o propulsor na popa. No Nº 4 sentara-se perto do motor para controlá-lo. Mas ele era extremamente barulhento, além de sujo. A tecnologia dos motores aperfeiçoara-se nos últimos meses, à medida que mais e mais automóveis circulavam nas estradas, e havia menos necessidade de vigiar o motor constantemente. Com o intuito de preservar a audição e reduzir as contas da tinturaria, decidiu mover o motor para uma posição mais atrás, no centro da quilha. Como queria se sentir menos exposto, também planejou recuperar a cesta de vime.

Voltou para Paris no início de 1901. Quando cruzou os limites da cidade, os zelosos funcionários da alfândega, responsáveis por taxar mercadorias vindas das províncias, não sabiam o que fazer com a quilha de 18 metros.[2] Ali estava um homem com papéis brasileiros alegando que transportava a estrutura de uma aeronave. Não existia a categoria "aeronáutica" nos produtos nos quais incidiam impostos e, então, os burocratas contrafeitos confiscaram a quilha e ponderaram sobre a atitude a tomar. Santos Dumont temia que eles a danificassem, porém ela voltou ilesa uma semana depois, sob a classificação de um trabalho de marcenaria apurado, e impondo-lhe a taxação máxima.

A ignorância dos funcionários da alfândega era compreensível. Santos Dumont começara a dominar os céus numa época em que a grande maioria dos europeus e norte-americanos ainda não viajara em automóveis. Mesmo os chefes de Estado que tinham acesso a carros, caso quisessem, sentiam medo deles. Em 12 de julho de 1901, o presidente McKinley teve a coragem de fazer o primeiro passeio de automóvel em Canton, sua cidade natal, no estado de Ohio. "Até esta data, evitara veículos motorizados em

ASAS DA LOUCURA

Washington, Canton e em qualquer outro lugar", noticiou a imprensa. Mas quando seu amigo Zeb Davis veio visitá-lo de carro enquanto o presidente fazia caminhadas para melhorar a saúde, McKinley abandonou o medo e aceitou dar uma volta.

> Deram um passeio pela cidade. O presidente parecia apreciá-lo muito. No entanto, agarrava-se ao assento e enrijecia as costas nas curvas fechadas das ruas. Davis foi a diversos lugares e o presidente parecia contente, embora preferisse percursos sem curvas. Durante o passeio, um ciclista quase foi atropelado, mas a habilidosa manobra de Davis salvou-o.[3]

Duas semanas depois, a experiência do rei Alfonso XIII da Espanha não foi muito melhor. No seu palácio à beira-mar, em San Sebastian, ele fez o primeiro passeio de automóvel em companhia da mãe. "De súbito, o veículo precipitou-se nos jardins do palácio Miramar", noticiou o *Herald*, "e... colocou as sentinelas em pânico. Soou o alarme e a guarda do palácio apareceu. A família real estava em tumulto, mas o rei restaurou a ordem, assegurando pessoalmente que a anarquia estava sob controle."[4]

Na virada do século, funcionários do governo em ambos os lados do Atlântico confrontavam-se com questões sobre o uso adequado dos automóveis. Em 13 de novembro de 1899, George Clausen, diretor do Departamento de Parques e Jardins da cidade de Nova York, dirigiu seu primeiro carro no Central Park. Os automóveis eram proibidos no parque, pois poderiam assustar os cavalos e provocar acidentes com as carruagens. O novo Automóvel Clube da cidade pressionava Clausen a suspender a proibição e ele queria constatar como os animais reagiriam. No início, os cavalos moviam-se com nervosismo, mas, por fim, acostumaram-se aos carros. Isso era encorajador, porém Clausen, inexperiente no volante, tinha outra preocupação. Os automóveis eram suficientemente seguros para transitar nas aleias congestionadas do parque? "Conduzir um cavalo irrequieto no parque sem provocar acidentes requeria habilidade", ele disse.

> Mas seria preciso um tipo diferente de destreza para guiar um automóvel nas alamedas. Uma habilidade ainda maior seria necessária

para subir ou descer uma colina repleta de pessoas. A dificuldade encontra-se em regular de modo adequado a velocidade. Se um cavaleiro precisar subitamente mudar o passo do cavalo e se houver alguém próximo, ele pode levantar o chicote como um sinal de advertência para os que estão detrás dele. O motorista de um carro não pode fazer o mesmo, porque suas mãos, seus braços e pés estão sempre se movimentando com as diversas alavancas e os botões.[5]

Os jornais de Paris, Londres e Nova York enviavam repórteres a todas as ascensões de Santos Dumont, mas o Exército francês não demonstrava interesse por seus experimentos. Na verdade, não queria se preocupar com máquinas voadoras quando ainda estava tentando determinar o papel dos automóveis na guerra. Os comandantes franceses testaram veículos motorizados em exercícios militares e, em outubro de 1900, relataram ao ministro da Guerra que recomendavam por unanimidade seu uso no campo de batalha. Segundo o relatório:

> os automóveis tinham se mostrado eficazes em permitir que os comandantes das tropas percorressem todos os pontos da linha de frente do campo de batalha, para observar a disposição das tropas, em vez de confiar em relatórios verbais ou escritos, e eram muito úteis para transportar oficiais e ordenanças rapidamente para os diversos locais do combate. Por outro lado, todas as tentativas de utilizar automóveis na linha de frente ou para auxiliar os postos avançados ou de reconhecimento falharam, porque uma única bala em seu mecanismo o tornaria inútil, e eles eram um alvo fácil com sua superfície grande e vulnerável movendo-se com muita regularidade.[6]

Santos Dumont estava determinado a ganhar o prêmio Deutsch em 1901, embora não concordasse com muitas regras, sobretudo quanto ao limite dos trinta minutos. Já que ninguém contornara ainda a torre Eiffel, não havia necessidade, acreditava, de criar tal obstáculo. Os membros do clube pensavam que sua objeção derivava do medo de falhar. Todos sabiam que, se ele pudesse estabelecer as próprias condições, conseguiria circular a torre em sua aeronave atual. Qual era o sentido de criar um prêmio se, de

ASAS DA LOUCURA

antemão, sabia-se quem seria o vencedor? Os membros elegantes do aero-clube consideravam uma falta de educação discutir as normas do prêmio. Afinal, era o dinheiro de Deutsch e ele tinha o direito de dispor dele como quisesse. Santos Dumont tinha ainda outras objeções.

> Havia sido estipulado, além do mais, pela comissão, que os seus membros, juízes designados de todos os ensaios, deviam ser preve-nidos, em cada caso, com 24 horas de antecedência. Tal condição tornara, naturalmente, tão vãos quanto possível todos os pequenos cálculos baseados, fosse sobre uma velocidade dada por tempo calmo, fosse sobre tal ou tal corrente de ar que porventura reinasse 24 horas antes da prova. Apesar de Paris estar situada no fundo de um prato no qual um círculo de colinas forma as bordas, as corren-tes de ar aí são particularmente variáveis, e as bruscas mudanças meteorológicas, muito frequentes.
>
> Eu previa igualmente que, uma vez preenchido o ato formal de reunir a comissão científica sobre um ponto do Sena tão afastado como Saint-Cloud, o concorrente se colocava, até certo modo, na obrigação moral de continuar a prova, qualquer que fosse o au-mento da força das correntes de ar, e qualquer que fosse o tempo que encontrasse: chuvoso, seco ou simplesmente úmido. [...] Eu compreendia, enfim, que uma elementar cortesia interditava por assim dizer aos concorrentes reunir a comissão [...] à hora calma da aurora. O duelista pode permitir-se convidar seus amigos a essa hora sagrada, mas não o capitão de aeronave.[7]

O aeroclube queria encerrar as disputas em torno das regras. Como oferta de paz, no início de 1901 o clube concedeu a Santos Dumont o Prêmio de Encorajamento: 4 mil francos, correspondentes aos juros da quantia de 100 mil francos, por suas atividades aeronáuticas durante a exposição. Mas ele não os aceitou. Devolveu-os ao aeroclube com uma nota, na qual pedia que o dinheiro fosse utilizado para instituir um novo concurso sem as condições do prêmio Deutsch.

> O prêmio Santos Dumont será outorgado ao aeronauta, membro do Aeroclube de Paris — excluído o fundador do prêmio —, que entre

1º de maio e 1º de outubro de 1901, partindo do Parc d'Aérostation de Saint-Cloud, contornar a torre Eiffel e voltar ao ponto de partida, em não importa que espaço de tempo, sem haver tocado a terra, e apenas pelos meios de que dispuser a bordo. Se o prêmio não for ganho em 1901, o concurso continuará aberto no ano seguinte, sempre de 1º de maio a 1º de outubro, e assim sucessivamente até que haja um ganhador.[8]

Henry Deutsch aborreceu-se com a insolência de Santos Dumont, porém não podia fazer nada. Para os membros mais idosos do aeroclube, Santos Dumont era um sobrinho brilhante, mas com personalidade difícil, a quem se convida para a ceia de Natal não apenas por ser da família, mas também porque oferecia toda a comida e bebida. Ele era o único membro do aeroclube que construía máquinas que atraíam a atenção mundial, e pareceria mesquinho se o clube não acatasse seus desejos. Deutsch tirou partido da situação e, na reunião seguinte, propôs uma moção na qual o clube outorgaria a mais alta condecoração — uma medalha de ouro — ao vencedor do prêmio Santos Dumont. O brasileiro, por sua vez, elogiou Deutsch por reconhecer a importância do novo concurso.

Santos Dumont, cansado da política de interesses pessoais do clube, dedicou-se integralmente à tarefa de terminar o Nº 5. Agora não podia mais procurar Machuron para coser o invólucro de seda. O construtor de balões, só um ano mais velho que Santos Dumont, morrera em março, aos 29 anos, após uma longa enfermidade. A fim de homenagear o homem que o introduzira ao balonismo, jurou concorrer ao prêmio Deutsch nesse verão, mas antes queria mostrar que preenchia os requisitos dos termos de seu próprio prêmio, mesmo que tivesse proibido a si mesmo de ganhá-lo. Durante duas noites, dormiu no hangar de Saint-Cloud esperando um tempo favorável. Na primeira manhã, choveu torrencialmente. Na segunda, dia 12 de julho, uma sexta-feira, o céu estava claro, e às 3 horas da madrugada ele ascendeu com o Nº 5 pela primeira vez. Efetuou cinco voltas sobre Longchamp em baixa altitude, levando o guarda-noturno a protestar e chamar seu superior. (O guarda, por fim, perdeu o emprego por interferir na "história da invenção" e Santos Dumont recebeu um pedido de desculpas.) De Longchamp, ele cruzou o Bois de Boulogne e dirigiu-se para a torre Eiffel. Mas uma das cordas de

ASAS DA LOUCURA

manobra do leme rompeu-se e a aeronave por pouco não alcançou a torre. Santos Dumont fez um pouso de emergência nos jardins do Trocadéro e rapidamente consertou o leme com a ajuda de uma escada de 6 metros que lhe emprestaram dois operários. Partiu de novo e contornou a torre Eiffel antes de voltar a Saint-Cloud.

O trajeto fora feito em 1h06. Emmanuel Aimé, secretário do aeroclube, e alguns membros partidários de Santos Dumont o esperavam. Aimé, um professor de matemática, proclamou que o voo fora "maravilhoso, surpreendente, um verdadeiro sucesso". Assim também noticiou o *Herald*. Atribuindo o rompimento da corda a um acidente insignificante, o jornal declarou:

> Não há mais dúvida que o sr. Santos Dumont resolveu definitivamente o problema da navegação aérea. [...] O acidente apenas demonstrou de modo inequívoco a utilidade prática de sua extraordinária invenção. A aeronave desceu tão fácil e com tanta leveza como um pássaro, e quando a corda de manobra do leme foi consertada, ela subiu de novo, fez uma volta completa e retornou ao ponto de partida.[9]

Santos Dumont, encorajado pela nova fama (e de modo algum vexado pelo fracasso de não ter atingido os termos do próprio prêmio), não se intimidava mais em convocar a comissão à hora dos duelistas. Comunicou a intenção de vencer o prêmio Deutsch em 13 de julho, dia em que ele poderia de novo desafiar a superstição. Com certeza, os membros da comissão teriam preferido ficar na cama repousando para as comemorações à noite da Tomada da Bastilha. Mas às 6h30, como previsto, eles chegaram em Saint-Cloud, cansados e suados. "Paris tem tentado rivalizar com Nova York em ondas de calor",[10] o *Herald* comentou bem-humorado, "e como a falta de ventiladores elétricos e de fontes de água mineral prejudica a Cidade Luz, ela tem se saído muito bem em relação a centenas de ataques do coração todos os dias, vários fatais." Mesmo os mais privilegiados não escaparam ao calor: a rainha da Bélgica, Marie-Henriette, faleceu enquanto jogava críquete.[11] Com a temperatura de 33°C à sombra, e o ar quase sem se resfriar à noite, os militares franceses cancelaram os treinos, e as taxas de crimes e suicídios aumentaram. "Um homem esmagou a cabeça da esposa contra a parede", relatou o *Herald*, "e outro jogou sua cara-metade no Sena porque o jantar estava atrasado."[12]

Santos Dumont não parecia estar com calor. Saudou a comissão vestindo um terno engomado sem uma gota de suor no rosto. Como testemunhas potenciais da história, os membros da comissão também vestiam suas roupas mais elegantes, mas sofriam com isso. Perguntavam-se por que ele não estava banhado em suor. A ilusão teria se dissipado caso ele houvesse confessado que pouco antes da chegada da comissão trocara de roupa, vestindo um novo terno que um mecânico acabara de passar a ferro no hangar. Quando Santos Dumont subiu a bordo, verificando duas vezes as cordas de controle por questão de segurança, parecendo vulnerável na cesta rasa, até mesmo Deutsch esqueceu por um instante sua impertinência pueril e lhe desejou boa sorte. O barulho do motor não soava bem — estava engasgando em razão do calor —, mas agora era impossível desistir depois que reunira o aeroclube. Às 6h41, iniciou a ascensão e onze minutos mais tarde estava a 46 metros da torre. Mas Santos Dumont tinha dúvidas — sabia que um vento a favor o ajudara no início e, a menos que o tempo mudasse, o mesmo vento reduziria a velocidade na viagem de volta. Ele circulou a torre numa altitude de 120 metros, o balão brilhando à luz matinal do sol. Sem dúvida, lutava contra um vento forte, que interferiu nos esforços para descer no Parc d'Aérostation.

Por ironia, foi Deutsch e suas construções que prejudicaram a descida. "A entrada do parque estava obstruída por dois hangares muito altos onde o sr. Deutsch, o doador do prêmio, construía um grande balão com o propósito de vencer o concurso",[13] noticiou o *New York Sun*. "O sr. Santos Dumont fez repetidas tentativas contra o vento para entrar no parque entre os hangares. [...] A luta durou cinco minutos. O suprimento de petróleo esgotou-se e o balão ficou à mercê do vento." A fim de fazer uma descida rápida, já que o motor parara, Santos Dumont rasgou o invólucro de seda, porém, antes que o Nº 5 esvaziasse, o vento o arremessou através do Sena, e, por fim, Santos Dumont caiu sobre um castanheiro do parque do barão Edmund de Rothschild. Era o segundo Rothschild — o irmão mais novo de Alphonse — a quem fazia uma visita inesperada, e a hospitalidade oferecida foi tão calorosa quanto a primeira. Santos Dumont sabia que se precisasse fazer uma aterrissagem forçada, deveria escolher a parte mais rica da cidade. O jardineiro de Edmund de Rothschild pôs uma escada

ASAS DA LOUCURA

contra a árvore e subiu os degraus para verificar se Santos Dumont estava bem. "Estou com sede", disse-lhe, e logo os empregados trouxeram da casa um balde de gelo com champanhe para amenizar o trauma do acidente. Os homens também se ofereceram para retirá-lo e a aeronave dos galhos que o enlaçavam. Mas ele pediu-lhes que esperassem até que pensasse num plano para retirar o balão sem danificá-lo. Na verdade, queria ficar sozinho com seu champanhe em cima da árvore.

Por acaso, a princesa Isabel, condessa d'Eu, filha do último imperador do Brasil, D. Pedro II, residia próximo ao local da queda. Ao saber do acidente de seu conterrâneo, pediu aos criados que preparassem um suntuoso almoço e o levassem em uma cesta de piquenique até a árvore. Eles também lhe entregaram um convite para visitá-la.

Depois de desculpar-se com o barão de Rothschild por ter amassado as castanhas da árvore, preparou-se para ir ao encontro da princesa. Usava uma gravata vermelha flamejante e temendo que a cor suscitasse más lembranças do movimento revolucionário que depusera seu pai, trocou-a por uma gravata preta de um espectador. "Mas se não fosse o golpe do destino que depôs D. Pedro", os jornais do dia seguinte noticiaram alegremente, "o sr. Santos Dumont teria sido súdito dessa senhora de origem nobre, de quem recebera hospitalidade inesperada."[14] As palavras de despedida da condessa significaram muito para ele, visto que é o único trecho da conversa que ele preservou em seu diário: "Suas evoluções aéreas fazem-me recordar o voo dos nossos grandes pássaros do Brasil. Oxalá possa o senhor tirar do seu propulsor o partido que aqueles tiram das próprias asas, e triunfar, para glória da nossa querida pátria!"[15]

Para a imprensa local, não importava se Santos Dumont tivesse descido sobre uma árvore. "Hoje, Paris", comentou entusiasmado um correspondente, "testemunhou o nascimento oficial da invenção que poderá revolucionar o comércio mundial nos próximos anos." Os jornais de Nova York foram igualmente efusivos. "O herói do momento é, sem dúvida, o sr. Santos Dumont", declarou o *Herald*. "Como Byron, ele acordou uma manhã famoso. Seus experimentos bem-sucedidos na navegação aérea na sexta-feira e no sábado levaram seu nome para os locais mais remotos do planeta."[16] Mas essa ocasião foi também a primeira vez que a cobertura da imprensa não lhe foi totalmente favorável. Alguns jornais norte-americanos questionaram as máquinas mais leves que o ar. Com a manchete "A impraticável dirigibilidade dos balões", o *Chester Democrat* opinou que:

> um balão ficará sempre à mercê das correntes aéreas ou dos ventos quando estes excedem a velocidade e potência dos meros zéfiros. Se uma máquina voadora que possa voar contra o vento for construída, ela deverá seguir a concepção do professor Langley, cujas máquinas experimentais autopropulsadas permaneciam no ar por meio de seus motores e não dependiam de enormes invólucros de gás para ascender. Os aeroplanos do professor Langley são mais "revolucionários" que qualquer aeróstato já construído.[17]

Antigamente, Santos Dumont teria respondido às críticas com fanfarronice e relatos exagerados de seus voos. No entanto, dessa vez estava modesto e com senso crítico, e aumentou o tempo em que se dedicava à aeronáutica de quatro para quinze anos para frisar o pouco que fizera:

> A única coisa que realizei nos quinze anos de experimentos, durante os quais destruí quatro aeronaves, foi de ser capaz com uma certa garantia, com bom tempo e um vento ameno, de partir de um determinado ponto e navegar no ar em qualquer direção, para a direita e para a esquerda, de cima para baixo. Não tenho pretensões de fazer mais que isso.[18]

O fato de ter perdido a segurança com tanta facilidade e que suas únicas respostas fossem os dois extremos, o desmentido arrogante ou a aceitação servil, não era bom sinal de que ele poderia lidar bem com as calúnias desagradáveis que, inevitavelmente, surgiriam se alcançasse mais sucesso.

No domingo, 14 de julho, os parisienses realizaram a festa nacional anual em comemoração à Tomada da Bastilha, com fogos de artifício, música e maratonas de dança. Diversos grupos políticos colocaram festões no monumento de Strasburg, na place de la Concorde, embora a polícia tenha removido o dos socialistas com a inscrição "Às vítimas de nossa pátria".[19] Havia bailes ao ar livre em quase todos os bairros, os quais eram decorados com requinte com bandeiras e lanternas chinesas. Até mesmo nos bairros mais pobres:

ASAS DA LOUCURA

algumas pranchas colocadas sobre barris, ou um vagão ornamen-
tado com as cores da bandeira nacional e com seis a doze lanternas,
serviam de palco para uma orquestra mambembe, em torno da qual
os operários e suas famílias dançavam a noite inteira.[20]

Paris era um grande festival de rua, e apenas alguém extremamente
bem-comportado não participaria das comemorações. Uma moça que trabalhava num cabaré em Montmartre apostou com os amigos que passaria
a noite na cadeia. "Ela jantou no Bois e ceou em Montmartre e, por isso,
não lhe faltava entusiasmo",[21] noticiou uma coluna social. "Ela começou a
quebrar copos num café. A polícia, vendo-a com joias, hesitou a princípio."
Ela continuou a quebrar coisas, mas a polícia não a prendeu. Para ganhar a
aposta, precisou dar um soco em um policial.

Os carros e as bicicletas faziam parte das celebrações da Tomada da
Bastilha, porém a aeronave, heroína do transporte no fim de semana, estava
visivelmente excluída. Santos Dumont fora encontrar os amigos esta noite.
Ele não dançava, mas comer e beber e ver as festividades dos terraços dos
cafés lhe agradava. À meia-noite, uma parada de ciclistas com tochas ilumi-
nadas e automobilistas fez o percurso do Bois de Boulogne até o Quartier
Latin. Em Longchamp, o presidente Emile Loubet passou em revista uma
companhia de ciclistas militares que havia acabado de chegar a Paris, depois de uma viagem de três dias de Sedan, próximo da fronteira da Bélgica.
Como dançarinos em uma coreografia, os ciclistas demonstraram em
uníssono o que havia de especial com as bicicletas — podiam ser dobradas
em 35 segundos e carregadas nas costas. Durante a cerimônia, aqueles que
preferiram a locomoção por rodas em vez dos cavalos fora de moda foram
brindados com a divulgação das estatísticas nacionais de acidentes no mês
de março: o cavalo causara 77 mortes; a estrada de ferro, nove; a bicicleta,
três; e o automóvel, três.[22]

Santos Dumont se sentiu relegado a um segundo plano em razão das
atividades do 14 de Julho. Começou a gabar-se de modo grotesco, com
aqueles que se encontravam próximos, de que cumprira os termos do prêmio Santos Dumont no dia anterior, mesmo que, claro, não tenha voado
"sem tocar a terra" e "apenas pelos meios de que dispunha a bordo". Henry
Deutsch não suportou tamanha presunção; quis que Santos Dumont fosse

expulso do aeroclube. No entanto, seus amigos ficaram mais preocupados que exasperados.

A loucura era o assunto do dia em Paris no mês de julho. Noticiou-se na primeira página dos jornais a internação em um hospício do dr. Gilles de la Tourette, o médico-chefe da Exposição Universal, e um dos mais conceituados especialistas do país em "problemas mentais". A comunidade médica francesa, enquanto demonstrava esperança em sua cura, debatia a causa de seu "desequilíbrio mental". Alguns colegas acreditavam que o excesso de trabalho o perturbara. Outros mencionavam o tiro que uma paciente que ele enviara para o hospício lhe dera: a bala apenas roçou a cabeça, mas parecia ter ali ficado "atormentando sua mente".[23] Se um homem tão realizado como o dr. Tourette — imortalizado pela descoberta da doença neurológica conhecida como síndrome de Tourette — poderia subitamente enlouquecer, parecia então que qualquer pessoa estaria à mercê da loucura. Os amigos de Santos Dumont sabiam que ele era fantasioso e perdoavam-lhe as pequenas lorotas que coloriam suas histórias, mas nesse caso ele estava afirmando algo muito sério, que todos sabiam que era falso. O que os inquietava é que aparentemente ele estava convencido de que contornara a torre Eiffel sem tocar a terra. O Santos Dumont que eles conheciam teria ficado mortificado ao saber que as pessoas o achavam um mentiroso. No momento, entretanto, os amigos não o confrontaram com a verdade, na expectativa de que essa crise de loucura partisse como um resfriado e que, na verdade, pareceu se dissipar.

Santos Dumont dava muita importância à sua imagem pública. Detestaria ver seu nome e o de Tourette mencionados na mesma conversa. Assinava três serviços de recortes de jornais para acompanhar as notícias sobre si mesmo. Conquistara os repórteres não só por sua coragem e criatividade, mas também por suas roupas extravagantes, as histórias exóticas da vida no Brasil, os jantares sofisticados que ele lhes oferecia no Maxim's e sua facilidade para falar línguas estrangeiras (ele falava francês, português, espanhol e inglês). A paixão pelo balonismo era contagiante, e os jornalistas inconscientemente colaboraram para construir sua imagem de um Ícaro moderno, uma figura romântica destinada a conquistar os céus.

As comemorações da tomada da Bastilha prolongaram-se até a semana seguinte, fechando muitos estabelecimentos comerciais. Quando as festivi-

ASAS DA LOUCURA

dades acabaram, Santos Dumont começou a consertar o dano causado pelo castanheiro na aeronave. No fim de semana de 20 de julho de 1901, circulou a notícia em Paris de que ele estava prestes a concorrer novamente ao prêmio. O calor continuava, trovoadas violentas e tempestades de granizo devastaram o país e o restante da Europa.[24] A temperatura em São Petersburgo atingiu 47°C e um número recorde de pessoas morreu, fulminadas por raios na Alemanha, Áustria, Holanda e França. Quatro crianças se abrigaram de uma tempestade num campanário de uma igreja nos arredores de Paris, mas um raio as matou quando elas tocavam os sinos da igreja. O clima inclemente não impedia que centenas de parisienses se reunissem no aeródromo de Santos Dumont.[25] O boato de sua ascensão iminente era infundado e, mesmo que fosse verdade, os raios e o granizo obrigariam a adiá-la.

No fim do mês, a aeronave estava totalmente recuperada. Antes de concorrer de novo ao prêmio, Santos Dumont fazia passeios rápidos todos os dias. Um desses passeios foi tranquilo, até que na chegada aconteceu um pequeno problema. Segundo uma testemunha:

> A máquina voadora estava quase em cima de seu hangar no Parc d'Aérostation, e os espectadores que viram as graciosas evoluções e admiraram o controle do aeronauta do enorme aparelho esperavam a descida. De súbito, viram Santos Dumont sair da cesta e trepar na haste delgada que servia de suporte ao motor. Caso tivesse escorregado ou se uma rajada de vento repentina golpeasse o balão fazendo com que ele perdesse seu apoio, ele teria caído 100 metros e se despedaçado no solo. Os espectadores arfaram e estremeceram, e quando o aeronauta voltou para a cesta em segurança, eles o aplaudiram. Uma das cordas duplas emaranhara-se na polia. Era muito perigoso tentar arrancá-la, mas Santos Dumont não hesitou um segundo.[26]

Em outra ocasião, no dia 29 de julho, às 16h35, o motor falhou como acontecia com frequência, e ele terminou o voo mais cedo — ao descer, a *guide rope* cortou-lhe os dedos. Quando aterrissou, a multidão, incluindo um grande número de mulheres cujas belas roupas enfeitavam a cena, inquietou-se com sua mão ensanguentada.[27] Só um espectador foi indelicado, insistindo que ele deveria subir de novo mesmo com problemas no motor. Santos Dumont saiu da aeronave e mostrou seu assento. "Aqui é meu lugar", disse. "Agora você pode tentar." O importuno, "para divertimento da plateia", noticiou o *Herald*, "bateu em retirada". Poucos dias depois, Santos Dumont teve de desistir de outro voo quando a corda de compensação agarrou-se numa árvore.[28]

Apesar das tentativas malogradas de vencer o prêmio, os aeronautas franceses, temerosos de que ele pudesse usurpar seu lugar na história, iniciaram uma campanha de difamação contra ele. O líder do movimento foi o coronel Charles Renard, que disse à imprensa: "O sr. Santos Dumont nada mais é que um amador esportivo sem nenhuma base científica."[29] Em 1884, Renard e Arthur Krebs, oficiais do Exército francês, construíram o dirigível La France, um balão de 20 metros cúbicos movido por um motor elétrico. Na primeira ascensão, o balão voltou com sucesso ao ponto de partida na base militar de Chalais-Meudon. Em 23 minutos, o La France voou apenas 1,5 quilômetro. Renard e Krebs realizaram mais seis voos, dois sobre Paris, e em apenas dois não conseguiram voltar a Chalais-Meudon. O exército, no entanto, não se entusiasmara com o La France porque seu motor muito pesado era tão fraco que só lhe permitia voar com bom tempo. Na verdade, quando acabaram a construção do balão e já estavam prontos para voar, Renard e Krebs esperaram dois meses por um dia com ventos brandos. Renard pensava que o motor no ar alcançaria a velocidade de 23 quilômetros por hora (Santos Dumont conseguia atingir a velocidade de 32 quilômetros por hora). Embora o coronel Renard tenha desistido de voar com o La France depois de sete voos, permaneceu encarregado da pesquisa aeronáutica do Exército francês no início do século XX.

O coronel Renard considerava o concurso instituído por Deutsch um prêmio tolo para um feito que ele realizara havia uma década e meia. De todo modo, o La France seria derrotado pelo inevitável vento na sua proa depois de contornar a torre Eiffel, mas a aeronave de Santos Dumont não era muito mais rápida e algumas de suas características — o formato cilíndrico, o balonete interior — existiam no La France. À parte a descrição desdenhosa de Renard sobre Santos Dumont para a imprensa, ele preferia deixar seus substitutos difamar a reputação do brasileiro. No fim de julho, aqueles que apoiavam Renard orquestraram um golpe no aeroclube, cuja maioria dos membros partira de férias, ao articular sua indicação e de seu irmão para serem eleitos para a comissão científica de aerostação do aeroclube. Como membros do júri do prêmio Deutsch, os irmãos estariam numa posição favorável para frustrar os esforços de Santos Dumont. Mas os amigos de-

ASAS DA LOUCURA

fenderam sua causa. Wilfrid de Fonvielle, presidente da comissão, objetou contra a indicação de duas pessoas tão hostis à competição e ao principal competidor. Em entrevistas na imprensa, Emmanuel Aimé, secretário do clube, menosprezou a importância dos voos de Renard em 1884. Quando Aimé voltou para a sede do clube, encontrou seu escritório fechado e viu-se privado do salário que recebia como secretário. Aimé ameaçou divulgar a política de má-fé do clube se o cadeado da sala não fosse retirado. A fim de compensar o tratamento indigno dado a Aimé, o aeroclube anunciou que por unanimidade de votos conferia uma medalha de ouro a Santos Dumont, mas ele não foi recebê-la. Em virtude de as atas das reuniões do clube serem lacradas, não se sabia ao certo de que lado estavam os membros. A imprensa deliciou-se com a disputa misteriosa e publicou manchetes nos jornais descrevendo-a como um "outro caso Dreyfus".[30]

Santos Dumont tentou permanecer distante do conflito. Recolheu-se ao seu apartamento por alguns dias para refletir sobre os erros dos voos recentes. Animou-se com as notícias de que o governo brasileiro estaria interessado em financiar seus experimentos.

> É uma ideia muito gentil e, se for realizada, me daria uma genuína satisfação, não em relação ao dinheiro, mas porque é tão encorajador sentir que tenho a simpatia e o apoio tangível... de meus compatriotas. Penso, também, que seria um bom investimento para o Brasil, pois atrairia a atenção do público para o país de uma maneira favorável... já que até o presente a maioria das pessoas associa mais a América do Sul com revoluções do que com a curiosidade científica.[31]

Logo, o governo brasileiro concedeu-lhe uma doação de 50 mil dólares.[32] Ele também recebeu uma carta da princesa Isabel junto com um presente que ela encomendara a Cartier:

> 1º de agosto de 1901
>
> Senhor Santos Dumont:
>
> Envio-lhe uma medalha de São Benedito, que protege contra acidentes.

Aceite-a e use-a na corrente do relógio, na sua carteira ou no seu pescoço.

Ofereço-lha pensando na sua boa mãe e pedindo a Deus que o socorra sempre e o ajude a trabalhar para a glória de nossa pátria.

Isabel, condessa d'Eu[33]

Santos Dumont nunca seguira o conselho de alguém, nem mesmo de uma princesa, e ignorou suas três sugestões para usar a medalha, prendendo-a numa fina corrente de ouro em torno do pulso. A pulseira com a medalha de São Benedito incorporou-se ao seu modo de vestir como o chapéu-panamá, as camisas com colarinhos altos e os ternos escuros.

No dia 8 de agosto, às 6 horas, usando a pulseira de São Benedito pela primeira vez, e com o renovado apoio da imprensa estrangeira, Santos Dumont fez sua nova tentativa para ganhar o prêmio Deutsch. "Vimos o balão subindo bem alto voltando a proa amarela em direção à torre",[34] noticiou o correspondente do *Daily Express* em Paris. "Santos Dumont seguia direto como um cano de rifle e parecia tão veloz como sua bala." Pouco importava que a velocidade não fosse maior que a de um bom atleta, o correspondente queria apenas entusiasmar os leitores.

> Seu navio navegava com o vento, mais veloz que qualquer concorrente da regata Yankee Cup. O barulho do motor ouvido a mais de 2 quilômetros atraía pessoas aos telhados. Operários olhavam curiosos para o céu. Era um espetáculo divertido, emocionante, fascinante. Logo alcançou a torre. Contornou o grande monumento de ferro com facilidade, descendo graciosamente para mostrar a todos seu desempenho; e quando sua nave fez evoluções ouviram-se aplausos fortes de todos os lados. Santos Dumont acenou com o chapéu, agradecendo.

Ele fizera o percurso até a torre num tempo recorde de nove minutos e circum-navegou-a em 34 segundos. De novo, os juízes pensaram que ele poderia obter o prêmio, mas Santos Dumont percebeu que algo estava errado.

Antes de chegar à torre, ele suspeitou que o balão estava perdendo hidrogênio através de uma das duas válvulas automáticas de gás, cuja mola

ASAS DA LOUCURA

perdera acidentalmente a elasticidade. Em geral, teria descido no mesmo instante para examinar a válvula. "Estava porém empenhado numa prova que deveria proporcionar grande honra ao vencedor; e minha velocidade havia sido boa. Arrisquei prosseguir."[35] Ao retornar para Saint-Cloud, suas suspeitas confirmaram-se quando o balão começou a se contrair. Ao sobrevoar a avenue Henri Martin, um forte golpe de vento atingiu o invólucro, arremessando-o violentamente 46 metros para trás. As cordas de suspensão que haviam se afrouxado balançavam-se ameaçadoras perto do propulsor. Santos Dumont viu a hélice cortá-las e despedaçá-las e parou de imediato o motor. Sem a força do motor, o vento forte impeliu a aeronave em direção à torre. Ao mesmo tempo, ela subiu de repente até atingir o dobro da altura da torre. O correspondente do *Express* que olhava Santos Dumont com binóculos escreveu: "A 600 metros de altura, ele saiu da cesta e moveu-se com dificuldade na direção da quilha inclinada, oscilante e flutuante... Que ousadia extraordinária", vê-lo desembaraçar as cordas de piano do propulsor.

> As pessoas desviaram o olhar. Santos Dumont colocou-se do lado de fora sobre duas hastes finas, não mais largas que cabos de vassouras e separadas por um metro de distância. Ele segurava na terceira haste de madeira que formava o vértice da quilha triangular. Trabalhou freneticamente por alguns segundos e depois voltou para a cesta.[36]

O balão, agora com um quarto apenas de sua capacidade de ar, movia-se sem controle. Como um navio em uma tempestade, o N° 5 inclinava-se e oscilava. Quando a proa levantou, encheu-se de gás, e a popa caiu, dobrando-se vazia. Quando a proa mergulhou, a ação foi reversa, a popa cheia flutuou enquanto o outro lado vergou-se como uma toalha molhada. A aeronave sacudia-se no ar de modo alarmante. Santos Dumont agitava-se em meio a fortes correntes de ar numa aeronave avariada! Para não cair, enganchou um cabo no cinto e amarrou-se no balão. Em um dado momento, o balão dobrou-se de tal forma sobre o propulsor ainda em movimento que rasgou o invólucro e o gás escapou. Sem controle, o balão começou a cair.

> Para os espectadores, a cena devia ter a aparência de um terrível desastre; para mim, o pior detalhe era que a aeronave perdia o

equilíbrio. O balão, meio vazio, agitava sua extremidade flácida como se fora um elefante a mover a tromba; e sua proa empinava de maneira inquietante. O que mais eu temia era que a tensão desigual das cordas de suspensão as fizesse rebentar uma a uma e que eu fosse precipitado ao solo.

Mas por que o balão balançava na extremidade vazia, e donde me vinha esta sobrecarga de perigo?[37]

Por que a ventoinha, antes de ele parar o motor, não inflou o balonete interior e encheu de gás o balão? A única explicação naquele momento é que o motor teria reduzido a velocidade, diminuindo a força do ventilador. Mas isso lhe pareceu estranho porque, em geral, ele percebia qualquer alteração de velocidade pelo som do motor e, desta vez, ele não ouvira nada de incomum. Mais tarde soube por seus operários que o verniz que selava o balonete interior podia ainda estar molhado e, assim, a seda podia ter grudado e não se enchido totalmente. Santos Dumont sentia-se culpado. Ele estivera com tanta pressa que não esperara o verniz secar.

O balão caía cada vez mais rápido e, ao mesmo tempo, estava ainda sendo arremessado para trás. Ele poderia ter jogado lastro para parar a queda, mas temia que, se não pousasse logo na terra, poderia sofrer um destino pior do que ser "jogado contra a torre". O Sena poderia ser um pouso mais suave, caso conseguisse alcançá-lo, a 800 metros de distância. Segundo noticiou o *Express*:

> Ouviam-se gritos de todos os telhados. Mas Santos não parecia alarmado. Jogou a pesada corda de compensação pela popa para abaixá-la — como estava na proa, seria melhor que a parte de trás da aeronave tocasse a terra primeiro. [...] O vento impulsionava o balão e ele inclinou-se aparentemente em direção ao Sena. Nos últimos 300 metros, o balão precipitou-se com a velocidade de um elevador caindo no poço.[38]

Santos Dumont alimentava a esperança de aterrissar no rio um pouco além do hotel Trocadéro, que havia sido construído para hospedar turistas durante a recente exposição. Um barco de resgate aproximou-se do local. Para ganhar tempo para passar pelo hotel, começou a jogar rapidamente o lastro de areia, operação difícil devido à velocidade da queda.

ASAS DA LOUCURA

Minha cesta e toda a quilha haviam passado os edifícios do Trocadéro. Se meu balão fosse esférico, tê-los-ia superado também. Mas, nesse momento decisivo, a extremidade do meu balão alongado, que conservava ainda todo o seu gás, foi bater contra um telhado mesmo no momento de franqueá-lo. O balão estourou, com um grande barulho, exatamente igual ao dum saco de papel que se encheu de ar e que se arrebenta. Foi a "terrível explosão" de que falaram os jornais.[39]

Santos Dumont viu-se pendurado na parede do hotel Trocadéro, a cerca de 15 metros acima da terra, deitado de bruços na quilha, a cabeça e os ombros balançando no ar. A quilha caiu abruptamente alguns metros até travar-se num ângulo de 45 graus contra o telhado de um restaurante térreo no quai de Passy nº 12. "E malgrado o meu peso, o peso do motor e da maquinaria, malgrado o choque recebido, a quilha resistiu maravilhosamente. A travessa de pinho e as cordas de piano de Nice haviam-me salvo a vida!"[40] Um homem no teto do hotel jogou-lhe um cigarro, e Santos Dumont, que normalmente não fumava porque considerava um sinal de fraqueza moral, deu umas boas baforadas. Os bombeiros por fim chegaram ao local, lançaram-lhe uma corda e o içaram até o telhado do hotel. Os bombeiros começaram então a resgatar os despojos do Nº 5. "A operação foi penosa. O que restava do invólucro e das cordas pendia em um estado lamentável e não foi possível retirar nada senão em frangalhos, aos pedaços."[41]

Milhares de pessoas que ouviram a explosão reuniram-se no hotel, onde a polícia as continha com barricadas colocadas às pressas. "A recepção ao sr. Santos Dumont quando ele chegou à calçada foi entusiástica", noticiou o *Herald*, "muitas mulheres penduraram-se ao seu pescoço e o beijaram repetidamente." Ele mostrou a medalha de São Benedito para a multidão, beijando-a com reverência, atribuindo-lhe o fato de "ter escapado por um triz da morte". Todos queriam ver se havia sofrido algum arranhão, "e enquanto supervisionava a remoção da máquina, falou que estava pronto a recomeçar".[42]

Deutsch, que havia se precipitado para o Trocadéro, estava pronto a esquecer as desavenças. Até mesmo chorara ao ver o balão caindo. Segundo o *Herald*:

Ele ficou tão chocado com o perigo pelo qual passara o sr. Santos Dumont que falou que preferia conceder-lhe o prêmio de imediato a vê-lo matar-se com seus experimentos, mas o balonista replicou que contornara a torre Eiffel num período de tempo tão curto e, portanto, considerava o resultado satisfatório demais para permitir a desistência de tentativas futuras.[43]

Como para reiterar sua determinação, Santos Dumont pediu um pouco de petróleo e pôs em marcha o motor de 2 HP que os bombeiros haviam acabado de retirar do telhado. E noticiou o *Daily Telegraph*:

> O sr. Santos Dumont olhou e escutou com evidente prazer as chamas escaparem dos canos. E as explosões ensurdecedoras ressoavam com vigor, mostrando que o motor não se danificara. Ao ver o sr. Santos Dumont testando o motor esta manhã, meia hora depois do seu terrível acidente, percebe-se o tipo de homem que é esse brasileiro *destemido*.[44]

("Destemido" era o adjetivo usado pela imprensa para descrevê-lo.) A multidão o ovacionou por sua capacidade rápida de recuperação. Deutsch observou que pedaços da seda do balão espalhavam-se pelos telhados vizinhos. Havia algumas semanas, ele encomendara seu próprio balão alongado — um grande aeróstato de 21 metros cúbicos. Deveria recebê-lo a qualquer momento e, magnânimo, o ofereceu a Santos Dumont. O brasileiro recusou com polidez e juntou os pedaços de seda ao seu alcance. Apesar de reconhecer a coragem e engenhosidade de Santos Dumont, Deutsch não acreditava que ele ganharia o prêmio. "Temo que os experimentos não serão conclusivos", Deutsch falou para os repórteres após a partida dele. "O balão do sr. Santos Dumont estará sempre à mercê do vento, e, portanto, não é o tipo de aeronave com o qual sonhamos."[45]

7

"Os pobres serão os perdedores!"
(Torre Eiffel, 1901)

Um homem com menos determinação que caísse do céu iria direto para a cama ou se embriagaria. Mas Santos Dumont foi do Trocadéro para a oficina, onde examinou o que poderia aproveitar do Nº 5. A estrutura, que surpreendentemente resistira à queda, foi danificada quando os bombeiros a retiraram do hotel. O invólucro de seda sofreu mais. Santos Dumont testou o maior pedaço de tecido que recolhera com o dinamômetro que inventou para verificar a quantidade de tensão à qual resistiria.[1] O teste mostrou que, após o dano sofrido, a seda tornara-se muito frágil para ser incorporada em outro invólucro. Poucas horas depois do acidente, procurou construtores de balões e encomendou uma nova aeronave, o Nº 6.

Naquela noite, jantou no Maxim's, onde deliciou os outros clientes com detalhes da queda no Trocadéro. Muitos teriam escutado durante horas, mas uma senhora queixou-se de que a discussão era "muito técnica". Então a conversa desviou-se para outros assuntos do dia, como o preço do absinto, que subira 30% em virtude da destruição de uma grande fábrica em Pontarlier, onde a única marca da "pequena divindade verde" era fabricada.[2] Ou as novas escarradeiras, que pareciam potes de geleia, instaladas às pressas em toda a cidade com a inscrição "escarradeira pública" depois que o chefe de polícia proibira cuspir na rua por medo de que a saliva propagasse a tuberculose.[3] A discussão entre duas sociedades protetoras de animais, a Sociedade Protetora dos Animais, que estava distribuindo chapéus de graça a cavalos para protegê-los do sol, e a Sociedade de Assistência aos Animais, que declarara que os chapéus equinos eram nocivos e que, na verdade, os cavalos precisavam de guarda-sóis.[4] Santos Dumont não era o único herói do dia. Um operário chamado Simon estava consertando um poço perto de Chartres quando os muros desabaram e ele ficou soterrado nos escombros. Um grupo de engenheiros trabalhou 117 horas até encontrá-lo. Ele estava fraco, porém consciente, de pé, com um braço levantado, de costas para a parede do poço. Curiosamente, Simon insistiu que ficara soterrado por apenas 24 horas.[5]

A fama de Santos Dumont lhe granjeara convites para visitar os Estados Unidos. Os organizadores da Exposição Pan-Americana em Buffalo, Nova York, rival da Exposição Universal de Paris, ofereceram-lhe 10 mil dólares para contornar a torre elétrica de uma distância equivalente à do prêmio Deutsch.[6] O *New York Journal* propôs financiar uma circum-navegação em volta da Terra em um mês lunar, ou uma viagem até o polo Norte.

> Confesso que a ideia de bater todos os recordes ao fazer a volta ao mundo em menos de um mês, em outras palavras, disputando o páreo com a Lua, captura minha imaginação pela originalidade, contudo, como um estudante de ciências, preferiria uma viagem ao polo.[7]

Mas essas ofertas não se concretizaram. Nem tampouco ele levou em suas ascensões os numerosos estranhos que se faziam convidar. Segundo noticiou o *Herald*:

> Parece que um dos maiores problemas do sr. Santos Dumont e de outros aeronautas é o de resistir aos pedidos das atrizes parisienses desejosas de acompanhá-los nos voos. Alguns acham que isso é um caminho fácil para alcançar a fama. Outros pensam que elas são atraídas pela aventura. O sr. Santos Dumont provavelmente foi poupado pelo fato de seu balão só transportar uma pessoa.[8]

No fim de agosto de 1901, Santos Dumont recebeu uma intimação judicial para comparecer ao Tribunal da 8ª Região Administrativa, a fim de responder a um processo de ressarcimento de danos no valor de 155 francos (30 dólares) por ter quebrado as telhas de um prédio próximo ao

ASAS DA LOUCURA

hotel Trocadéro.[9] A proprietária do imóvel, a viúva Deniau, não alegava que a aeronave de Santos Dumont danificara as telhas. Ao contrário, afirmava que tinham sido quebradas por espectadores zelosos que se aglomeraram em seu telhado ansiosos para ajudar o aeronauta em dificuldade. Mas responsabilizava-o pelo acontecimento. Os jornais zombaram dela pela audácia de processar o adorado inventor por uma questão tão mesquinha. Santos Dumont não contestou a ação judicial. O tribunal entregou-lhe a conta, a qual ele pagou de imediato:

Intimação	0,50	franco
Convocação	4,80	francos
Danos	150,00	francos
Postagem	0,10	francos
Total	155,40	francos

É claro que ele podia arcar facilmente com os 155 francos — o problema era o custo incerto de futuros acidentes. Seria preciso prever em suas despesas os processos por atirar canos de chaminés de uma grande capital sobre a cabeça dos pedestres?[10] Ele procurou todas as companhias de seguros de Paris, mas nenhuma quis assumir a responsabilidade pelos danos que ele pudesse causar "num dia tempestuoso". Nem fariam um seguro para garantir a ocasional destruição de uma aeronave.

Não obstante, ele continuou a construção do Nº 6. Com 33 metros de comprimento, era 3 metros mais curto que o Nº 5, porém mais robusto — um charuto mais grosso —, com uma capacidade de gás de 622 metros cúbicos, um quinto a mais que o Nº 5. O propulsor foi posto mais uma vez na popa, de onde impulsionaria a aeronave. No momento em que planejava uma nova tentativa de ganhar o prêmio, Deutsch frustrou seus planos ao mudar subitamente as regras. Santos Dumont soube das mudanças por outras fontes e reagiu divulgando seu protesto na imprensa, na esperança de que a pressão da opinião pública forçaria Deutsch a voltar à formulação original. Em 11 de setembro, os jornais publicaram a resposta indignada de Santos Dumont à comissão científica do clube:

Senhor presidente:

Soube por intermédio da imprensa das decisões tomadas pelo Comitê de Aerostação do Aeroclube na reunião de 7 de setembro, a saber, que o comitê decidiu que daqui por diante cada competidor deve voltar ao seu ponto de partida em trinta minutos após contornar a torre Eiffel mas, também, deve pousar dentro do parque do aeroclube; que o tempo da prova começará a ser contado a partir do instante em que a *guide rope* ou qualquer outra corda à qual o balão estiver preso seja solta, e terminará quando a corda for segura por um homem postado no parque.

Permita-me, senhor presidente, exprimir minha surpresa quanto a essas mudanças. Recuso-me a acreditar que em meio ao período de competição o Comitê de Aerostação do Aeroclube queira acrescentar mais dificuldades à prova, a qual já apresenta muitas, como demonstrei arriscando minha vida.

O texto original das regras vigentes até este dia determinava que o aeronauta deveria retornar e não que "deveria pousar no seu ponto de partida". Esse texto liberal inspirado por um desejo sincero de ver os aeronautas realizarem a competição foi adotado pelo comitê para amenizar as dificuldades impostas pelo percurso de ida e volta do Parc d'Aérostation à torre Eiffel em trinta minutos, agravadas pela obrigação de anunciar com 24 horas de antecedência a demonstração, sujeitando-se à incerteza do tempo.

Quando esse texto foi aprovado, era possível um balão dirigível voltar com a máxima velocidade da torre para o parque, apesar da dificuldade de atravessar o Sena, em razão de a corrente de ar úmida atrapalhar o equilíbrio do aeróstato. Com habilidade na direção, pode-se tentar se aproximar do parque pelo lado do aqueduto do Avre, não obstante o caminho estreito entre as árvores e as casas na margem, entre os cabos de telégrafo e de eletricidade, muito esticados, e entre as linhas dos bondes e dos trens.

Na opinião de todos os aeronautas a quem consultei, esse recurso foi invalidado pela construção do hangar do balão do sr. Deutsch, que, com 27 metros de altura e 60 metros de comprimento, impede o acesso ao parque de um dirigível em alta velocidade, na única parte possível, e na dependência das condições atmosféricas.

ASAS DA LOUCURA

Se o aeronauta estiver voando na velocidade máxima, será impossível descer no terreno acidentado do parque. Se ele avançar devagar, corre o risco de ser levado pelo vento ao longo das margens do Sena. Sei por experiência, já por duas vezes acidentei-me assim.

E é neste momento, logo após meu último acidente, que o Comitê de Aerostação do Aeroclube deseja impor-me a obrigação adicional de descer num terreno onde as impossibilidades se avolumam, desde que escavadeiras abrem grandes valas lá. Meus operários já correram riscos nessas valas durante as manobras de partida. Pedir-lhes que segurem a *guide rope* quando eu estiver sobrevoando o local de descida os exporia a perigos que estariam dispostos a correr por devoção a mim.

Além disso, nas corridas de cavalos o cronometrista marca o tempo no instante em que o jóquei passa a linha de partida, e não quando ao final da corrida estende as rédeas para os cavalariços. Por que os aeronautas conduzindo um balão, cujo volume em movimento representa uma enorme força de tração, devem ser obrigados a ter a corda presa ao passar e parar abruptamente na linha de chegada?

O texto original dos regulamentos é o único admissível no momento atual da ciência da aeronáutica. Eu o aceito e me atenho a ele, deixando a cargo de pessoas mais irrefletidas a tarefa de decretar condições mais difíceis e de levá-las adiante. Se, portanto, conseguir preencher as condições do Grande Prêmio no tempo especificado, passarei simplesmente em cima do parque para marcar meu retorno de acordo com a regra à qual aderi, e se minha *guide rope* tocar o solo neste instante, proibirei de antemão qualquer operário de parar a aeronave, reservando-me o tempo para retornar e pousar em qualquer lugar que me agrade.

Em 1899, antes da criação do Grande Prêmio, fiz evoluções em torno da torre Eiffel no meu terceiro dirigível. Desde então continuei a fazê-las sem me preocupar com as condições extremamente arbitrárias da competição e prosseguirei, metodicamente, os experimentos até o final da minha vida.

Não obstante, como até agora o fiz, me dedicarei ao máximo para obter a aprovação oficial da Comissão do Aeroclube. Espero contar com algumas poucas testemunhas imparciais para comprovar o fato.

Na ausência do apoio oficial, satisfaço-me com o da imprensa, cuja ajuda é muito valiosa para o progresso da aeronáutica. Apesar de tudo, se o Grande Prêmio não me for concedido, presumindo que tenha preenchido as condições, lamentarei o fato ainda mais porque nunca pensei em receber o dinheiro. Assim como renunciei aos juros — 4 mil francos — ano passado para que o aeroclube criasse um novo prêmio, já abri mão, por antecipação, da quantia de 100 mil francos, que será repartida metade para os pobres de Paris e a outra metade entre os homens desinteressados que me testemunharam um devotamento que lhes causou, às vezes, sofrimentos.

Espero que, no interesse dos pobres de Paris e dos homens que me ajudaram, o Comitê de Aerostação revogue sua decisão e permita-me ter uma possibilidade de ganhar, para eles, os 100 mil francos.

Seja como for, meu balão estará em condições adequadas no final da semana e espero poder continuar minhas experiências no próximo domingo.[11]

O aeroclube ignorou a carta, e Santos Dumont redobrou os esforços para aperfeiçoar o Nº 6. O balão estava sem condições de ser usado desde 6 de setembro, quando resvalou sobre o telhado de uma casa depois que a *guide rope* emaranhou-se nos cabos telegráficos. Embora as telhas tenham ficado intactas, a aeronave danificou-se, o leme de 6,5 metros quadrados quebrou e a seda rasgou-se. Na manhã do dia 19 de setembro, Santos Dumont ascendeu de novo no Nº 6, que acabara de ser consertado. O céu estava calmo, mas enevoado. Se tentasse subir acima do denso nevoeiro, temia que, assim que emergisse, a súbita exposição ao calor do sol aqueceria e expandiria o hidrogênio rapidamente, lançando o balão a uma altura muito mais elevada. Para conseguir controlar de novo a aeronave, seria forçado a liberar hidrogênio, o que não queria fazer num estágio inicial do voo; mais tarde poderia se arrepender de não ter gás suficiente. Então decidiu voar em meio ao nevoeiro a 50 metros de altitude. A princípio, o voo parecia auspicioso, porém, logo que chegou a Longchamp, o motor, sempre caprichoso, começou a falhar. Enquanto esperava o motor se recuperar, fez círculos fechados sobre a pista de corridas, cujo centro gramado seria um excelente local de pouso numa emergência. Mas fez uma volta muito brusca e arremessou-se contra umas árvores. Mais uma vez o balão rasgou-se e o hidrogênio escapou. Ele

ASAS DA LOUCURA 113

teve sorte de não ter caído de uma altura maior. "O chassi que sustentava o peso do motor quebrou assim que tocou a terra", o *Herald* noticiou, "mas o aeronauta, sem dúvida protegido pela medalha de São Benedito... permanecia de pé na cesta, ileso, no meio de lascas de madeira, pedaços de seda rasgada, e ferros e cabos retorcidos."[12]

Em todos os acidentes anteriores, a violência do vento tivera um papel importante, porém não desta vez. Pela primeira vez, o acidente fora causado unicamente pela imperícia do piloto. Seus admiradores tentaram comentar o fato sob uma luz mais favorável. Emmanuel Aimé falou para a imprensa em sua defesa:

> Em aeronáutica, confirma-se o antigo ditado: "Mais vale a experiência que o conhecimento científico." Os inventores que se contentam com a chamada "aerostação teórica" não têm a menor ideia das dificuldades da "aerostação no ar". O sr. Santos Dumont tem o grande mérito de buscar, em seus repetidos esforços, informações de que seus seguidores — os quais esperamos que sejam numerosos — se beneficiarão sem problemas ou despesas.[13]

Santos Dumont não se incomodou com o que os jornais delicadamente chamaram "erro de dirigibilidade em um momento de desatenção do aeronauta".

> Encarei sempre com muita filosofia os acidentes desse gênero: vejo neles uma espécie de garantia contra outros mais terríveis.
>
> Se tivesse um conselho a dar aos que praticam o dirigível, diria: "Permanecei perto da terra." O lugar duma aeronave não é nas grandes altitudes. Mais vale fisgar-se nos galhos das árvores... que expor-se aos perigos das regiões elevadas sem a menor vantagem prática.[14]

O aeroclube ainda não tinha voltado atrás na decisão de mudar os regulamentos no último momento, mas a opinião pública mantinha-se inabalável a favor do aeronauta. As notícias sobre o impasse espalharam-se a outras regiões do mundo. "Devemos nos compadecer do sr. Santos Dumont", observou a *Rangoon Gazette*:

> Depois de seis tentativas e da construção de três balões para demonstrar a dirigibilidade das aeronaves, o aeroclube quer estragar seus planos. Ele é brasileiro, não se naturalizará francês, e nunca escondeu sua admiração pela Inglaterra. Ele está concorrendo ao prêmio de 100 mil francos oferecido por um alemão afrancesado a qualquer aeronauta que, saindo do parque de St. Cloud, circundar a torre Eiffel e retornar ao parque. [...] Santos já realizou este feito, mas uma maioria lesiva de juízes tem ciúmes de um brasileiro arrebatar a glória da França. Eles estipularam uma nova condição, a de que o balão deve voltar para o "pátio" do aeroclube, um terreno muito acidentado que pode destruir a aeronave.[15]

Com a mudança ou não do regulamento, Santos Dumont estava preparado para concorrer de novo ao prêmio. Consertou o motor depois de concluir que seu comportamento instável provinha do fato de que, por ser na essência um motor de automóvel, não estava projetado para funcionar de acordo com as oscilações de uma aeronave. Alterou a configuração do carburador, para que em qualquer posição o motor mantivesse o nível de petróleo. Além disso, o óleo agora estava distribuído em quatro contêineres em vez de um, de modo a manter o motor sempre lubrificado em qualquer ângulo. Mudou o lugar do balonete interno de uma extremidade do invólucro externo para o centro, de onde poderia conservar por igual e com mais eficácia a rigidez do balão. E substituiu as minúsculas válvulas, que falharam de modo tão espetacular dois meses antes, pelas válvulas mais precisas que encontrou.

No dia 10 de outubro, à tarde, levou o Nº 6 com o motor reconstituído para um passeio rápido em Longchamp. Apesar do vento contrário, ele manobrou o balão sobre a pista de corridas durante mais de uma hora em diversas direções "com perfeita docilidade",[16] sob os olhos atentos da condessa d'Eu e de outros dignitários convidados. Às 15 horas, aterrissou diante do seu local preferido para almoçar, o restaurante La Grande Cascade, onde ofereceu à condessa e ao seu marido um rápido drinque. (O restaurante ainda existe nos dias de hoje, com o mesmo mobiliário ao estilo Napoleão III da época de sua inauguração, em 1865.) Quinze minutos mais tarde, Santos Dumont abriu caminho em meio à multidão bem-comportada que se reunira para admirar o Nº 6 estacionado como uma longa carruagem na frente do restaurante. Voltou para Longchamp e, ao atravessar o Sena a uma altura de cerca de 200 metros, avistou o Parc d'Aérostation. Numa mudança brusca de direção, rumou para lá, e a aeronave, após tocar de leve um cabo telegráfico na extremidade oeste do parque, sobrevoou o espaço estreito entre o hangar de seu balão e o de Deutsch. Depois, começou a "mover-se em círculos", disse Aimé, "como uma águia prestes a atacar a presa. Em um dado momento, temeu-se um desastre, pois ele passou a 2 metros do hangar do sr. Deutsch, que bloqueia a entrada ao sul do parque. Mas ele escapou do perigo com uma manobra ousada, que o conduziu ao seu hangar, no qual entrou sem esperar a chegada dos operários",[17] que o seguiam num automóvel em "alta velocidade" .

Na semana seguinte, Santos Dumont avisou ao aeroclube que concorreria ao prêmio todos os dias, mesmo que não tivesse intenção de voar com tanta frequência. O clube desaprovou o comunicado, mas Santos Dumont sentiu que não tinha muita escolha. Os regulamentos do prêmio requeriam uma notificação com 24 horas de antecedência, mas ele sabia que não poderia prever o tempo um dia antes da prova. E então convocou o júri diariamente na esperança de que, em algum momento, as condições climáticas fossem favoráveis. No entanto, pelo menos não marcava mais ascensões na hora do duelista. Depois de uma semana de tentativas frustradas, a multidão diante do hangar se dispersou. No sábado, 19 de outubro, apenas cinco dos 25 membros da comissão científica — Henry Deutsch, o conde Albert de Dion, Wilfrid de Fonvielle, Georges Besançon e Emmanuel Aimé — compareceram no horário civilizado das 14 horas. Santos Dumont consultou por telefone o Serviço Central Meteorológico e soube que o vento na plataforma superior da torre Eiffel vinha do sudoeste, numa velocidade de 21,7 quilômetros por hora. Decidiu ascender no mesmo instante, na presença de menos de uma dúzia de espectadores. Partiu às 14h29, mas na pressa de preparar o balão colocara muito lastro. Ao sair do parque, a *guide rope* demasiadamente pesada enrolou-se numa árvore, e ele foi forçado a aterrissar para soltar a corda. A visão do balão, por pessoas que passeavam à tarde ao longo do Sena e no Bois de Boulogne, atraiu uma enorme multidão a Longchamp.

Às 14h42, ele partiu, ascendendo a 228 metros, e dirigiu-se diretamente para a torre Eiffel. O único problema no voo ocorreu ao atravessar o Sena. "Quando a aeronave chegou bem em cima do rio, foi pega de súbito por uma corrente circular de vento e deu uma guinada violenta de sotavento.

116   PAUL HOFFMAN

Com uma rápida manobra no leme e aumentando a velocidade do motor pude retificar o curso de imediato."[18] A banda do 24º Regimento marchava na Champs-Élysées saudando a visita do rei da Grécia e de quinhentos outros dignitários quando alguém gritou "Santos Dumont!", apontando para o céu. Os membros da banda soltaram os instrumentos e se juntaram, nas palavras do *Herald*, "à correria desabalada de pessoas a pé, de táxis, automóveis e ciclistas em direção ao Campo de Marte".[19] Cinco mil pessoas chegaram aos jardins do Trocadéro justo no momento em que a aeronave, ajudada por um vento favorável de 29 quilômetros por hora, contornou o para-raios da torre, a uma distância arriscada de uns 12 metros. Quando o cronometrista da torre anunciou que Santos Dumont fizera essa parte do percurso em oito minutos e 45 segundos, "muitas pessoas dançaram de alegria, estranhos se cumprimentaram e se congratularam como se fosse um dia de júbilo nacional".

Na volta, o vento em sentido oposto, a 32 quilômetros por hora, balançou a aeronave, diminuindo sua velocidade, mas o Nº 6 ainda se mantinha veloz, dirigindo-se diretamente para Saint-Cloud. Mas a meio quilômetro da torre, sobre o Bois de Boulogne, o motor começou a falhar, apesar do novo carburador e do sistema de lubrificação. Com o risco de desviar o rumo, Santos Dumont foi forçado a largar o leme para se ocupar do carburador e do manete da faísca elétrica, reiniciando o motor. Perdeu 20 preciosos segundos nessa operação. O balão sobrevoou o Campo de Marte, perto do Hôtel des Invalides e do túmulo de Napoleão. "Este era outro conquistador", mencionou entusiasmado um jornal londrino, "porém pacífico, um Napoleão do ar. Não é surpreendente que quando alguns raios de sol outonal apareceram as pessoas gritaram: 'O sol de Austerlitz!'"[20] Entretanto, para ganhar o prêmio, Santos Dumont precisaria domar seu caprichoso motor, que falhara de novo quando ele cruzou as fortificações que delimitam a cidade de Paris, mas ele o reiniciou com facilidade.

Uma terceira falha no motor foi mais grave. A aeronave caiu rapidamente quando o propulsor diminuiu a velocidade. Ao mesmo tempo que atirava fora uma quantidade considerável de lastro para parar a queda, Santos Dumont tentava consertar o motor. Ao restaurar o equilíbrio do balão, ele pôde concentrar-se a guiar o Nº 6 para o marco de chegada. "O restante da viagem foi inebriante", disse mais tarde. "Os quatro cilindros trabalhando

ASAS DA LOUCURA

bem, tudo estava sob controle, sentia-me prestes a colocar as mãos nos bolsos e deixar a aeronave seguir sozinha." Quando cruzou o Sena, olhou as pontes e a multidão nas margens. Ouviu os

> gritos arrebatados misturando-se numa grande ovação. Pensei que deveria ser um bom sinal, indicando que estava dentro do tempo previsto, mas sem relógio não poderia ter certeza. Quando avistei o parque, mudei o rumo movendo o peso para a frente, inclinando-me para baixo, porque não queria chegar numa altitude muito elevada. A aeronave obedeceu ao leme tão bem que passei exatamente no centro do terreno do aeroclube.[21]

Quando cruzou o ponto de partida, o cronometrista oficial marcou 29 minutos e quinze segundos. Outro minuto e 25 segundos se passaram enquanto Santos Dumont girou o balão e o levou de volta para o ponto de partida, onde seus operários agarraram a *guide rope* e a puxaram. Quando a cestinha chegou a uma altura em que sua voz poderia ser ouvida em meio aos aplausos, ele gritou: "Ganhei?"[22]

Centenas de espectadores responderam em uníssono "Sim! Sim!", e aglomeraram-se em torno da aeronave. Jogaram-lhe pétalas de flores, que rodopiavam como confetes. Homens e mulheres choravam. A condessa d'Eu ajoelhou-se, levantou as mãos para o céu e agradeceu a Deus por ter protegido seu amigo e compatriota. A amiga da condessa, a esposa de John D. Rockefeller, gritava como uma colegial. Um estranho presenteou Santos Dumont com um pequeno coelho branco, e outro estendeu-lhe uma xícara fumegante de café brasileiro.

Santos Dumont sorria para todos quando um semblante melancólico se aproximou dele. O conde Albert de Dion não conseguiu encará-lo ao lhe estender a mão. "Meu amigo", disse, "você perdeu o prêmio por quarenta segundos."[23] Dion lembrou-lhe de que os novos regulamentos prescreviam que a prova não se encerraria apenas com a chegada ao ponto de partida, mas só depois que os homens segurassem a *guide rope*. "Que absurdo!", a multidão protestou. Dion repetiu o pronunciamento que Santos Dumont não vencera. "Esta é uma decisão da comissão de acordo com os regulamentos da prova", disse. Santos Dumont ofereceu-se para repetir o voo no mesmo instante, mas a multidão não permitiu. "Você não precisa provar nada", gritavam. "Você venceu! Você venceu!"

De pé na cesta, ele dirigiu-se aos espectadores. "Quanto ao prêmio, pouco me importa ganhá-lo. Os pobres é que serão os perdedores." Alguns punhos agitaram-se no ar. Como os ricos proprietários de carros que dirigiam o aeroclube ousavam, por puro capricho, privar os indigentes da cidade do que lhes era devido! Deutsch, que mudava de lado tão fácil como o vento, deu um passo à frente e reduziu momentaneamente a tensão. Abraçou Santos Dumont e declarou: "De minha parte, considero que você ganhou o prêmio!"[24] Enquanto a multidão aplaudia mais uma vez, Dion escapou sorrateiramente do Parc d'Aérostation. Deutsch, desabituado de ovações e encantado com elas, ofereceu dar 25 mil francos do seu próprio bolso aos pobres se a comissão não revertesse a decisão. Santos Dumont, no entanto, recusou a oferta. "Não vou trair os pobres por tão pouco", declarou. Os punhos levantaram-se de novo, cada vez mais e com mais ênfase.

Um repórter perguntou por que Santos Dumont ultrapassara o ponto de partida. Ele replicou:

> Eu poderia ter pousado, pois já o fiz cinquenta vezes. Avancei porque queria mostrar expressamente à comissão científica minha independência em relação aos regulamentos estapafúrdios e arbitrários instituídos há algumas semanas, quando se decidiu que eu deveria não só alcançar o ponto de partida como também aterrissar. Então hoje eu o ultrapassei do mesmo modo que um cavalo de corrida faz na pista.[25]

Mais que o sucesso, foi a provocação que enfureceu Dion e outros membros mais antigos do aeroclube. Sempre um camaleão, Deutsch admitiu que, apesar de Santos Dumont ter obtido uma "vitória moral", "não cumprira efetivamente os requisitos do prêmio".[26] Santos Dumont desistiu de argumentar e o estresse da prova — as quatro falhas do motor durante o voo — por fim o atingiu. Saiu da cesta, entrou no carro e foi para casa. "Quando o pequeno carro elétrico do sr. Santos Dumont surgiu na Champs-Élysées", noticiou o *Herald*, "foi seguido por centenas de bicicletas e automóveis, e fez um percurso triunfal ao longo da avenida. As pessoas nas calçadas,

ASAS DA LOUCURA

nos táxis, nas carruagens e nos ônibus acenavam com os chapéus e lenços aplaudindo-o... até que ele desapareceu no portão de sua residência."[27]

No domingo, enquanto Santos Dumont aguardava a decisão oficial do júri, Gustave Eiffel convidou-o a almoçar em seu pequeno apartamento no piso superior da torre. Embora Santos Dumont a tivesse contornado sete vezes em um balão nos últimos quatro anos, não a visitara desde sua primeira viagem a Paris, havia mais de uma década. Depois do almoço, o príncipe Roland Bonaparte, presidente da comissão científica, enviou-lhe um telegrama de congratulações.

> No que me concerne, você ganhou o prêmio. Não quero afetar de modo algum a decisão da comissão, mas julgo que o sr. Deutsch não deve pagar-lhe os 25 mil francos, pois ele lhe deve 100 mil francos. Felicito-o com efusão pelo nobre uso que você pretende dar ao dinheiro.[28]

Quando o texto do telegrama de Bonaparte foi publicado nos jornais, os quais dedicavam páginas à briga, Deutsch, sempre falastrão, declarou que esperava que a comissão lhe autorizasse a pagar a quantia de 100 mil francos a Santos Dumont. Deutsch poderia obtê-la de qualquer forma porque seu voto na reunião da comissão científica, que seria realizada dois dias depois, era secreto.

Antes teria parecido exagerado intitular as disputas internas do aeroclube "outro caso Dreyfus",[29] mas agora a descrição era mais apropriada. "O assunto mais apaixonante em Paris", noticiou o *Herald*, era se o aeroclube voltaria atrás na decisão.

> Até sentimentos políticos começaram a se manifestar. O sr. Rochefort e o sr. Drumont fizeram um violento ataque antissemita contra o sr. Deutsch, responsabilizando-o por impedir a concessão do prêmio, enquanto partidários do parque militar de balões, em Meudon, hostis a Santos Dumont desde o começo, continuaram, é claro, a lhe fazer oposição.

Para os franceses comuns, não havia dúvidas de que ele ganhara o prêmio Deutsch. "Santos, o grande nome da semana e do ano, um nome que os fios telegráficos já levaram para os quatro cantos do mundo, [é] o rei de Paris, e seu nome, que rima com os dos heróis populares Portos e Atos [dois dos três mosqueteiros], será ouvido até a saciedade",[30] publicou um jornal local. "Os alfaiates, os confeiteiros e os fabricantes de novos brinquedos irão imortalizá-lo."

"A última moda dos chapéus femininos em Paris era o véu Santos Dumont", relatou o jornal de Nova York, *Dry Goods Economist*. "Era enfeitado com pequenos apliques de veludo com a forma dos balões dirigíveis de Santos Dumont."[31]

O doce mais procurado nas ruas de Paris era o pão de mel com sua imagem. "Mesmo as crianças pequeninas balbuciavam, '*Un Santos, s'il vous plaît*', aos vendedores de bolos sob as árvores",[32] noticiou o *Herald*. "Contava-se uma história na qual um ex-presidente da França perguntou a um funcionário, 'Sou realmente popular?', e recebeu a seguinte resposta: 'Ainda não, senhor, não há biscoitinhos de gengibre com o seu rosto sendo vendidos na Champs-Élysées.'"

Os fabricantes de brinquedos mudaram os desenhos dos balões da noite para o dia. "É um sinal dos tempos que os balões de brinquedo distribuídos em muitas lojas de Paris tenham um formato diferente",[33] disse o *Herald*. "Antes eles eram esféricos, mas agora têm o formato de um charuto com o nome 'Santos Dumont' escrito em cores brilhantes." A miniatura de um dirigível era também um sucesso. A pequena aeronave podia voar enchendo-a com gás de carvão. Mas logo deixaram de fabricá-la porque os pais a consideraram perigosa. As lojas a substituíram por uma versão em miniatura do Nº 6 e venderam 20 mil peças em três meses. O brinquedo era vendido como se fosse uma máquina voadora de verdade, embora só voasse puxado no ar por um fio. "O fato de que não possa voar não afeta seu nome nem sua popularidade", comentou o *Denver Times*, e depois acrescentou com ironia: "Os impostores, portanto, devem também influir no sucesso da máquina de voar infantil, assim como o fazem com muitos assuntos dos adultos."[34]

Quando a comissão científica se reuniu, por fim, no dia 22 de outubro, terça-feira, sua decisão não agradou a ninguém. A comissão anunciou que estava adiando até novembro o julgamento sobre a atribuição do prêmio a Santos Dumont, mas nesse ínterim reabriria a competição. Se outro aeronauta voasse em torno da torre Eiffel antes do fim do mês, ele partilharia os 100 mil francos ou talvez os recebesse na íntegra. Antecipando uma

ASAS DA LOUCURA

decisão favorável, Santos Dumont pedira ao chefe de polícia para distribuir o dinheiro em seu nome aos pobres. Agora, milhares de pedintes aglomeravam-se diante do posto de polícia pedindo sua parte. Os parisienses ricos, temendo que um conflito de classes pudesse eclodir se a turba enfurecida atacasse suas mansões, fizeram grandes doações. Deutsch contribuiu com 25 mil francos (5 mil dólares) e um filantropo chamado Daniel Osiris, cuja família era proprietária do antigo castelo da imperatriz Josefina, ofereceu 100 mil francos a Santos Dumont caso o aeroclube não o considerasse vencedor da prova. Uma semana depois, no dia 4 de novembro, a comissão, pressionada pela opinião pública, concedeu por treze votos contra nove o prêmio a Santos Dumont.

Entretanto, a decisão fora muito tardia para apaziguá-lo. No mesmo instante, ele renunciou à sua afiliação ao aeroclube, agradeceu ao povo de Paris pelo apoio e anunciou que passaria o inverno em Monte Carlo, um lugar, segundo ele, onde as "autoridades" eram entusiastas da aerostação. Quanto ao dinheiro do prêmio, noticiou o *Le Vélo*, "a imprensa divulgou de tal modo a figura de Santos Dumont que quando ele foi ao banco Crédit Lyonnais com o cheque em seu nome, os funcionários não hesitaram em lhe dar cem notas de mil francos sem pedir qualquer identificação".[35] Por fim, ele deu 20 mil francos para seu leal defensor, Emmanuel Aimé, 30 mil para seus operários e 50 mil para os pobres. Pediu ao chefe de polícia que usasse a quantia para retirar das casas de penhores ferramentas e mobiliários cedidos como garantia, a fim de serem entregues aos seus donos.

"O povo de Paris precisa sempre de um herói, um ídolo de algum tipo, e, esta noite, o jovem aeronauta ocupa o pedestal", escreveu um jornalista britânico na véspera da distribuição do dinheiro do prêmio.

> Não se sabe o que mais admirar, se a esplêndida coragem desse jovem audaz do além-mar ou se o gênio inventivo que tornou essa proeza possível. Antes ele já era muito popular, mas agora o presente para seus fiéis assistentes e para os pobres elevou Santos Dumont ao pináculo da adoração do povo de Paris.[36]

Os amigos de Santos Dumont não o deixariam partir sem uma grande festa de despedida. Não parecia apropriado fazer um banquete restrito à clientela usual do Maxim's de nobres e playboys. Afinal de contas, foi o povo de Paris e não a nobreza que sempre o apoiou. O seu jantar de despedida, em 9 de novembro de 1901, no hotel Élysée Palace, foi aberto a qualquer pessoa que pagasse 20 francos. Seus amigos foram um pouco ingênuos ao pensar que só os ricos poderiam pagar essa quantia por uma refeição. Não obstante, as 120 pessoas que saborearam "um linguado etéreo, muito delicado e leve, sorvete do Brasil recebido com grandes aplausos e uma cesta de frutas com a imagem de Santos Dumont"[37] compunham um grupo eclético. "Príncipes e engenheiros mecânicos, ricos mecenas e cientistas aposentados, todos estavam reunidos ali", noticiou o *Daily Telegraph*, "sem outro pensamento que o de mostrar a admiração e a amizade pelo mais intrépido e modesto pioneiro da navegação aérea." Muitos membros do aeroclube se ausentaram, mas Deutsch compareceu. Compusera uma valsa para depois do jantar chamada "Santos", e orientou a orquestra napolitana como tocá-la. A música foi um sucesso, e Santos Dumont bateu palmas entusiasticamente. A orquestra também tocou uma alegre interpretação de outra composição aeronáutica de Deutsch, "A marcha de Montgolfier". A princesa Isabel enviou um gigantesco arranjo de crisântemos com o formato do Nº 6 e com as cores da bandeira brasileira para a mesa do aeronauta. Gustave Eiffel presenteou-o com uma medalha de ouro com sua imagem gravada contornando sua torre. O pintor Balaceano fez uma grande aquarela de Santos Dumont flutuando no espaço no Nº 6 e esvaziando sacos de lastro cheios de notas de mil francos. Acendiam-se charutos em toda a sala do banquete. Depois de algumas baforadas, os convidados começaram a aproximá-los perigosamente das toalhas de linho, lembrando com uma provocação zombeteira a advertência que Santos Dumont recebera de que as faíscas do motor a petróleo explodiriam seu balão.

Antes de partir para a Riviera, Santos Dumont foi a Londres. O aeroclube do Reino Unido acabara de ser fundado por C. S. Rolls e outros pioneiros da aeronáutica britânica, inspirados pelo sucesso do brasileiro. Santos Dumont foi nomeado sócio-fundador honorário do clube e realizou-se um jantar de congratulações no dia 25 de novembro, nos salões Whitehall do hotel Metropole. Sabendo do pendor de seu convidado por comidas refinadas, os membros do clube preocuparam-se com o cardápio e escolheram nove pratos inspirados em sua comida favorita: filé de linguado Entre os queijos

ASAS DA LOUCURA

e os biscoitos, o coronel Templer, diretor do programa militar de balonismo do Reino Unido, brindou Santos Dumont e confessou que ele e seus colegas militares balonistas haviam pensado que o vento era forte demais para que ele conseguisse contornar a torre Eiffel. Surpreenderam-se, disse, não só ao vê-lo circulá-la como ainda realizar a prova no tempo previsto. "Quando o sr. Santos Dumont levantou-se para responder", reportou o *Daily Messenger*, "todos os convidados o aplaudiram calorosamente, desmentindo o caráter fleumático atribuído aos ingleses.[38] As pessoas acenavam com os guardanapos e, por alguns minutos, houve uma tempestade de aplausos. Depois, nos salões, ouviu-se: 'Ao nosso simpático e jovial amigo.'" E isso foi antes de Santos Dumont fazer um brinde "à nação britânica, a qual, depois de ganhar o império dos mares, aspira ao império do ar".[39]

Os membros mais importantes da imprensa britânica compareceram ao jantar para entrevistar o mais famoso aeronauta do mundo. As opiniões se dividiam se ele se parecia com um piloto intrépido. O repórter do *Daily News* pensava que sim:

> Se alguém pudesse criar um aeronauta, ele o faria à imagem do sr. Santos Dumont — mais baixo que a estatura média, franzino, mas vigoroso e cheio de energia. Caso esse homem caísse com seu balão, poder-se-ia imaginar, com facilidade, que se machucaria menos que outros. Porém, apesar de falar nossa língua com fluência, não o tomaríamos por um conterrâneo; seu cabelo negro-azeviche, os olhos escuros e a pele morena fazem justiça à sua terra natal.[40]

Já o *Brighton Standard* o descreveu de modo oposto:

> Santos Dumont é a última pessoa do mundo a qual pensaríamos como o homem destemido e imprudente, que enfrentou a morte tantas vezes na busca da descoberta científica. É bem mais baixo que a estatura normal, magro e com um aspecto quase infantil: com seu rosto pueril — longo, estreito, cabelos pretos repartidos ao meio —, parece uma versão brasileira de Phil May [cartunista inglês do jornal *Punch* de Londres, falecido em 1903]. E é muito tranquilo. Ao vê-lo discutir sobre balonismo como qualquer um pode falar do tempo, é quase impossível constatar que se está diante de um

homem cujo nome e cuja fama o fizeram imortal; mas apenas pela sua exposição repetidas vezes à morte de uma forma horrível.[41]

Os jornalistas aproveitaram o jantar para questioná-lo sobre seus experimentos. Um deles, que não conhecia bem a história de seus voos, perguntou-lhe se havia tido outros acidentes além do hotel Trocadéro. Ele riu:

> Sim, tive muitos acidentes úteis. Todos me ensinaram algo, mas nunca me feri, exceto uma vez. Foi em Nice. Meu rosto ficou arranhado, mas não se vê mais nenhuma marca. Eu fui — como vocês dizem *trainé*? — arrastado? Sim, eu fui arrastado na terra. Assim que o balão começou a subir, um vendaval o atingiu.[42]

Era verdade, mas ele floreou o perigo acrescentando um detalhe ficcional, que torpedeiros foram enviados para atirar no balão, porém não o fizeram porque ele não foi carregado para o mar. "Caí na terra", continuou, "e fui arrastado pela força do balão até que ele explodiu contra uma árvore." O jornalista perguntou-lhe também se tinha outro objetivo ao vir a Londres, além do jantar em sua homenagem.

> Sim, vim também para ver se poderia fazer algumas experiências com balões aqui. [...] Talvez seja menos perigoso que em Paris, porque as casas são mais baixas. Contudo, há um perigo. Vi muitos fios em toda a cidade. Não existe nenhum em Paris, e os fios podem cortar um balão. No entanto, espero fazer alguns experimentos aqui no próximo ano, quem sabe? O clima de Londres? Ah, conheço-o bem.[43]

Todos riram e, antes de acabar o jantar, havia rumores de que ele planejava voar em torno da catedral de St. Paul. Ele não disse nada que desencorajasse as especulações e, quando voltou para a França poucos dias depois, os ingleses estavam convencidos de que na primavera Santos Dumont mudaria as instalações de seus balões para Londres.

8

"Os exércitos
se transformam em pilhéria"

Como consequência do sucesso de Santos Dumont, escritores e cientistas começaram a especular sobre o futuro das aeronaves. A maioria dos prognósticos enfocava a possibilidade da viagem aérea. "Não é mais um absurdo imaginar que as máquinas voadoras poderão competir com carros elétricos e metrôs para aliviar o tráfego das grandes cidades", declarou a *Westminster Gazette*. "As pessoas nervosas irão naturalmente pensar nos possíveis terrores de desastres e colisões no ar; mas a necessidade de progresso é indulgente com as invenções, e os trens aéreos do futuro terão paraquedas para essas contingências."[1]

No início do século XX, poucas pessoas previram que as máquinas voadoras seriam usadas como armas defensivas. Na realidade, a maioria dos aeronautas não se preocupou com essa questão. Desde os primórdios da aerostação, diversos militares se interessaram pelos balões, não como armamento, mas como observadores aéreos. Em 1794, apenas uma década depois da demonstração do balão de ar quente dos irmãos Montgolfier, o governo revolucionário francês criou um destacamento de *aérostiers* para servir de apoio à infantaria. Logo depois, os estrategistas militares britânicos e norte-americanos seguiram os passos dos franceses, incorporando balonistas a seus exércitos. Durante a Guerra de Secessão, as facções rivais utilizaram balões de reconhecimento para localizar posições inimigas e

126 PAUL HOFFMAN

verificar os danos causados pelas batalhas. Na Guerra Franco-Prussiana, em 1870, muitos parisienses fugiram em balões de sua cidade sitiada.

Nos séculos XVIII e XIX, alguns balonistas se ofereceram em diversas ocasiões como voluntários para carregar armamentos, porém as autoridades militares rejeitaram a oferta com um bom argumento: os balões livres, sem os recursos de dirigibilidade e da força do motor, eram difíceis de se utilizar com o propósito de reconhecimento aéreo, ainda mais se tivessem que manobrar sobre alvos potenciais. Em 1793, os Montgolfier, num esforço para ajudar o governo revolucionário francês, ofereceram-se para jogar explosivos na cidade rebelde de Toulon. Em 1846, durante a guerra entre os Estados Unidos e o México, o balonista de St. Louis, John Wise, enviou ao Ministério da Guerra planos detalhados para expulsar o Exército mexicano do castelo de San Juan d'Ulloa, em Vera Cruz. Ele propunha jogar 9 toneladas de bombas de um balão voando a uma altura além do alcance das armas de fogo, a 1,5 quilômetro acima do castelo. Amarrado a um navio de guerra por um cabo de 8 quilômetros, o balão seria resgatado depois de descarregar sua carga. Mas os militares, segundo Wise, "tinham ideias muito conservadoras e não deram a consideração merecida à proposta".[2]

Os estrategistas militares austríacos, por outro lado, eram mais progressistas e, em 1849, autorizaram o primeiro ataque aéreo da história mundial. Eles instruíram uma esquadra de 124 balões, sob o comando do tenente Franz Uchatius, a jogar bombas rudimentares — pequenos contêineres de ferro cheios de pólvora — na cidade rebelde de Veneza. Mas não houve mortos e provavelmente nenhum dano, pois todas as bombas, menos uma, caíram na água, e a bomba que atingiu a cidade explodiu no ar acima do Lido. Depois da experiência malograda em Veneza, nenhum exército se dispôs a usar balões como armas ofensivas até o século XX.

Santos Dumont, embora convencido de que os balões a motor seriam muito úteis em época de paz, não era avesso à ideia de usá-los como armas defensivas. Nas suas primeiras ascensões, percebeu como a água do mar próxima à costa era transparente vista do ar. Constatou, então, que os balões poderiam ser eficazes para detectar a aproximação de submarinos e jogar explosivos neles, caso não recuassem. Em 1900, propôs esse projeto ao Exército francês, que não se interessou.

ASAS DA LOUCURA

Entre os primeiros campeões das máquinas mais pesadas que o ar, Samuel Langley foi um dos poucos que pensaram em seu uso como armas ofensivas. Em 1896, depois do sucesso com os Aeródromos não tripulados, ele acreditava que a era da aviação era iminente, e argumentava que equipar aviões com armas e bombas promoveria, na verdade, a causa da paz. O avião, dizia Langley:

> mudará todos os aspectos da guerra, uma vez que os dois oponentes teriam todos os seus movimentos controlados pelo outro, nenhuma linha fortificada afastaria o inimigo, e as dificuldades de defender um país contra um ataque aéreo inimigo seriam de tal ordem que apressariam o advento da paz.[3]

Langley era convincente. A máquina voadora "transformará os exércitos numa pilhéria", concordava Alexander Graham Bell, "e nosso navio de guerra que custou 4 milhões de dólares, um traste inútil".[4] Os editorialistas em todo o país começaram a refletir sobre as ideias de Langley. O *Leslie's Weekly* publicou em 28 de julho de 1896 um ensaio típico:

> Em todas as grandes guerras até então travadas, havia pouco ou nenhum perigo para os comandantes e generais. Ainda menos para os reis, presidentes, ou senadores e congressistas sedentos de sangue que declaravam a guerra. Um rei podia ficar em seu palácio e ordenar a seus súditos a se submeterem ao massacre e à carnificina do campo de batalha sem correr nenhum risco; parlamentares podem sentar em suas confortáveis cadeiras de couro e aprovar impostos para contratar uma multidão de pobres-diabos, a 16 dólares por mês, para lutar e serem mortos; em resumo, aqueles que promovem as guerras e os conflitos estão a salvo do perigo. As convenções de arbitragem e as medidas propostas por congressistas pacifistas continuarão a ser promulgadas até o dia do Juízo Final. Mas o [Aeródromo] ameaça mudar toda essa configuração. Supondo que seria possível a um navio de guerra estrangeiro, navegando a 200 ou 300 milhas de nossa costa, enviar um Aeródromo carregado com cerca de uma tonelada de nitroglicerina à cidade de Washington. Haveria então muitos chauvinistas dispostos a mergulhar o país

numa guerra tola e fútil com a Inglaterra? Diante de tal perigo, restaria algum chauvinista ou congressista em Washington? Será que a caça aos patos selvagens ou os cortejos fúnebres passariam a ter encantos irresistíveis? Creio que até mesmo a ambição insana e nociva dos kaiseres e tsares possa ser controlada.[5]

Embora Langley tivesse sido o primeiro a declarar que a mera existência de aviões militares poderia impedir a eclosão de guerras, ele não foi o primeiro a argumentar que o desenvolvimento de uma nova arma traria paz à terra. Aqueles que inventaram as metralhadoras e os explosivos de alta potência pensavam da mesma forma.

Richard Jordan Gatling,[6] construtor da primeira metralhadora eficiente, foi criado numa fazenda em Money's Neck, na Carolina do Norte. Nos anos 1830, ele inventou uma série de máquinas automáticas para plantar algodão, arroz e trigo. Uma epidemia de varíola nos anos 1840 persuadiu-o a estudar medicina — ele queria salvar a humanidade dos flagelos. Concluiu a escola de medicina, mas, por questões obscuras, nunca se dedicou à profissão. Em vez disso, estabeleceu-se em Indiana e voltou a desenvolver tecnologias na área agrícola. Durante a Guerra de Secessão, empregou suas habilidades técnicas para a fabricação de armamentos e inventou a metralhadora Gatling, acionada a manivela, que podia disparar 200 projéteis por minuto. Sua motivação, dizia, era a de salvar vidas. "Pode ser interessante que saibam como inventei a arma de fogo que tem meu nome", escreveu mais tarde.

Em 1861, durante os acontecimentos iniciais da guerra […] testemunhei quase todos os dias a partida de tropas para o campo de batalha e o retorno dos feridos, doentes ou mortos. Muitos haviam perdido a vida não nos combates, mas em razão de enfermidades provocadas pelas condições dos campos de batalha. Ocorreu-me que se pudesse inventar uma máquina — uma arma de fogo — que em virtude da rapidez de disparo faria um só homem ter a capacidade de cem soldados, e que isso em grande escala aboliria a necessidade de grandes exércitos e, por conseguinte, a exposição ao combate e à doença diminuiria consideravelmente.[7]

ASAS DA LOUCURA 129

Ele considerava a arma de fogo um instrumento de defesa e imaginava que um único soldado equipado com uma metralhadora extremamente potente deteria todo um exército que se aproximasse. Comentaristas atuais classificam Gatling de hipócrita — ele na verdade tinha um caráter ambíguo: ao mesmo tempo que oferecia suas armas a Abraham Lincoln, associava-se a uma sociedade secreta de sabotadores confederados —, mas suas palavras têm de ser apreciadas no contexto da época.

No livro *Social History of the Machine Gun*, John Ellis observou que, no século XIX, os militares europeus e norte-americanos consideravam a guerra uma atividade digna, na qual soldados podiam mostrar sua bravura. Opondo-se à tendência da Revolução Industrial, em que a máquina era vista como uma resposta para tudo, os militares rejeitavam a ideia de utilizar armas mecânicas. "A grande maioria desses oficiais pertencia à classe de proprietários rurais que a Revolução Industrial havia relegado a um segundo plano", escreveu Ellis. "Eles tentavam fazer do exército o último bastião de um estilo de vida que caracterizara o mundo pré-industrial." Para eles, a estocada da baioneta e o ataque da cavalaria eram momentos supremos da batalha, momentos que corporificavam "suas antigas crenças no papel vital do homem e na determinação da coragem pessoal". Mesmo em 1914, ainda se hesitava entre o rifle e a baioneta.

> O comportamento de certos comandantes durante manobras militares pouco antes da Primeira Guerra Mundial resume com perfeição sua postura em relação às novas armas automáticas. Ao serem perguntados por jovens subalternos ciosos de suas tarefas sobre o que deveriam fazer com as metralhadoras, respondiam: "Levem essas porcarias para um canto e as escondam."[8]

Quando a guerra começou, deu-se início à corrida armamentista e todos rapidamente se muniram de estoques de metralhadoras, porém havia ainda oficiais que se iludiam pensando que o antigo estilo de guerrear não acabara. Até 1926, o marechal de campo inglês Douglas Haig dizia que "aeroplanos e tanques [...] são meros acessórios para o homem e o cavalo, e tenho certeza de que com o passar do tempo acharemos tanta utilidade no cavalo [...] quanto já fizemos no passado".[9]

A relutância dos generais europeus antes da Primeira Guerra Mundial em utilizar as metralhadoras aplicava-se só a batalhas em seu próprio continente. Quando os impérios pretendiam expandir seus territórios na África, eles não tinham escrúpulos em usá-las para matar um grande número de nativos que resistiam à invasão. "Sem o recurso das metralhadoras", Ellis concluiu, "a Companhia Britânica da África do Sul poderia ter perdido a Rodésia; Lugard poderia ter sido rechaçado de Uganda e os alemães, de Tanganica".[10] Quando os generais na Primeira Guerra Mundial tiveram ressalvas em adotar as metralhadoras, eles o fizeram em razão de sua eficácia para o extermínio em massa.

A metralhadora realmente detinha conflitos, embora não em campos de batalha como imaginara Gatling, mas em domínios inesperados, como locais de trabalho. Para desencorajar operários que poderiam protestar contra suas condições de trabalho, as companhias de mineração norte-americanas colocavam guardas armados com metralhadoras em lugares visíveis. A Guarda Nacional as utilizava também quando era chamada a intervir em disputas trabalhistas. No início, foi esse mercado doméstico que enriqueceu Gatling.

Alfred Bernhard Nobel inventou a dinamite em 1867, cinco anos depois da invenção da metralhadora.[11] Os arquitetos da época da Revolução Industrial precisavam de explosivos de alta potência para construir estradas, canais e minas. Nobel conseguiu abastecê-los e acumulou uma enorme fortuna com a produção de 11 toneladas em 1867, atingindo o montante de 66,5 mil toneladas em 1897. A dinamite foi imprescindível para a construção do canal de Suez. Ele também vendeu explosivos para os militares, mas acreditava que seu poder de destruição serviria em última instância como um meio de repressão às guerras. Sua confidente e antiga secretária, a baronesa Bertha Sophie Felicita von Suttner, foi uma pacifista de fama internacional. Seu romance aclamado pela crítica, *Die Waffen Nieder!* (Abaixem suas armas!), conclamava as mães a não enviarem os filhos para a guerra. O romance impressionou Leon Tolstói e ele lhe escreveu: "A abolição da escravatura foi precedida por um famoso livro escrito por uma mulher, senhora Beecher Stowe. Que Deus permita que o fim das guerras possa inspirar-se no seu."[12]

Von Suttner, que organizava conferências internacionais em favor da paz, tinha dificuldade em convencer Nobel dos méritos de sua causa. "Talvez minhas fábricas cessem as guerras mais cedo que seus congressistas", disse-lhe.

ASAS DA LOUCURA 131

"No momento em que dois exércitos possam se aniquilar em um segundo, todas as nações civilizadas recuarão horrorizadas e dispersarão suas tropas."[13] Se ele conseguisse inventar um explosivo ainda mais possante, a paz reinaria no mundo. Pode-se pensar que a visão de Nobel era um mecanismo de autodefesa para apaziguar uma consciência culpada, mas seu biógrafo, Nicholas Halasz, observou que muitos de seus contemporâneos compartilhavam de tal crença. Von Suttner também tentou convencer Theodor Herzl, o fundador do sionismo, a apoiar suas conferências, e ele escreveu em seu diário: "O homem que descobrir um poderoso explosivo contribuirá mais para a paz que milhares de apóstolos conciliatórios."[14]

Em abril de 1888, Nobel teve uma experiência desconcertante ao ler o próprio obituário. Seu irmão Ludwig morrera no dia 12 desse mês, e os jornais confundiram os dois. Nobel não gostava que o descrevessem como "um mercador da morte", que se tornara multimilionário por ter inventado um explosivo após outro, cada um mais devastador que o precedente. O obituário prematuro, aliado ao discurso gentil mas persistente de Von Suttner, mudou sua concepção. Estava velho e doente, e sabia que não lhe restava muito tempo para dispor de seu legado. Queria ser reconhecido como um homem que promovera o progresso no mundo e, então, tornou-se um mecenas da descoberta científica. Ele era amigo de Salomon August Andrée, que trabalhava num escritório de patentes em Estocolmo e que o ajudara a salvaguardar a precedência de seus explosivos. Andrée pretendia fazer a primeira expedição ao polo Norte, mas precisava de recursos financeiros substanciais. Nobel deu-lhe metade do dinheiro e persuadiu o rei da Suécia a financiar o restante. "Se Andrée conseguir seu objetivo," disse Nobel, "mesmo que ele o alcance pela metade, isso será um dos sucessos que impulsionam a mente e fomentam a criação de novas ideias e reformas".[15] Nobel morreu em 10 de dezembro de 1896, sete meses antes de Andrée partir para o Círculo Polar Ártico e morrer congelado, sem atingir nem metade de sua meta.

Quando o testamento de Nobel foi aberto, seus sobrinhos (ele não tinha descendentes diretos) surpreenderam-se. Começava com um pedido peculiar, exprimindo seu medo de longa data de ser enterrado vivo: "É meu desejo expresso e minha injunção que minhas veias sejam abertas após minha morte; depois que isso for feito, e médicos competentes atestarem sinais definitivos de morte, meu corpo deverá ser cremado."[16] Durante a

PAUL HOFFMAN

leitura, os sobrinhos souberam que eles e duas amigas de Nobel não herdariam nada. Ele deixara toda a fortuna de 33 milhões de coroas suecas para ser distribuída em prêmios anuais "àqueles que no ano precedente tenham realizado grandes benefícios para a humanidade" nos campos da física, química, medicina/fisiologia, literatura e, o mais importante, na promoção da paz mundial. Para tristeza de seus conterrâneos suecos, Nobel estipulou que o parlamento norueguês selecionaria o ganhador do prêmio da paz, concedendo-o a "uma pessoa que mais tenha promovido a fraternidade entre as nações, a extinção ou diminuição de exércitos permanentes e a organização e fomento de conferências de paz". Ao confiar a seleção a um outro país, ele frisava seu desejo de promover realmente um prêmio internacional. Estabeleceu um prazo-limite de trinta anos para o prêmio da paz, "pois se em trinta anos ninguém conseguir reformar o sistema atual, o mundo cairá infalivelmente na barbárie".

Em 1905, o primeiro ganhador do prêmio Nobel da Paz foi a pacifista Bertha von Suttner. Ela acreditava, observou Halasz, que poderia demorar mais de trinta anos para que a guerra fosse banida do mundo, mas antevia seu fim. Em 1893, escreveu em seu diário:

> O século XX não terminará sem que a humanidade tenha eliminado a guerra como uma instituição legal. Ao escrever em meu diário, tenho o hábito de assinalar com um asterisco um tópico, sinistro ou ameaçador, e deixar algumas dúzias de páginas em branco. Depois escrevo a pergunta: Bem, isto aconteceu? Ver* na página—. Um leitor no futuro pode tirar da prateleira empoeirada este volume e verificar minha previsão. Como se desenrolou esse fato? Eu estava certa? Ele pode então anotar na margem (eu o vejo fazendo): Sim, graças a Deus. Data 19—?[17]

Von Suttner morreu em 1914, quando seu sonho de paz mundial parecia mais remoto que em toda a sua vida.

As previsões incorretas sobre o potencial humanitário das metralhadoras, dos explosivos de alta potência e aviões militares não impediram que as futuras gerações de projetistas de armas pensassem que suas invenções eram tão terríveis que acabariam com a guerra de uma vez por todas. Em 6 de agosto de 1945, Luis Alvarez, o físico de Los Alamos que desenvolvera

ASAS DA LOUCURA

um detonador para a bomba atômica, viajou num avião de caça atrás do B-29 Enola Gay. Seu trabalho consistiria em medir a energia da explosão quando o Enola Gay lançasse a primeira bomba atômica do mundo, apelidada de "Little Boy", em Hiroshima. A explosão clareou o céu e balançou o avião. Depois de verificar se seus instrumentos estavam a salvo, Alvarez olhou pela janela "em vão para a cidade que havia sido nosso alvo", só viu uma enorme nuvem com a forma de um cogumelo "levantando-se de uma área arborizada desprovida de população. [...] Pensei que o bombardeiro tivesse errado o alvo por muitos quilômetros". O piloto assegurou-lhe que a "pontaria fora excelente. [...] Hiroshima foi destruída".[18]

No longo voo de retorno para a base aérea de Tinian, uma ilha entre Guam e Saipan, Alvarez registrou seus pensamentos sobre a bomba em uma carta para o filho de 4 anos, para que ele a lesse mais tarde:

> A história de nossa missão será, provavelmente, conhecida por todos à época em que você ler esta carta, mas neste momento só as tripulações dos três aviões B-29 e os desafortunados moradores da cidade de Hiroshima, no Japão, sabem o que aconteceu com o artefato explosivo aéreo. Semana passada, a 20ª Força Aérea, baseada nas ilhas Marianas, realizou o maior bombardeio da história, com 6 mil toneladas de bombas (cerca de 3 mil toneladas de alta potência). Hoje, o avião líder de nossa esquadrilha lançou uma única bomba, que deve ter explodido com a força de 15 mil toneladas de explosivos de alta potência. Isso significa que os dias dos grandes bombardeios, com centenas de aviões, acabaram. Um único avião disfarçado em um transporte amigável pode aniquilar uma cidade. Esse fato significa que as nações precisarão viver em harmonia, ou sofrerão as consequências de ataques sorrateiros que podem destruí-las da noite para o dia. O pesar que sinto por ter participado do massacre e da mutilação de milhares de civis japoneses, esta manhã, ameniza-se com a esperança de que essa terrível arma que criamos reúna os países do mundo inteiro e previna futuras guerras. Alfred Nobel pensou que sua descoberta de explosivos de alta potência teria esse efeito, ao fazer das guerras algo tão assustador, mas infelizmente a reação foi oposta. Essa nova força destrutiva, milhões de vezes pior, talvez possa concretizar o sonho de Nobel.[19]

9

Um mergulho inesperado no Mediterrâneo
(Baía de Mônaco, 1902)

Depois de ganhar o prêmio Deutsch, Santos Dumont recebeu milhares de cartas de congratulações. Chefes de Estado enviaram-lhe medalhas. Amigos inventores — Thomas Edison, Samuel Langley, Guglielmo Marconi — louvaram sua coragem e engenhosidade. Os parisienses que se beneficiaram do donativo do prêmio escreveram bilhetes sinceros de agradecimento. Mas o que mais o emocionou foi a carta de um amigo de infância, Pedro, lembrando os jogos da juventude:

> Você se lembra, meu caro Alberto, do tempo em que brincávamos juntos de "Passarinho voa!"? A recordação dessa época veio-me ao espírito no dia em que chegou ao Rio a notícia de seu triunfo. "O homem voa!", meu caro! Você tinha razão em levantar o dedo, pois acaba de demonstrá-lo voando por cima da torre Eiffel. E tinha razão em não querer pagar a prenda; o sr. Deutsch paga-a por você. Bravo! Você bem merece esse prêmio de 100 mil francos. O velho jogo está em moda em nossa casa mais do que nunca; mas desde o 19 de outubro de 1901, nós lhe trocamos o nome e modificamos a regra: chamamo-lo agora o jogo de "Homem voa?", e aquele que não levanta o dedo à chamada paga a prenda.[1]

Quando Santos Dumont leu a carta, percebeu por que se entusiasmara tanto com o balonismo. Era pelo sabor da aventura e não para obter um

ASAS DA LOUCURA

prêmio manchado por políticas mesquinhas do aeroclube. Constatou que, em seu esforço para ganhar o prêmio Deutsch, "havia progressivamente aumentado a velocidade das minhas máquinas: isto é, não me havia ocupado senão da construção e negligenciara a minha educação de capitão".[2] Decidiu então que o que mais precisava era praticar a navegação.

> Suponde que comprais uma nova bicicleta, um novo automóvel: tereis ao vosso serviço uma máquina perfeita, sem haver partilhado, por menos que seja, das fadigas, das decepções, dos recomeços do inventor e do construtor. Pois apesar de todas estas vantagens, breve vos apercebeis de que a posse de uma máquina perfeita não implica a garantia de poder correr em segurança com ela pelas estradas. Podeis, por falta de prática, cair da bicicleta ou capotar o automóvel. A máquina é perfeita, mas é preciso saber como conduzi-la.[3]

Nesse momento, estava satisfeito com suas máquinas. Sua aeronave mais veloz, o Nº 6, estava em perfeitas condições. No dia seguinte à prova do prêmio, o mecânico-chefe tentara encher o balão com hidrogênio, mas verificou que não havia necessidade. Ele não perdera nenhum gás na viagem em torno da torre Eiffel. "A conquista do prêmio Deutsch me havia custado unicamente alguns litros de petróleo",[4] Santos Dumont observou, triunfante. Ficou contente ao ver que, mesmo com os muitos desastres, as aeronaves não eram menos confiáveis que os automóveis muito mais aperfeiçoados. Dos 170 carros que participaram da corrida de Paris a Berlim em 1901, apenas 109 ainda corriam depois do primeiro dia e, destes, só 26 atingiram a meta de chegada.

> E destes 26 automóveis chegados a Berlim, quantos realizaram a viagem sem qualquer acidente sério? Nenhum talvez! Nada anormal nisso. Ninguém tenha dúvidas. É nessas condições que uma grande invenção se desenvolve. Mas que sofra eu uma pane no ar! Não posso parar para remediá-la. E todo o mundo o saberá.[5]

Santos Dumont pensara, ingenuamente, que poderia realizar seus experimentos sozinho, longe dos espectadores, se fosse para Mônaco durante o inverno. Havia boas razões para ir para a Riviera, mas a solidão não era uma delas. A imprensa francesa estava muito feliz de segui-lo para o glamouroso principado, onde, segundo o *Herald*, "havia muitos norte-americanos 'milionários' donos de iates".[6] A baía de Mônaco, protegida de cada lado contra o vento pelas montanhas, as colinas de Monte Carlo e o amplo palácio da família reinante, era um lugar ideal para realizar suas experiências. A água, esperava, amorteceria uma decida inesperada, e um barco de resgate jamais estaria muito longe.

O maior atrativo de Mônaco, no entanto, era seu governante, Sua Sereníssima Alteza, o príncipe Albert I, que se oferecera para financiar seus experimentos. O príncipe era um homem de ciências visionário, um dos primeiros ambientalistas do mundo. Preocupava-se com o desenvolvimento de Mônaco, harmonizando-o com a preservação de seu ecossistema, uma tarefa difícil em um país não muito maior que o Central Park, em Manhattan. Durante três décadas, o príncipe Albert, o "Navegador", como era chamado, explorou o mundo oceanográfico, catalogou as espécies que o habitavam e refletiu sobre as formas de preservá-las. Seu nome era citado na literatura científica em razão das muitas espécies de moluscos *Cephalopoda* que descobrira. Identificou-se com Santos Dumont pelo espírito aventureiro e ansiava ajudá-lo a dominar o ar. Convidara o brasileiro por meio de um intermediário, o duque de Dino, e Santos Dumont aceitou o convite. O príncipe Albert enviou-lhe um mapa da região e pediu-lhe para escolher o melhor lugar para as provas. Ele escolheu a praia de Condamine, a oeste da baía. Lá, seguindo suas especificações, os engenheiros do príncipe passaram três meses construindo uma usina de produção de hidrogênio e um aeródromo maior que o de Paris. O hangar, uma enorme concha vazia de madeira e lona apoiada em uma estrutura de aço, tinha 55 metros de comprimento, 10 de largura e 15 de altura.

Em fins de outubro, durante os dias em que não sabia se o aeroclube iria lhe conceder o prêmio Deutsch, Santos Dumont começara a negociar com os representantes do príncipe. Ofereceu-se para fazer excursões diárias no Nº 6 quando o tempo permitisse. E prometeu que antes do final do inverno voaria com a sétima aeronave, já em construção, sobre o Mediterrâneo, de Mônaco à Córsega (uma distância de 192 quilômetros) em menos de quatro horas. Ele aterrissaria ao norte da Córsega, na cidade de Calvi, onde Cristóvão Colombo nascera. A notícia da promessa chegou a Paris no início de novembro e causou sensação. Ninguém jamais fizera um percurso tão longo sobre a água, e as quatro horas de voo provariam a utilidade dos balões, visto que os navios a vapor encarregados do transporte de correspondência levavam a metade de um dia para fazer o mesmo trajeto. Como, perguntava-se a imprensa, escapou-lhe a notícia de que ele já começara a construir o Nº 7? E que aeronave seria o Nº 7 — um balão de corrida fácil de manobrar, com dois propulsores, cada um medindo 5 metros, um à frente e outro atrás, ambos acionados por um único motor.

Havia muito tempo Santos Dumont desejava fazer uma experiência sobre a água com balões. Não somente pela emoção e novidade, mas, na verdade, para demonstrar a utilidade das aeronaves. Desde que ganhara o prêmio Deutsch, a imprensa discutia se elas teriam uso prático ou permaneceriam o brinquedo de um homem rico. Santos Dumont queria provar que os analistas militares estavam certos ao sugerirem a utilização do balão a motor no reconhecimento aéreo. Para servir de observador aéreo, a aeronave nem precisaria ascender muito;

> ela desempenhará seu papel de batedor em condições tais que a extremidade de sua *guide rope* se arraste sobre a água e que, não obstante, esteja a uma altitude suficientemente elevada para poder esquadrinhar um vasto horizonte. [...] Estas razões, e em particular a última, tornavam-me impaciente por fazer a *guide rope* no Mediterrâneo.[7]

Além disso, ao contrário dos voos sobre a terra, não havia perigo de a corda enrolar-se em árvores, arbustos ou prédios. No voo em baixa altitude, a corda de compensação manteria estável a altitude. Se um golpe de vento impulsionasse a aeronave para cima, o aumento do peso da corda faria com que ela voltasse ao nível anterior. Mas se o vento impelisse a aeronave para baixo, a corda mergulharia mais fundo na água, tornando-a mais leve e, por conseguinte, ela subiria de novo.

Quando Santos Dumont chegou a Mônaco, no fim de janeiro de 1902, o hangar estava quase pronto e ele o inspecionou cuidadosamente. "Era-lhe necessário ser solidamente construído, capaz de enfrentar os riscos que tinha sofrido o aeródromo da estação aerostática marítima de Toulon, que, duas vezes destruída, quase fora carregada na terceira vez pela tempestade, como um balão de madeira."[8] Situado no bulevar de Condamine, a rua principal que costeia a praia, o aeródromo era uma grande curiosidade. Os turistas observavam as duas portas monumentais, cada qual medindo 15 metros de altura e 5,5 metros de largura e pesando 4,4 mil quilos. Minúsculas rodas no alto e na parte de baixo das portas permitiam-lhes deslizar em cima de trilhos colocados no chão e no alto da fachada.

> O equilíbrio estava tão bem calculado que, no dia da inauguração do aeródromo, apesar das dimensões gigantes, dois garotinhos, de 8 e 10 anos, manobraram-nas (as portas) facilmente — os dois principezinhos Ruspoli, netos do duque de Dino, meu hóspede em Monte Carlo.[9]

A usina de hidrogênio adjacente, na esquina da rue Louis com a rue Antoinette, também era gigantesca. Seis mil quilos de ácido sulfúrico trazidos de Marselha eram guardados a portas fechadas junto com igual quantidade de finas lascas de ferro. Quando o ácido e o ferro se misturavam num grande recipiente, 8 metros cúbicos de hidrogênio borbulhavam por hora. Nesse ritmo, o Nº 6 poderia ser inflado em dez horas. Em 22 de janeiro de 1902, a usina foi ligada. O processo de inflar o balão começou, sem problemas, às 7 horas. Na metade da manhã, contudo, o principado estava em crise porque os resíduos químicos produzidos pela usina de hidrogênio transformaram, nas palavras de um funcionário do governo, "o Mediterrâneo no mar Vermelho".[10] O funcionário, alarmado, ordenou a interrupção do enchimento e o conselho governamental realizou uma sessão de emergência para solucionar o problema. O príncipe estava ausente do país e o conselho, sabendo da paixão de Sua Alteza pela preservação da vida oceânica, temeu sua cólera. Mas os membros do conselho eram também homens de ciência. Santos Dumont explicou-lhes que a mistura química não continha ácido. Mostrou-lhes como passava por três estágios purificadores antes de ser jogada na baía. Os depósitos avermelhados, assegurou-lhes, eram apenas ferrugem comum, um desastre para motores de automóveis e aeronaves, mas inócua para animais e plantas. Na verdade, observou, o ferro era essencial à vida.

ASAS DA LOUCURA

Para enfatizar sua argumentação, levantou um copo cheio dessa água ferruginosa, fez um brinde às espécies marinhas, pequenas e grandes, e engoliu o líquido vermelho de um só gole. Olivier Ritt, governador-geral do principado, além de declarar que a produção de hidrogênio poderia continuar, desculpou-se pela precipitação de seu subordinado em interrompê-la. Mais uma vez Santos Dumont, numa combinação de inteligência e charme, tinha se esquivado de uma situação difícil e prometia coisas ainda mais importantes que ir à Córsega. A ilha seria um mero ponto de parada do voo de 960 quilômetros até a África. "Até então, esse é meu projeto mais ambicioso",[11] declarou. "Não levarei ninguém comigo nessa viagem. O príncipe de Mônaco estava muito impaciente para me acompanhar até a Córsega, mas temo assumir tal responsabilidade."

Uma semana depois, no dia 29 de janeiro, Santos Dumont fez dois voos com o Nº 6 sobre a baía. Às 10h30, a polícia interrompeu o trânsito no bulevar de Condamine. As portas do hangar abriram-se solenemente, e os operários retiraram o balão, exibindo-o como se fosse uma grande boia flutuante, com Santos Dumont acenando orgulhoso da cesta. Devido ao lastro, a aeronave balançava desajeitadamente ao ser levada até o cais entre a calçada e a praia. Nesse momento, ele escreveu em seu diário, percebi que "a situação do aeródromo tinha sido mal calculada".[12] O cais representava um empecilho, porque sua altura em relação à calçada era de pouco mais de 1 metro, mas do outro lado tinha uns 5 a 6 metros. Foi preciso suspender o balão por cima do cais para não danificar o propulsor ou o leme, e depois baixá-lo com cuidado na praia. Os operários recrutaram alguns voluntários entre os espectadores. Eles suspenderam a aeronave acima do parapeito, enquanto os operários foram para a praia para sustentá-la. Com a proa voltada obliquamente para baixo e a popa arrastando-se no cais, Santos Dumont viu-se no ângulo mais inclinado que jamais experimentara nos voos. Mas os operários conseguiram segurar a aeronave e colocá-la na posição correta. "A manobra completou-se por fim, a tempo de evitar que eu fosse cuspido da cesta."[13]

Assim que ascendeu, Santos Dumont começou a se preocupar em como aterrissaria. Se pousasse na praia, enfrentaria o mesmo problema de suspender o balão pelo longo muro do cais. Não conseguiu pensar numa solução e temeu que só lhe restaria a hipótese inaceitável de esvaziar o balão e desperdiçar o gás. O tempo estava muito calmo e, então, ele decidiu tentar a manobra audaciosa

PAUL HOFFMAN

e arriscada de entrar direto no aeródromo, sem tocar nas paredes laterais. "Direta como uma flecha, a aeronave avançou para o seu abrigo", escreveu.

> A polícia do príncipe tivera trabalho para abrir espaço entre o povo. Assistentes, auxiliadores, inclinavam-se por cima do muro, com os braços estendidos, esperando-me; mais abaixo, na praia, estavam outros. Não tive porém necessidade da ajuda de ninguém. Ao me aproximar, diminuí a velocidade do propulsor; parei o motor ao atingir a linha do parapeito; e levada pela velocidade adquirida, a aeronave deslizou quase ao nível das cabeças dos presentes, rumo à entrada escancarada. A *guide rope* fora apanhada a fim de puxar-me para o chão; mas como eu chegava diagonalmente, era trabalho inútil. O pessoal pôs-se a marchar aos lados da aeronave. Assim como os tratadores ou palafreneiros que seguram as bridas dos cavalos que vencem os páreos de corrida e levam-no triunfalmente à cocheira com o jóquei montado.[14]

Depois de almoçar, Santos Dumont subiu de novo, às 14 horas. Dessa vez explorou a baía durante 45 minutos e conseguiu manter uma altura estável de cerca de 13 metros acima das ondas. Em um dado momento, ele se afastou tanto da costa que os espectadores pensaram que partira para a Córsega, mas ele retornou e passou por cima do cassino e do palácio. Como fizera de manhã, aterrissou entrando diretamente no aeródromo "como uma mão firme enfia uma agulha". O príncipe admitiu, no entanto:

> que eu não devia ser obrigado a entrar na garagem sempre assim apertado, ao voltar das minhas excursões... Um golpe de vento podia alcançar-me de lado e atirar-me contra uma árvore, um lampião, um poste telegráfico ou telefônico, se não mesmo contra as esquinas das casas que vizinhavam dum lado e de outro o aeródromo.[15]

O príncipe prontificou-se a demolir o parapeito do cais, para que Santos Dumont pudesse pousar na praia e levar o balão pela rua até o abrigo. "Não peço tanto, respondi-lhe. Basta construir uma plataforma de aterrissagem contra o dique, do lado do mar, ao nível do bulevar."[16] Depois de doze dias de trabalho, os operários do príncipe construíram uma grande plataforma de madeira estendendo-se até a baía.

Durante a construção, Santos Dumont recebeu a visita inesperada da viúva de Napoleão III, a imperatriz Eugênia, de 76 anos, que chegou numa carruagem fechada vinda de sua vila em Cap Martin, perto de Mônaco, onde vivia em total reclusão. Ninguém se lembrava da última vez que aparecera em público. O príncipe Albert fora avisado algumas horas antes de sua chegada, e seus operários decoraram apressadamente o interior do aeródromo com plantas ornamentais e flores. Durante seu conturbado reinado, ela nunca demonstrara muito interesse por ciência ou tecnologia, mas em Mônaco pediu a Santos Dumont que lhe explicasse cada detalhe do funcionamento da aeronave. Ele lhe contou também seus planos de voar até a Córsega e, se tudo corresse bem, até a Tunísia. E se for à Tunísia, por que não ir a Nova York?, ela lhe perguntou. "Eu acho que é possível cruzar o Atlântico num balão dirigível",[17] replicou. "Se conseguir hidrogênio de boa qualidade na Riviera, poderei carregar 113 quilos de petróleo, combustível suficiente para manter o motor funcionando durante quinze horas. Para cruzar o Atlântico, basta multiplicar essas condições."

A notícia da presença da imperatriz espalhou-se rapidamente. Duas mil pessoas reuniram-se do lado de fora do hangar com a esperança de vê-la quando do retornasse à carruagem. O único momento embaraçoso da visita deveu-se à presença de uns poucos jornalistas que seguiam os experimentos de Santos Dumont. A imperatriz Eugênia desprezava jornalistas, e entre os repórteres presentes estava Henri Rochefort, a quem ela detestava em especial. O *Daily Express*, cujo correspondente estava presente ao encontro, comentou:

> Outro dia, o sr. Henri Rochefort foi visitar Santos Dumont em seu aeródromo. Quando estava conversando com o aeronauta, Eugênia foi anunciada, e encontrou pela primeira vez com o homem que contribuíra tanto para arruinar o império, e que raramente poupara a imperatriz em seus artigos. Rochefort permaneceu ereto segurando o chapéu em uma das mãos, enquanto a imperatriz inclinava ligeiramente a cabeça. Eles não se falaram.[18]

A imperatriz Eugênia desejou boa sorte a Santos Dumont em suas próximas experiências e partiu tão discretamente quanto chegara, cobrindo o rosto para as câmeras fotográficas ao caminhar até a carruagem.

Em 10 de fevereiro, Santos Dumont inaugurou a nova plataforma. Às 15 horas, a aeronave amarela zarpou como uma flecha, carregando uma comprida flâmula escarlate, a esvoaçar, com as iniciais P.M.N.D.N gravadas, um acrônimo da primeira linha de *Os lusíadas*, do poeta português Luís de Camões, "Por mares nunca d'antes navegados!".[19] Santos Dumont saiu da baía e logo sobrevoava o Mediterrâneo.

> A *guide rope* sustinha-me a uma altitude regular de cerca de 50 metros acima do nível das vagas, como se, misteriosamente, sua extremidade se tivesse prendido a elas. Nessas condições, garantido automaticamente quanto à altitude, encontrei extraordinárias facilidades para as manobras. Nem lastro para aliviar, nem gás para abandonar, nem pesos para deslocar, a menos que quisesse expressamente subir ou descer. Mão no leme, não abandonando com a vista a ponta distante de Cap Martin, eu não pertencia senão ao prazer de me deixar ir por cima das vagas.[20]

Santos Dumont permitiu-se o luxo de olhar sem preocupação a paisagem. Notou dois iates que vinham ao seu encontro. "Vogavam a velas cheias", e quando ele passou por cima deles, ouviu ao longe uma saudação, e uma graciosa silhueta feminina no iate dianteiro sacudiu um lenço vermelho. "Voltei-me para responder a essa polidez e tive a surpresa de ver que já estava longe." O vento agora soprava com violência. Estava a poucas centenas de metros de Cap Martin, onde a imperatriz o observava da privacidade de sua varanda. "Torci a cana do leme para bombordo", escreveu em seu diário. "A aeronave girou como um navio. O vento empurrava-me para a costa, pelo que não me cabia outra preocupação além de manter a linha reta. Quase em tão pouco tempo quanto é necessário para dizê-lo, encontrei-me diante da baía de Mônaco." Entrou na enseada protegida sob milhares de aplausos, parou o motor, equilibrou o peso na proa e dirigiu-se devagar até a nova plataforma de aterrissagem. Seus operários seguraram a *guide rope* e, sem

ASAS DA LOUCURA

parar de todo o Nº 6, atravessou o cais e o bulevar de Colombine e entrou no hangar. A viagem levara cerca de uma hora.[21]

Dois dias depois, Santos Dumont ascendeu de novo às 14 horas, em sua quarta viagem sobre a baía. Ele planejava voar ao longo da costa em direção à Itália. Iates o seguiriam. Os barcos de Gustave Eiffel e do editor Gordon Bennett do *Herald* estavam prontos a ajudá-lo caso houvesse algum problema, assim como a chalupa a vapor do príncipe Albert, lançada ao mar pelo iate real Princesa Alice. Dois automóveis, um Mors de 40 HP e um Panhard de 30 HP, iriam acompanhá-lo pela estrada litorânea. Depois de alguns minutos no ar, entretanto, o vento aumentou e começou a chover. Santos Dumont foi obrigado a interromper a viagem. Quando virou o balão para retornar à baía, o príncipe Albert decidiu que iria segurar a *guide rope*. "As pessoas que o cercavam", disse Santos Dumont com sua calma característica, "não suspeitando do peso do cabo nem da força com que a aeronave o arrasta na água, não pensaram em dissuadi-lo do gesto arrojado." O príncipe ordenou ao capitão que se aproximasse do balão. Diante de milhares de súditos leais, em vez de segurar a corda pesada que balançava no ar quando a chalupa passou por baixo do balão, "o príncipe foi por ela apanhado no braço direito, rolando ao fundo da pequena embarcação, contundindo-se seriamente".[22] Santos Dumont estava em Mônaco havia menos de um mês, e pela segunda vez perturbava os dirigentes do principado, que olhavam estarrecidos o tombo do príncipe. Mas o susto transformou-se em aplausos quando o príncipe ferido levantou-se e acenou fracamente para a multidão. Um homem menos indulgente retiraria seu patrocínio para o desenvolvimento da aeronáutica, porém o príncipe logo quis saber como poderia ajudar ainda mais Santos Dumont em seus experimentos.

No dia seguinte, 13 de fevereiro, foi a vez de o brasileiro se machucar. "O dia estava glorioso", noticiou o *Daily Mail*. "O mar e o céu eram o mais perfeito azul-mediterrâneo, exceto pela Tête du Chien, uma rocha escarpada que se avista ameaçadoramente acima do principado, quando uma nuvem sinistra surgiu no céu." A multidão de espectadores alinhou-se no cais, e os barcos usuais reuniram-se, inclusive o do príncipe. Às 14h40, Santos Dumont saiu do hangar com a aeronave.

Ele parecia contente, e a multidão foi muito calorosa. Assim que deu a ordem de partir, a máquina voadora ascendeu rapidamente apontando direto para o mar, mas o balão não parecia se comportar como de hábito. Balançava bastante e mais de uma vez os espectadores ficaram com a respiração suspensa e exclamações assustadas partiram da plateia ansiosa. Mas o aeronauta seguiu seu curso e, manobrando para a esquerda, subiu até que a *guide rope* estivesse a quase 6 metros da água. De súbito, ouviu-se um grito de terror da multidão que olhava o progresso do dirigível, quando um golpe de vento muito brusco vindo da ameaçadora Tête du Chien bateu com força na frágil embarcação. O balão pareceu se equilibrar na sua proa [na verdade, na sua popa] e parecia inclinar-se para trás, mas o sr. Santos Dumont não perdeu a calma — nunca perdia. Rápido como um raio, abriu a válvula para deixar o gás escapar, e a aeronave aprumou-se um pouco e a popa começou a esvaziar.

O perigo imediato passara. Embora o leme, preso no invólucro, houvesse quebrado, o balão descia em direção ao Tiro aos Pombos, propriedade de caça do príncipe, que felizmente não tinha árvores nem construções que dificultassem a aterrissagem.

"Então, um novo medo apoderou-se da multidão, pois logo abaixo do local do Tiro aos Pombos, do qual o sr. Santos Dumont estava perigosamente próximo, havia um grupo de rochedos, e parecia que o aeronauta, impotente para alterar sua rota, se despedaçaria contra eles." Mas o dirigível pousou perto das rocas e começou a afundar. Lanchas e iates correram para o local.

Logo o sr. Santos Dumont submergiu até a altura dos ombros no mar. Ele se afogaria? "Saia do balão. Não se preocupe com ele", gritavam os homens que se aglomeraram no final do parque de caça e inclinavam-se sobre o parapeito olhando a luta do intrépido aeronauta. Mas ele permaneceu no balão.

Gritou algumas instruções ao barco mais próximo para recuperar o balão, que estava semiesvaziado. Antes que as operações de salvamento começassem, uma extremidade curvou-se, tensionando as cordas. Poucos minutos depois, às 14h55, o invólucro explodiu:

> e pedaços de seda em farrapos voaram em todas as direções. Era o desastre total. A excitação tomou conta da baía e ouviam-se gritos de milhares de gargantas: "Salvem-no! Salvem-no!" Tudo que restava do belo dirigível afundava pouco a pouco nas vagas, levando com ele o corajoso aeronauta, quando o príncipe se aproximou rapidamente da cesta, e o sr. Santos Dumont, no derradeiro momento, foi içado do mar para o barco.

Os restos da aeronave, vencedora do prêmio, foram retirados com facilidade da água, com exceção do motor, que mais tarde os mergulhadores resgataram. "Quando os destroços do balão sumiram sob as ondas, as grandes portas do agora inútil aeródromo fecharam-se com tristeza."[23]

Santos Dumont explicou ao príncipe a causa do problema. O balão não fora inflado corretamente e, portanto, carecia de força ascensional. A fim de ascender mais, acentuou a obliquidade da proa, permitindo o arranco do propulsor. O hidrogênio, relativamente frio na sombra do aeródromo, agora aquecia-se com o sol. "E isto foi motivo para rarefazer rapidamente o hidrogênio confinante com o invólucro de seda, que se transportou para o seu ponto culminante, isto é, para a proa. Eu havia dado a esta uma inclinação exagerada."[24] O balão inclinava-se cada vez mais, até ficar quase perpendicular à água.

> Antes que pudesse corrigir esse desvio do meu cruzador aéreo, várias das cordas diagonais, submetidas a uma insólita pressão oblíqua, começaram a partir-se, outras, notadamente as do leme, embaraçavam-se no propulsor.
>
> Se eu não impedisse o atrito do propulsor contra o invólucro do balão, este rasgar-se-ia em poucos minutos; o gás fugiria em massa; eu seria violentamente precipitado nas ondas.
>
> Parei o motor. Minha situação tornava-se igual à de um piloto esférico comum. Fiquei à mercê dos ventos. E estes me jogavam em direção à praia. Meu destino era bater contra os fios telegráficos,

146 PAUL HOFFMAN

as árvores, os ângulos das casas de Monte Carlo. Só havia um partido a tomar...

E, então, ele soltou o hidrogênio e desceu no mar. Santos Dumont reconhecia que fora descuidado. Não somente falhara na inspeção prévia do voo para verificar que o Nº 6 não estava bem inflado, como arriscara, sem perceber, a vida no voo do dia anterior.

> Lançando um olhar retrospectivo sobre minhas diversas experiências, constato com surpresa que o maior perigo que corri passou despercebido, mesmo para mim. Foi no fim da mais feliz das minhas ascensões no Mediterrâneo, no momento em que o príncipe de Mônaco, ao tentar agarrar a minha *guide rope*, foi atirado às cambalhotas no fundo de seu naviozinho. Eu havia entrado na baía após ter efetuado a viagem de regresso costeando, e estava sendo rebocado para o aeródromo. A aeronave descera muito perto d'água, e faziam-na baixar ainda mais, puxando-a pela *guide rope* a tal ponto que ela ficou a poucos pés da chaminé da chalupa. Ora, essa chaminé expelia fagulhas vivas! Uma só bastaria para produzir uma queimadela no balão, inflamar o hidrogênio e reduzir-nos, balão e eu, a pó![25]

O príncipe Albert tentou persuadir Santos Dumont a permanecer em Mônaco. O duque de Dino ofereceu um banquete ao aeronauta e anunciou-lhe a criação de um fundo destinado a cobrir parte da enorme despesa para reconstruir a aeronave. Em uma outra grande homenagem poucos dias depois, o príncipe fez um brinde a Santos Dumont e disse-lhe que não permitisse que o infortúnio recente o detivesse de experimentos futuros. Santos Dumont respondeu que já esquecera o acidente e que estava preparado para voar de novo. Um dia depois da homenagem, ele foi ao banco onde o fundo fora criado. Não gostaria que lhe fizessem caridade e, assim, convenceu o funcionário do banco a encerrar o fundo e devolver o dinheiro. A imprensa soube do fato e lhe deu um tratamento heroico:

> O intrépido aeronauta decidiu declinar a ajuda pecuniária do duque de Dino e de seus amigos para promover suas futuras explorações

científicas. A sua devoção ao trabalho é tão grande que ele não pode ser persuadido a aceitar assistência financeira, pois se igualaria a inúmeros mercenários que buscaram a notoriedade com o propósito de encher seus próprios bolsos.[26]

Santos Dumont visitou o hangar pela última vez. Emmanuel Aimé, que estivera ao seu lado durante todo o tempo em Mônaco, quis acompanhá-lo, mas ele insistiu em ir sozinho. Era tarde da noite, ele subiu no cais e caminhou até o fim da plataforma de aterrissagem. Contemplou a água revolta por mais de uma hora, afastando com mau humor bons samaritanos que queriam saber se ele estava bem. Depois voltou para a casa e arrumou sua bagagem. Sem se despedir da maioria de seus anfitriões, tomou um trem para Paris.

10

"A aerostação é inútil, diz lorde Kelvin"
(Londres e Nova York, 1902)

Depois do acidente na baía de Mônaco, Santos Dumont constatou que o pouso na água não garantia a integridade física da aeronave. Decidiu voltar aos experimentos na terra. Em fevereiro, fora de Paris a Monte Carlo não com a intenção de continuar o trabalho lá, mas para reencontrar os velhos amigos. Em 4 de março, foi a Londres a convite dos aeronautas britânicos, que esperavam que ele se instalasse na cidade. "O sr. Santos Dumont recuperou-se de sua imersão no Mediterrâneo",[1] noticiou o *Daily Chronicle*. "Foi um mero incidente, apesar de uma nova experiência na vida tumultuada de um aeronauta. Ele já o pôs de lado e não pretende no momento repetir experimentos em costas litorâneas. Como ele diz, há falta de locais de pouso no mar."

Antes de partir, o aeroclube entregou-lhe um mandado para que removesse seu hangar da propriedade em Saint-Cloud em 24 horas. "Foi uma maneira bem pouco usual de dizer adeus",[2] comentou Santos Dumont. Por negligência, o documento referia-se à rua que conduzia ao aeródromo pelo antigo nome, rue Deviris, em vez de rue Santos Dumont, como fora renomeada por unanimidade pelo conselho municipal de Saint-Cloud. Assim, é claro, ele não pôde cumprir o prazo estipulado. Vendeu o "hangar historique" por mil francos ao sr. Glaizot, que o desmontou em oito dias e o reinstalou na periferia de Paris como garagem de automóveis.

Os destroços do Nº 6 seriam transportados de Mônaco, e Santos Dumont precisaria achar um local adequado para abrigá-los. Por uma feliz coinci-

ASAS DA LOUCURA

dência, a sala de concerto do Palácio de Cristal, em Londres, era do mesmo tamanho que o hangar em Saint-Cloud. Uma exposição seria inaugurada no local e os organizadores se ofereceram para exibir o Nº 6. O Palácio de Cristal agradou a Santos Dumont porque, como a torre Eiffel, sua construção era um marco no campo da engenharia. Quando a gigantesca bolha de vidro e ferro foi inaugurada em 1851, seu espaço físico de 2,8 mil metros quadrados era o maior do mundo. Apesar de o Nº 6 estar muito danificado, Santos Dumont pretendia, além de mostrá-lo, consertá-lo para reiniciar as ascensões. Alguns pedaços grandes do invólucro do balão estavam intactos e poderiam ser cosidos com seda adicional. Para prevenir a recorrência do problema de Monte Carlo, causado pelo balão pouco inflado, resolveu dividir a aeronave em três compartimentos, separados por paredes de seda. A seda, coberta por uma leve camada de verniz, seria permeável ao hidrogênio, mas resistiria ao escape de gás que poderia subitamente mudar a forma do balão. A partir de então, todas as suas aeronaves teriam uma estrutura interna com compartimentos.

Enquanto consertava o Nº 6, trabalhava também na sétima aeronave, mais veloz que a anterior. "Meu novo Nº 7 tem a potência de 45 HP, quase três vezes mais possante que o Nº 6",[3] contou aos anfitriões ingleses. "O aumento de potência não requer aumento proporcional no peso, em razão de aperfeiçoamentos na construção. O dirigível custou cerca de 5 mil dólares, um empreendimento caro, caso se destrua."

A Inglaterra não era o único local onde pensava fazer seus experimentos. A outra opção seria os Estados Unidos, que ainda não visitara, mas planejava fazê-lo dentro de um mês. "Se fosse escolher minha nacionalidade",[4] disse, "com certeza me nacionalizaria inglês ou norte-americano." Já começara a acirrar a disputa entre Londres e Nova York, e lhes acenava com a perspectiva de experiências emocionantes e atraentes para os espectadores. Prometeu contornar o domo da catedral de St. Paul se o aeroclube britânico construísse um hangar apropriado para seus balões nos jardins do Palácio de Cristal. Além de ser um célebre ponto de referência da cidade, a catedral era um símbolo do progresso tecnológico porque fora recentemente equipada com luzes elétricas brilhantes, graças à doação de 50 mil dólares de J. Pierpont Morgan. Em Nova York, pretendia sobrevoar a cidade "subindo o East River, passando embaixo da ponte do Brooklyn e, depois, retornar voando por cima dela".[5] Até o momento, os melhores prêmios eram oferecidos pelos Estados Unidos. Os organizadores da Feira Mundial de St. Louis anunciaram a criação de um fundo de 200 mil dólares para financiar "o primeiro torneio aéreo". Palmer Bowen, o representante da feira em Paris, encontrara Santos Dumont e lhe prometera 100 mil dólares por uma demonstração bem-sucedida de uma aeronave. Santos Dumont esperava que os ingleses fizessem uma oferta comparável. "Sinto-me em casa na Inglaterra",[6] disse. "Tenho a certeza de que sentimentos maldosos de ciúme não surgirão no aeroclube britânico." Um prêmio concedido pela Inglaterra, disse, iria "incentivar a competição. E gosto, quando faço meus passeios aéreos, de sentir o estímulo da luta. Não me importo tanto com o dinheiro, mas o prêmio fará com que eu me confronte com rivais ingleses e possa mostrar minha coragem. Essa é a importância da competição".[7]

Ele considerava Londres mais atrasada em termos tecnológicos que Paris. Os automóveis circulavam na cidade, é claro, mas não lhes era permitido exceder o limite de velocidade de 19 quilômetros por hora. Os carros ainda eram uma novidade em 1902, e os relatos da imprensa local sobre sua visita sempre mencionavam o tipo de automóvel em que ele era conduzido. ("O sr. C. S. Rolls o levou da estação Vitória ao hotel Carlton em seu Panhard de 20 HP, e seu secretário, o sr. Emmanuel Aimé, foi conduzido no coupé elétrico gentilmente enviado à estação por Paris Singer.")[8] Ao escolher entre Nova York e Londres, Santos Dumont avaliava os sistemas de emergência das duas cidades, em caso de precisar de ajuda em um acidente aéreo. Os hospitais de Nova York possuíam ambulâncias com motor elétrico, ao passo que Londres não tinha um esquema para prestar auxílio no local. Uma pessoa ferida precisaria ir para o hospital por seus próprios meios, se lá conseguisse chegar. Para bajular Santos Dumont, os funcionários do governo britânico prometeram que iriam iniciar um serviço regular de ambulâncias, porém não mencionaram que os veículos de emergência seriam puxados a cavalo. Surgiu também outro problema. Um jornal londrino noticiou "como poderia ser difícil distinguir entre os chamados de bombeiros e ambulâncias, houve a sugestão de estabelecer um toque para os incêndios e dois para as ambulâncias".[9]

Em 10 de abril de 1902, Santos Dumont chegou a Nova York a bordo do navio Deutschland e, nas palavras dos tabloides da cidade, logo se inteirou

ASAS DA LOUCURA

de "coisas que teriam chocado alguém mais sensível".[10] Acompanhado de Aimé e Chapin, seu mecânico-chefe, ele trouxe um grande caixote contendo a quilha do Nº 7, mas, ao desembarcar, os funcionários da alfândega o confiscaram. Santos Dumont disse-lhes que havia pesquisado minuciosamente as leis de importação norte-americanas. De acordo com a Lei Tarifária de Dingley, ele explicou, os cientistas poderiam importar material para ilustrar suas conferências, e os artistas trazerem suas obras para o país com o objetivo de exibi-las. Ele era tanto um cientista quanto um artista, retrucou. Mas para os funcionários, ele parecia um dândi afetado que poderia pagar um imposto elevado e, então, apreenderam o caixote e as outras partes da sétima aeronave, que haviam chegado alguns dias antes em L'Aquitane. Disseram-lhe que cobrariam uma taxa correspondente a 45% do valor da aeronave, a menos que recebessem instruções contrárias do Departamento do Tesouro. Além disso, recebeu a notícia desagradável de que a Feira de St. Louis fora adiada para 1904. "O homem que voava pelos ares sorriu com indiferença ao ouvir cada uma dessas notícias",[11] publicou o *Pittsburgh Dispatch*. "O aeronauta brasileiro jamais imaginaria que o tivessem convidado a visitar o país para exibir a maior aeronave do mundo e, ao chegar, as autoridades o obrigariam a pagar um imposto por trazê-la."

Após sua chegada, Santos Dumont começou a cortejar a imprensa de Nova York. Ele empregou a expressão "aeroporto" (talvez tenha sido ele quem tenha criado esse neologismo), prevendo que Nova York se transformaria "no maior aeroporto da América",[12] com uma frota de gigantescos aviões conectando Nova York e Paris. (O primeiro aeroporto na América foi o aeroporto marítimo na baía de Tampa, construído em 1913.) Disse que esperava cruzar o Atlântico em uma de suas aeronaves nos próximos dez anos. Os jornais se interessaram mais pela sua personalidade singular do que por seus grandes prognósticos. Mencionaram a maneira com que falava dos seus triunfos aéreos e acidentes, "tão calmo como um fazendeiro falando de um saco de batatas".[13] E descreveram sua aparência:

> Seus olhos são castanho-claros, com uma expressão muito alerta. Nada lhe escapa. O rosto é alongado e o cabelo castanho e fino é ligeiramente grisalho. Quando se pensa nas colisões e quedas às quais ele sobreviveu em suas aeronaves, a única surpresa é que seu

cabelo não seja branco. O navegador do ar tem um nariz de tamanho médio, levemente aquilino, e — maravilhoso em um homem com sua coragem e persistência — um queixo que se destaca no rosto. Há algo de um pássaro em seu físico. [...] Sua estrutura é muito frágil. É magro, com pés e mãos delicados.[14]

Os jornais de Nova York competiam ferozmente entre si para atrair leitores, e o *New York Mail and Express* enviou um repórter ao apartamento de Santos Dumont em Paris, para publicar uma matéria exclusiva quando voltasse para os Estados Unidos. O artigo forneceu uma curiosa descrição da vida do aeronauta em sua casa:

> O sr. Santos Dumont, "Bandeirante dos ares", homem criativo, intrépido navegador aéreo, e o sr. Santos Dumont em casa, são indivíduos bem distintos. Um é cheio de entusiasmo, brilho, ousadia; o outro é indiferente, quase apático, com uma timidez feminina sem o charme feminino. Afirmar qual é o verdadeiro homem é difícil, mas a perplexidade se atenua se pensarmos que ele é abençoado, ou o oposto, por uma dupla personalidade. [...]
>
> Ele tem poucos amigos, mas mesmo estes admitem conhecê-lo mal. Eles o admiram por causa da coragem e engenhosidade. Mas se o sr. Santos Dumont não possui a característica de fazer amigos, ele com certeza tem um poder de fascinação sobre o sexo oposto que nem sua aparência e seus modos em sociedade justificam.
>
> As mulheres gostam do mistério, e Santos Dumont é um mistério. [...] O segredo é algo muito intrigante. Santos Dumont não passa seus momentos de lazer fumando cigarros ou bebendo drinques de aparência inócua. Longe disso. Ele dedica seu tempo a bordar, a tricotar e até mesmo à arte mais difícil da tapeçaria. Revela em seus trabalhos manuais um pendor supostamente exclusivo à feminilidade, e o mais curioso, não se importa que saibam o que faz. "É um relaxamento", diz, quando perguntado sobre esse gosto bem pouco usual; "além do que, eu gosto disso, como sempre gostei."
>
> Em seu apartamento no Élysée Palace Hotel em Paris, o sr. Santos Dumont tem uma "meia dúzia de peças bordadas tão caras às donas de casa — panos de bandeja, capa para bule de chá e assim por diante, todos mostrando grande habilidade e desejo de obter

ASAS DA LOUCURA

efeitos refinados". Além de duas cadeiras estofadas com um difícil trabalho de ponto cruzado, num estilo só conhecido na França, com cores cuidadosamente escolhidas e desenho esmerado.

Porém, o que o sr. Santos Dumont mais gosta é de tricotar, o que faz instintivamente quando sob excitação mental ou quando precisa descansar. Seu estilo de tricotar é genuinamente alemão, movendo com um estalido as agulhas e apontando-as para cima.

Em seu apartamento, o sr. Santos Dumont vive com luxo, mas é mais o luxo de uma beldade mimada que o ambiente suntuoso de um homem rico e solteiro. Os três cômodos do apartamento têm vista para o Champs-Élysées, e são decorados de modo a atrair a admiração. A sala de estar é revestida de madeira branca com detalhes dourados e painéis de seda cor-de-rosa. O mesmo material forra a parte debaixo das janelas, cobertas parcialmente por cortinas de renda fartamente pregueadas.

O mobiliário é francês, estilo imperial. Cadeiras douradas de formato delicado, e impossíveis de serem usadas, estofadas com brocado em tom pastel, espalham-se no salão. Há dois ou três sofás com almofadas de edredom, rosa-claro e amarelo, e uma ou duas telas graciosamente pintadas. Nas diversas mesas, vê-se uma infinita variedade de objetos, misturados de forma estudada.

O serviço de chá fica em um canto da sala e lá ele bebe com frequência essa bebida social e feminina. Tudo na sala é de extremo bom gosto, e nada indica por um momento um toque masculino.

A sala de jantar é convencional, com tapeçarias penduradas e iluminada só pelos candelabros de prata presos nas paredes e diversos objetos de prata no aparador.

No quarto, Santos Dumont deu livre expansão ao seu gosto. Tudo é azul e branco, e muito feminino. As paredes são forradas de seda azul-clara com um filó branco por cima. A cama é revestida de tecido e as cortinas das janelas são presas por faixas de cetim com laços enormes. No chão, espalham-se tapetes azuis e brancos. A mobília é branca e azul, e de costas para a parede vê-se um grande toucador todo branco, com uma profusão de artigos de toalete de prata. É um quarto que sugere a presença de uma jovem elegante, mas é a expressão do gosto de um dos grandes inventores da época, que revela sua dupla personalidade.

No trajar, também, o sr. Santos Dumont mostra inclinação por coisas não masculinas. Os dedos são cobertos por anéis de vários modelos, muitos deles com pedras coloridas. Da algibeira do relógio pendem inúmeros berloques, e sua coleção de alfinetes de gravata é grande e variada. Sempre usa uma pulseira ou duas, e pode-se afirmar que, se outras joias fossem permitidas, o sr. Santos Dumont as usaria. [...]

A vida social não o atrai. Ele recebe inúmeros convites para jantares, bailes e programas à tarde. Aceita alguns; com mais frequência os recusa. Não é uma boa companhia para jantar porque não gosta de conversas frívolas. Parece sempre entediado e, em geral, assustado como uma jovem em sua primeira festa. [...]

Por algum motivo obscuro, ele adquiriu a reputação de grande sedutor de mulheres, mas não há em suas maneiras nada que indique, nem remotamente, seu interesse pelo sexo oposto. As mulheres se sentem atraídas por ele, porém é difícil que alguma encontre eco aos seus anseios.[15]

Santos Dumont era o assunto preferido dos cartunistas de editoriais. Os jornais de Hearst publicaram uma ilustração de aeronaves circulando sobre uma cabana de esqui no topo de uma montanha com o título "A futura casa de verão dos ricos".[16] E um desenho no *Brooklyn Daily Express*, com o título "Talvez Santos Dumont solucione o problema da ponte",[17] mostrava automóveis suspensos por dirigíveis sobre o rio Hudson. Outra ilustração o mostrava olhando para os seios fartos de uma mulher, explicando-lhe que numa emergência ele sempre procurava o lugar mais macio para pousar.[18]

Em seu primeiro dia em Nova York, Santos Dumont passeou em Manhattan e admirou os arranha-céus. "São muito mais altos", disse, "que qualquer prédio em que eu tenha colidido em Paris."[19] Ficou desapontado, no entanto, de não ver nenhum hangar de balões. Pensava que a aerostação fizesse parte da vida cotidiana da cidade. Quando voltou essa noite para o hotel Netherland, onde pendurara no teto do quarto um protótipo de 2 metros do Nº 6, a correspondência se acumulara. A maioria das cartas era de caçadores de autógrafos usuais e de pseudoinventores oferecendo sugestões simplórias, mas duas cartas chamaram sua atenção: um convite de Thomas Edison para ir à sua casa no domingo e a oferta de apoio financeiro de uma companhia de estrada de ferro. A Brooklyn Rapid Transit Company, empresa responsável pela circulação de trens entre Manhattan e o Brooklyn, lhe pagaria 25 mil dólares para ele voar de Brighton Beach até Narrows, contornar a estátua da Liberdade, depois subir o East River, sobrevoar a ponte do Brooklyn e voltar ao ponto de partida. Eles propuseram também uma temporada de um mês de voos em Coney Island para que pudessem contrabalançar o dinheiro gasto com seus honorários atraindo passageiros adicionais ao Brooklyn. (O interesse da Brooklyn Rapid Transit Company foi de certa forma irônico, pois os aviões, por fim, desativaram muitas estradas de ferro.)

Em 13 de abril, Santos Dumont e Aimé visitaram Edison em West Orange, Nova Jersey. Durante uma hora, o Bandeirante dos Ares e o Feiticeiro de Menlo Park discutiram sobre a aeronáutica. A conversa, gravada por um repórter, começou com uma observação filosófica, e foi Edison quem mais falou.

> Fui à Flórida recentemente e um dia observei uma grande ave — creio que era um abutre — flutuar no ar por uma hora com movimentos quase imperceptíveis das asas. Quando Deus criou esse pássaro, Ele lhe deu uma máquina para voar, mas não muito mais que isso. Deu-lhe um cérebro bem pequeno com o qual dirigir o movimento da máquina, porém ao homem Ele deu um cérebro muito maior comparado com o desse animal.[20]

E então, Edison continuou dizendo que sempre acreditou que o homem possuía inteligência suficiente para solucionar a questão do voo humano. "Mas você foi o único que fez isso", disse, meneando a cabeça com aprovação. "Tenho certeza de que você nunca pensou no problema da navegação aérea", Santos Dumont argumentou, "pois teria realizado há anos mais do que fiz até agora."

> Você está enganado. Interessei-me pela aeronáutica há muitos anos e construí um motor especialmente leve para ser acionado por pólvora explosiva. Fiz vários experimentos com ele, porém trabalhava com um modelo pequeno e não fiz tentativas de voar. Desisti de continuar o projeto porque tinha outros interesses muito mais

proveitosos. O problema da navegação aérea teria sido resolvido há trinta anos, se os inventores tivessem contado com a proteção dos escritórios de patentes.

Santos Dumont ficou cabisbaixo. Comentou com Aimé que, então, o homem teria voado antes que ele tivesse nascido. Notando o desconforto de seu hóspede, Edison acrescentou rapidamente: "Mas você tem razão. Está no caminho certo. Construiu uma aeronave dirigível e deu um passo adiante para encontrar a solução final do problema. Continue nesse rumo. Porém, livre-se de seu balão. Construa aeronaves cada vez menores." Edison não confiava em balões porque achava que qualquer que fosse a potência do motor, eles não resistiriam ao golpe de um vento forte.

"Você percebeu que diminuo o tamanho do balão cada vez que construo uma nova aeronave?", disse Santos Dumont. "Sim, mas reduza-os ainda mais. Você está indo bem, porém levará muito tempo até que as aeronaves sejam comercialmente viáveis. Quando você conseguir diminuir de tal forma o balão que ele não possa ser visto nem com um microscópio, a questão terá sido resolvida."

"Veja o caso do abutre...", continuou Edison. Como decano dos inventores norte-americanos, pensava ser seu papel fazer longos solilóquios, e seu público em geral apreciava cada palavra, apesar de que no caso de Santos Dumont fosse ele o interessado no assunto. Nessa ocasião, Edison fez um discurso especialmente longo e enfadonho em razão da presença do repórter:

> É uma máquina voadora natural milhares de vezes mais pesada que o ar que desloca. Em poucos segundos de voo pode alcançar uma distância em que o homem se depara com todos os tipos de obstáculos, e quase não há movimento de asas nessa operação. É só uma máquina e um pequeno cérebro, e nem tampouco uma máquina muito especial. Por que o homem não consegue fazer uma máquina voadora tão eficiente como uma ave? Muitas pessoas dizem que o homem não foi feito para voar; se a natureza tivesse tido a intenção de dotá-lo com esse dom, ele teria a maquinaria necessária em seu corpo, assim como os pássaros. Mas pode-se dizer que o homem nunca pretenderia ter mais luz além da luz do Sol, da Lua ou das estrelas que lhe cabiam,

originalmente, no universo, ou que não deveria mover-se mais rápido com a ajuda de rodas porque não lhe foram dadas pela natureza.

O homem ou os homens que resolverem de fato o problema de voar não estarão descobrindo nada de novo. Bastará colocar motores possantes e supercompactos em estruturas extremamente leves. Sem dúvida, essa estrutura será similar à de uma ave. Não acredito que isso seja um projeto difícil, porque temos hoje muitos dispositivos mecânicos superiores aos utilizados pela natureza em seres humanos e animais, e não vejo por que não podemos inventar um aparelho que será, no mínimo, igual à máquina e ao cérebro do pássaro.

Edison repetiu que Santos Dumont estava no caminho certo. Concordou que o motor a gasolina era o mais adequado para uma máquina voadora, e que lamentava que o acumulador de energia que inventara havia pouco tempo fosse muito pesado para uma aeronave. Explicou que estava desenvolvendo uma nova versão mais compacta e prometeu que daria a primeira a Santos Dumont, não para ele utilizá-la como fonte de propulsão, mas como um eficiente gerador de fagulhas para pôr em funcionamento o motor a gasolina. Santos Dumont estava encantado com o apoio de Edison e perguntou-lhe se continuaria suas experiências no campo da aeronáutica. Edison replicou:

Não farei nenhum empreendimento que não possa ser protegido dos piratas que vivem do trabalho dos inventores, e não acredito que se possa patentear uma máquina voadora nem um aeroplano, ou qualquer um de seus componentes. Caso alguém consiga construir uma máquina voadora bem-sucedida comercialmente, dúzias de pessoas irão de imediato copiá-la e tirar proveito do trabalho original do inventor. Nenhum juiz neste país reconheceria esse aparelho como uma verdadeira invenção, porque já tanto foi feito e escrito sobre o assunto que a única diferença entre uma máquina bem-sucedida e os inúmeros fracassos ocorridos será muito tênue. Duvido que se descubra um novo princípio ao qual possa ser feita uma reivindicação de patente.

Os comentários de Edison eram proféticos, como demonstram as longas e desagradáveis disputas sobre patentes em que os irmãos Wright logo depois se envolveram. No imaginário dos norte-americanos, inventores como Edison e os Wright tinham a reputação de capitalistas implacáveis.

Quando Santos Dumont saiu da casa de Edison, o repórter perguntou-lhe sua opinião sobre as duas abordagens diferentes em aeronáutica.

> Gostei de conversar com o sr. Edison. Ele é um homem com visão prática. Não creio que nossas ideias sejam tão diferentes. Ele disse que estou no caminho certo. Não pretendo encerrar ainda minhas experiências com balões, mas faço os invólucros de gás cada vez menores e tenho aumentado a força do motor, então talvez daqui a algum tempo atingirei o plano do sr. Edison. Infelizmente, o que ele diz sobre o reconhecimento do trabalho do inventor é verdadeiro, porém jamais me importei com isso. Nunca tentei patentear minhas aeronaves e não pretendo fazê-lo. Destinarei o dinheiro que receber dos prêmios a experimentos futuros em aeronáutica.

Edison ficara impressionado com as experiências de Santos Dumont e, assim que o brasileiro partiu, telefonou para o presidente Theodore Roosevelt. Três dias depois, em 16 de abril, Santos Dumont almoçou na Casa Branca.

"Estou feliz em vê-lo e felicitá-lo. Meu filho interessa-se muito pelos seus experimentos aéreos e ele espera que logo sua aeronave aterrisse nos jardins da Casa Branca",[21] disse Roosevelt.

"Farei o melhor possível. Se conseguir, ficarei feliz de levá-lo a um passeio em minha aeronave" respondeu Santos Dumont.

"Neste caso", replicou o presidente, "não será o menino que você levará, mas a mim mesmo".

Os tabloides fizeram diversas matérias engraçadas com a ideia de Roosevelt voar. O *Brooklyn Eagle* publicou um cartum com o título "Os bravos cavaleiros do futuro",[22] mostrando o presidente, espada na mão, montado num balão como num cavalo e conduzindo vários dirigíveis ao combate.

Na verdade, de todos os Roosevelt, parecia que a filha do presidente, Alice, era a que tinha mais chance de fazer uma ascensão com Santos Dumont. Em um jantar na embaixada do Brasil em sua homenagem, ela sentou-se ao seu

ASAS DA LOUCURA

lado. Falaram sobre aeronaves, e ele disse-lhe que era uma responsabilidade muito grande ascender com o presidente dos Estados Unidos. Ela então perguntou-lhe se pretendia voar em Nova York antes da feira de St. Louis.

"Sim, estou com esse plano", consentiu Santos Dumont.

"Você me levaria nessa viagem?",[23] Alice perguntou.

Santos Dumont pensou que ela estava só entabulando conversa e, brincando, respondeu que seria a primeira mulher a voar em uma de suas aeronaves. Mas a proposta era séria.

"Vivemos em Long Island, como você sabe, perto de onde irá voar, e espero que cumpra a promessa", ela arrematou.

"Muito bem", respondeu Santos Dumont.

Mais tarde, comentou com amigos que, se ela insistisse, ele cumpriria a promessa.

Depois da Casa Branca, Santos Dumont visitou Langley no Instituto Smithsonian. Langley mostrou-lhe os últimos modelos de sua máquina voadora e explicou-lhe que estava construindo uma versão maior capaz de carregar um homem, mas que estava com dificuldade de encontrar alguém para pilotá-la. "Neste caso", disse Santos Dumont, "estou às suas ordens para realizar uma experiência ao ar livre."

Santos Dumont estava simplesmente sendo bem-educado. Não acreditava que os mais pesados que o ar conseguiriam voar. "Até que um motor totalmente confiável seja encontrado, ao mesmo tempo leve e potente, o aeroplano jamais poderá ser realmente testado",[24] comentou com um repórter.

Atualmente, não existe um motor no qual se possa confiar, e que não pare de repente, às vezes em um momento crítico. Com um aeroplano pesado, este contratempo causará a morte de qualquer um que tenha confiado em sua potência. Um protótipo e uma máquina voadora real, capaz de suportar o peso de um homem, são duas coisas muito diferentes. O protótipo pode funcionar muito bem segundo as expectativas do inventor e, contudo, assim que o construírem em uma escala maior, todas as suas qualidades o abandonarão. É como se houvesse algum elemento impossível de definir que dificulta qualquer pesquisa. Até agora, apesar de suas desvantagens evidentes, o "mais leve que o ar" parece ser a direção certa para se alcançar resultados práticos.

Antes de partir de Washington, Santos Dumont visitou o Ministério da Fazenda para pedir a liberação do Nº 7 sem o pagamento do imposto, argumentando que a aeronave era um aparelho científico. Visto que nenhum balão a motor voara nos Estados Unidos, os funcionários da alfândega queriam provas que a máquina não fosse uma fantasia. Santos Dumont, sem ser ouvido por eles, comentou com Aimé sobre a ironia de ter conduzido a aeronave em torno da torre Eiffel com mais facilidade do que a estava manobrando através da alfândega norte-americana. Até mesmo Langley, com sua influência, não conseguiu liberar a aeronave, e Santos Dumont gostaria que ele tivesse pedido ao presidente Roosevelt para intervir. O Departamento do Tesouro informou-lhe que teria de pagar a quantia exorbitante de 630 dólares.

Logo depois, Santos Dumont fez uma rápida viagem a St. Louis. Os organizadores da Feira Mundial propuseram a realização de uma competição aérea de St. Louis a Chicago. Mas, ao inspecionar o terreno da feira, ele convenceu os organizadores de que a distância estava além do alcance de qualquer balão a motor. Além disso, essa competição não agradaria aos espectadores, porque a aeronave logo estaria fora de vista. Em vez disso, propôs um percurso triangular de 8 quilômetros, com balões cativos coloridos marcando cada ponto de retorno. De volta à Costa Leste, Edison concedeu uma entrevista coletiva e declarou que o trabalho de Santos Dumont lhe parecera tão promissor que pedira ao brasileiro para organizar o primeiro Clube de Aeronáutica dos Estados Unidos. "Há muitas pessoas interessadas nesse empreendimento",[25] disse, "e provavelmente eu me associaria a ele". Esse era o tipo de manifestação pública de confiança que Santos Dumont precisava, e veio na hora certa. Em 19 de abril, um dos implacáveis inimigos do voo tripulado, lorde Kelvin, chegou de navio a Nova York. Em sua primeira entrevista à imprensa, antes de sair do porto, Kelvin criticou com veemência as aeronaves. Santos Dumont nunca recebera críticas tão duras.

Sob a manchete "A aerostação é inútil, diz lorde Kelvin", os tabloides de Nova York apresentaram a história como um caso dramático. Tratava-se de uma lenda geriátrica no campo científico, cuja saúde ficara abalada em uma viagem agitada através do Atlântico, e apelava para toda a força que lhe restava para denunciar um charlatão:

ASAS DA LOUCURA

Alquebrado pelo peso dos anos, o cabelo branco e a aparência frágil, lorde Kelvin, o mais famoso cientista do século, deixou o navio Campania apoiando-se pesadamente no braço da esposa. Seu antigo porte robusto e atlético está combalido, seu rosto encovou-se. A barba branca espessa que varre seu peito encobre um pouco a agudeza do semblante. Mas os olhos, aqueles olhos que tanto sondaram os mistérios da ciência elétrica, em especial, são tão brilhantes quanto antes. [...] No cais, levaram-no a um banco. Deixou-se tombar sobre ele, como se estivesse fisicamente exausto. Mas, no momento em que mencionaram a aeronave de Santos, seu interesse despertou. Era como se tivessem dado um remédio para reanimar um homem prestes a perder a consciência. Seu corpo retesou-se. Olhou para cima com uma expressão alerta. "A aeronave de Santos?", perguntou. "Ah! Vocês querem minha opinião, eu lhes darei tranquilamente. Acho que ela não tem nenhum valor prático." Sua voz era fraca e trêmula quando começou, mas pouco a pouco ficou mais forte. "A aeronave de Santos Dumont é um devaneio e um embuste", continuou lorde Kelvin. "A ideia de balões impulsionados por remos é antiga e nunca teve utilidade prática. Não posso conceber como Santos Dumont causou tanta sensação. Seu plano é inútil, inútil", e lorde Kelvin sacudiu a cabeça e levantou as mãos num gesto depreciativo. [...] "Porque uma aeronave desse tipo para transportar passageiros — isto é, passageiros que pagariam por isso — não é viável."[26]

Duas semanas mais tarde, Santos Dumont voltou para a Europa. Antes de partir, deu uma entrevista à imprensa no mesmo local que Kelvin:

Não levei em consideração a declaração de lorde Kelvin sobre a inutilidade da minha aeronave pela simples razão que, como todos sabem, ele não é uma autoridade em máquinas voadoras. Admiro lorde Kelvin, mas não me agrada ouvi-lo falar sobre um assunto que lhe é praticamente desconhecido. Suas opiniões contradizem as observações científicas de Thomas Edison, segundo as quais, eu resolvera o problema da aerostação.[27]

162 PAUL HOFFMAN

Depois, desculpou-se com os repórteres por não ter voado na América.

> Esta é a única forma, penso, de estimular os capitalistas a construir máquinas voadoras. Foi dessa forma que os automóveis surgiram. Um foi fabricado e exibido em Paris e, em curto espaço de tempo, aperfeiçoaram-no e novas ideias desenvolveram-se até chegar ao estágio atual, em que poucos veículos nas ruas são puxados a cavalo.

Comentou que sua recepção na América fora gratificante e que esperava voltar em agosto, porém não poderia se comprometer a circum-navegar a estátua da Liberdade ou voar sobre Brighton Beach. Protestara contra os planos de seus patrocinadores de cobrar ingressos para os voos e dar-lhe uma porcentagem do dinheiro arrecadado. "Sou um amador",[28] disse, "e fazer exibições segundo as condições propostas exigiria profissionalismo." Revelou que vendera o Nº 6, que estava sendo consertado em Londres, para a Brooklyn Rapid Transit Company.

> Deixarei o Nº 7 neste país e, se possível, o levarei a Washington no próximo inverno e farei alguns voos lá. Com esta máquina, que transportará quatro pessoas, poderei voar da cidade de Nova York até Washington sem nenhuma dificuldade a uma velocidade de 64 quilômetros por hora. Contudo, é apenas o começo do que realizarei dentro de poucos anos se contar com o apoio dos nor-te-americanos.[29]

Mencionou ainda que estava construindo outra aeronave para uma pessoa em Chicago, cujo nome não podia revelar. "Se alguém me der 1 milhão de dólares para construir uma máquina",[30] concluiu a entrevista, "farei uma aeronave que cruzará o Atlântico em dois dias, com capacidade para transportar duzentos passageiros." Agora, até mesmo seus seguidores leais discerniam os grandiosos pronunciamentos que ele não cumpria e, quando chegou a Paris, um jornalista que o esperava no porto perguntou-lhe se realmente acreditava no voo transatlântico.

> Claro que sim, e a proposta não é impossível. Quanto à velocidade, tenha em mente que meus últimos balões e os anteriores viajavam

ASAS DA LOUCURA

mais rápido pelo ar que o Deutschland no oceano. [...] Bastará construir um aeroplano com base nos meus balões existentes, mas numa escala maior, e com uma velocidade que permita percorrer a distância entre Nova York e Paris em dois dias.[31]

O jornalista indagou se seria realmente necessário 1 milhão de dólares para construí-lo.

Quanto à necessidade de 1 milhão de dólares, você pensou só no custo de dois hangares, um na América e outro aqui? Para duplicar um abrigo adequado para o balão, tendo em vista o local e os equipamentos, gastar-se-ia 300 mil dólares. Não se esqueça que esse tipo de balonagem é muito caro. Veja, eu gastei 20 mil dólares num abrigo de um dos meus balões bem menor em comparação a esse aeroplano.

"Quem lhe daria essa quantia?"

Encontrei na América capitalistas interessados em aeronáutica, homens de recursos — homens ricos — extremamente interessados em meus experimentos. Em relação à timidez do público para fazer ascensões, lembre-se de que os homens e as mulheres hoje se adaptam mais rápido às mudanças que há poucos anos. Antes você não conseguiria persuadir uma mulher a dirigir um automóvel. Agora as vemos andando por todo lado. Quando a filha do presidente Roosevelt disse que queria fazer um passeio em minha aeronave, ela não estava brincando, sua proposta era séria.

"E você acredita que o trajeto transatlântico será realizado?"

Claro que sim.

"Quando receberá o milhão de dólares?"

Ao recebê-lo, estarei pronto para realizar o projeto.

"Suponha que você seja pego em uma tempestade no mar, como as que ameaçam os navios a vapor!"

O navio corre perigo porque não pode navegar em meio a uma tempestade ou avançar mais rápido que ela. Mas o balão pode fazê-lo. Pare o motor e o balão será impulsionado pelo temporal "perdendo velocidade", claro, mas seguindo seu curso. Ou você pode subir acima da tempestade. Se dermos a um grande balão um motor potencialmente proporcional, as pessoas incrédulas verão a viagem transatlântica se realizar.

"Por 1 milhão?"

Por 1 milhão.

Santos Dumont passou poucas noites em Paris. Estava impaciente para chegar a Londres e ver os progressos dos mecânicos na reconstrução do Nº 6. O aeroclube britânico aceitara a proposta de construir um aeródromo próximo ao campo de polo do Palácio de Cristal, e ele retribuiria o favor fazendo alguns voos sobre a cidade. Isso precisava ser feito logo, para que pudesse enviar o balão aos novos donos em Coney Island. Quando chegou ao Palácio de Cristal, viu o balão pendurado na sala de concerto. Dominado pelas recordações da circum-navegação da torre Eiffel, comunicou que faria uma demonstração em uma semana. Na noite de 27 de maio, dois de seus operários esvaziaram o balão e, para protegê-lo, envolveram-no numa lona e o transportaram com cuidado do Palácio de Cristal ao novo hangar. Exceto por intervalos curtos para as refeições, os homens não o perderam de vista — até mesmo dormiram perto dele. Em virtude de um lado do hangar estar ainda em construção, pessoas estranhas poderiam ter circulado no local, mas os operários não viram nenhum movimento suspeito. No dia seguinte, Santos Dumont supervisionou a abertura do envoltório. Viu os operários colocarem o balão ainda coberto pela lona no centro do pavimento. Os cantos da lona haviam sido amarrados com um nó acima do balão, de tal modo que nenhum pedaço de seda fosse visível. Os homens desfizeram o nó e arrancaram a cobertura de proteção. Perceberam de imediato que algo estava errado. A seda próxima à válvula de entrada estava rasgada. Apressados, estenderam o balão no solo e viram duas séries de cortes concêntricos em quase todo o balão. A princípio, Santos Dumont nada disse; caminhou e chutou o chão. Depois explodiu: "Isso é um ultraje, jamais esperei algo assim aqui. Em Paris eu tinha alguns temores, mas não aqui. Isso parece ter sido feito com uma faca."[32] Afirmou que era trabalho de um "louco" — um competidor maldoso. "Dizem que todos os aeronautas são loucos. Talvez seja essa a razão para tal ato."[33]

A polícia tinha uma explicação diferente. Estavam convencidos de que o dano fora causado pelas dobras da seda que se prenderam no ilhós da

ASAS DA LOUCURA 165

válvula e rasgaram-se por causa do peso do balão. "Não pode ser", disse Santos Dumont.

> Meus operários já embalaram o balão mais de vinte vezes e nunca aconteceu nada parecido. Ocasionalmente, percebiam-se pequenos buracos, mas jamais algo tão sério. Não posso confiar minha vida a este balão, é impossível reconstruí-lo. Quando caí no mar em Mônaco, ele rasgou pela metade e pôde ser consertado, mas desta vez não há nada a fazer.[34]

No entanto, a polícia não estava convencida. Chamaram Stanley Spencer, um aeronauta britânico muito conhecido, para inspecionar a avaria. Ele concordou que a válvula poderia ter ocasionado os cortes. O tecido, disse, deteriorou-se "pela ação do gás utilizado em ascensões anteriores e pelo efeito do ambiente aquecido e dos raios de sol quando a aeronave esteve exposta no prédio do Palácio de Cristal".[35] Acrescentou que não estava "surpreso que o acidente tivesse ocorrido, pois a vida útil de um balão é limitada a duas temporadas e, de certa forma, as graves vicissitudes pelas quais passara, sobretudo a queda no mar em Mônaco, sem dúvida o enfraqueceram consideravelmente".

Santos Dumont considerou a explicação de Spencer um absurdo e partiu com pressa para Paris no dia 4 de julho, deixando o invólucro danificado em Londres para que pudesse ser exibido ao público por alguns dias.

> Quando vimos o dano, percebemos que fora feito por alguém com um instrumento cortante. Os furos foram feitos um atrás do outro, dobra por dobra. Podia-se vê-los atravessar o balão. Nada me faz pensar de modo diferente. Foi um ato de maldade deliberada.[36]

Ele ainda não perdoara o Aeroclube de Paris e, portanto, focou sua atenção em Nova York. A cidade de Nova York lhe parecia ainda mais atraente agora que fora criado um Aeroclube da América com Thomas Edison, Alexander Graham Bell e Nikola Tesla entre os membros fundadores. Com o apoio financeiro da Brooklyn Rapid Transit Company, que ainda tinha esperanças de que Santos Dumont sobrevoasse Coney Island, o clube estava construindo para ele um gigantesco aeródromo com 58 metros de comprimento, 41 de largura e 30 metros de altura — próximo ao teatro de Brighton Beach. Além de abrigar uma usina de produção de hidrogênio e uma oficina mecânica, o hangar incluía aposentos para Santos Dumont e seus assistentes. Preocupada com o vandalismo em Londres, a companhia de estradas de ferro prometeu-lhe que "alguns detetives particulares montariam guarda dia e noite para evitar aborrecimentos com pessoas desajustadas ou outros problemas".[37]

Santos Dumont estava contente com o progresso em Nova York, mas ainda ambicionava obter um prêmio. "Não pretendo preparar minha máquina e voar sobre Nova York sem um propósito concreto, simplesmente para demonstrar que posso navegar no ar",[38] disse, "quero que me deem uma tarefa definida. Meus operários em Nova York aprontarão o balão assim que eu chegar caso um incentivo adequado seja oferecido, e então ascenderei imediatamente, com toda a probabilidade em Coney Island."

Em 12 de julho, enquanto Santos Dumont ainda estava na Europa, as peças do Nº 6 chegaram a Brighton Beach em caixotes, embrulhadas em oleados, e cinco operários franceses juntaram-nas diante dos olhos vigilantes dos guardas da companhia que afastavam os espectadores. George Francis Kerr, secretário do Aeroclube da América, recebeu um telegrama do aeronauta: "O navio parte no dia 17. Meus operários querem algo daqui? Telegrafar para Santos. Hotel Ritz."[39] Kerr respondeu que eles queriam cigarros franceses. No dia 20 de julho, a aeronave, com uma estrutura quase idêntica àquela que circundara a torre Eiffel, mas com um novo balão, foi inflada pela primeira vez, e Kerr mostrou-a aos funcionários da cidade. O invólucro tinha a forma familiar de um charuto com extremidades cônicas e media 38 metros de comprimento e 6 de diâmetro. O lastro de cinquenta sacos de areia balançava nas laterais a igual distância entre eles. Os funcionários ficaram impressionados com a "execução delicada"[40] da armação de 21 metros. "Só se utilizou cipreste da mais alta qualidade em sua construção, e as conexões das peças foram tão bem executadas que são quase imperceptíveis."

Dois dias depois, Santos Dumont chegou a Nova York no navio Kronprinz Wilhelm. Por alguns momentos, não o reconheceram, porque raspara o bigode e estava sem joias e chapéu. Registrou-se no hotel Waldorf-Astoria e

ASAS DA LOUCURA

almoçou com Kerr, que lhe apresentou uma oferta do Aeroclube da América de 25 mil dólares se conseguisse contornar a Estátua da Liberdade partindo de Brighton Beach. Santos Dumont pareceu contente. Além de ser uma quantia apreciável, sua fonte, a organização de Thomas Edison e Graham Bell, garantia-lhe respeitabilidade. À tarde, visitou o aeródromo no Brooklyn. Depois de cumprimentar os operários e dar-lhes seus cigarros, inspecionou a aeronave

> como um cavaleiro inspeciona um cavalo ou um capitão, seu navio. [...] Testou os cabos finos de aço que conectavam o balão à delicada estrutura sob ele. Depois testou a solidez do motor localizado no centro da máquina e experimentou a cesta de vime. Balançou-a, com o propósito evidente de verificar quão solidamente ela estava presa à estrutura.[41]

Pareceu satisfeito com o estado da aeronave, mas em vez de marcar uma data para o voo, ou negociar detalhes do prêmio com o aeroclube, foi passar uma semana em Newport, Rhode Island, para participar das festas e dos banquetes oferecidos pela sociedade nova-iorquina que lá veraneava. O cassino de Newport acabara de ser iluminado pela primeira vez com luzes elétricas, 2 mil lâmpadas vermelhas, brancas e verdes, e Santos Dumont acompanhou Alice Roosevelt para vê-las. Mas não arriscou dinheiro nas mesas de jogo, porque pensava que o jogo, assim como o fumo, era imoral.

Os jornalistas de Rhode Island ficaram desapontados por ele não ter voado sobre Newport e, então, publicaram uma história tola sobre sua coragem em terra firme:

> Newport, R.I., quinta-feira — O sr. Santos Dumont sabe evidentemente alguma coisa sobre cavalos alados, bem como sobre máquinas voadoras. O celebrado aeronauta foi hóspede esta manhã do sr. W. Gould Brokaw num passeio de automóvel pela Bellevue Avenue, e sob o comando do sr. Brokaw ele ajudou a acalmar um cavalo que ficara histérico com a visão do automóvel. O sr. Lewis Coelman Hall também fazia parte do grupo. Ao ver que o cavalo, montado por uma mulher, cujo nome desconhecemos, estava prestes a jogá-la no chão, todos os três homens... abandonaram o "auto" e seguraram o cavalo aos pinotes no verdadeiro estilo de um

caubói. Não demoraram a amainar o animal e, embora no momento em que o cavalo tentava livrar-se dos arreios que o prendiam a mulher parecera em grande perigo, ninguém se machucou e não houve nenhum tipo de dano.

O sr. Dumont visitou o cassino esta manhã e, naturalmente, atraiu muita atenção. Encontrou-se com as sras. Stuyvesant Fish e Oliver Harriman, e durante dez minutos o grupo ficou absorto em conversas sobre máquinas voadoras, ou "aeronaves", como o sr. Santos Dumont prefere chamá-las. Ele parte amanhã, mas retornará dentro de poucos dias.[42]

De volta ao Brooklyn, nem tudo caminhava bem com a aeronave. "Duzentas pessoas ficaram muito assustadas",[43] noticiou o *Herald*, quando no dia 10 de agosto, à tarde, os operários de Santos Dumont testaram os propulsores. Eles moviam-se com tanta força que diversas mulheres atrás de uma cerca se amedrontaram:

> e tentaram movimentar-se através da multidão. Aqueles que estavam detrás tentaram se aproximar da aeronave. A cerca cedeu e caiu em cima dos grandes propulsores. Em um segundo, havia um enorme alvoroço no prédio. Os propulsores voavam por todos os lados com a velocidade de um raio, e diversas pessoas escaparam por pouco de ser atingidas.

Depois, verificou-se que uma hélice de um dos propulsores se danificara ligeiramente, porém era uma avaria de fácil reparo.

No dia seguinte, outro acidente foi mais sério. Depois que os operários ligaram o motor, ouviram "um barulho alto seguido por um baque estrondoso. [...] As lâminas de aço da armação do balão de seda curvaram-se e quebraram-se, enquanto a seda rasgou-se em farrapos. O propulsor ficou retorcido".[44] Os homens não sabiam ao certo a causa do problema, mas o fato de a máquina ter se danificado ainda em terra, protegida do vento pelo abrigo, obviamente não era um bom sinal.

Quando Santos Dumont soube do acidente, não pareceu preocupado. Deixou-o de lado e falou para os representantes do aeroclube que contornaria a Estátua da Liberdade em uma semana. Mas pediu-lhes segredo porque

ASAS DA LOUCURA

não queria desapontar ninguém caso fosse preciso cancelar o voo no último minuto em razão do mau tempo. Em 14 de agosto, quando seus amigos na cidade pensavam que ele estava passando o dia com o secretário de Estado brasileiro, Santos Dumont embarcou tranquilo no navio Touraine e partiu para a França. Apesar de seu nome não constar da lista de passageiros, divulgada rotineiramente antes da viagem, a luxuosa cabine nº 333 havia sido reservada para ele. Antes de partir, ele comentou:

> Estou desgostoso com tudo isso e volto para Paris até a realização da Exposição de St. Louis, quando sem dúvida voarei. Tenho a certeza de que os norte-americanos ficarão desapontados com minha partida sem ter feito a viagem de Brighton Beach a Battery, mas o [...] prêmio que me seria oferecido demorou tanto para se concretizar que me aborreci. Não sou um homem rico e não posso fazer esse tipo de exibição sem alguma segurança de que minhas despesas serão pagas.[45]

A princípio, George Francis Kerr recusou-se a aceitar a notícia da partida do aeronauta. O dinheiro do prêmio estava garantido, disse, e quase todos os preparativos para o voo haviam sido feitos.

> Ontem mesmo o sr. Santos Dumont pediu-me para encomendar o hidrogênio para inflar o balão. E ele, todo o tempo, parecia muito entusiasmado com a viagem. Se o sr. Dumont já não tivesse feito outras ascensões, eu poderia explicar sua súbita partida por um ataque de pânico, mas, como todos sabem, ele é um homem corajoso e fez várias exibições para provar isso. [...] É claro, tudo que podemos fazer é esperar que o sr. Dumont retorne ou chegue a Paris, e aí talvez obtenhamos uma explicação mais lógica para sua conduta até agora inexplicável.[46]

Mas nunca houve uma explicação satisfatória. Na verdade, suas observações em Paris soavam mais estranhas e estrepitosas. Descrevendo o pretenso fracasso do Aeroclube da América para ultimar o prêmio de 25 mil dólares como "a maior decepção da minha vida",[47] disse que perdera as esperanças de que a América fosse suficientemente audaciosa para liderar o desenvolvimento da "ciência romântica da locomoção aérea". Penitenciou-se por não ter reconhecido, em primeiro lugar, que:

> a França é a única nação que possui a necessária imaginação e fé para entrar com seriedade e confiança nesse campo. Minha experiência na Inglaterra e nos Estados Unidos comprova que os anglo-saxões não têm o temperamento apropriado e que, portanto, a França deve permanecer como cenário da luta futura do aeronauta com o ar, até que o problema se resolva. Os nova-iorquinos só investirão dinheiro quando os milionários lhes prometerem que encararão a aerostação como uma moda passageira. O interesse de Chicago provou ter sido uma mera bazófia. Em resumo, toda a atitude da América em relação ao assunto é um blefe total. Perdi meu tempo e alimentei assunto para os tabloides cômicos. Esse foi o resultado de minha viagem aos Estados Unidos.

Nesse verão, a mãe de Santos Dumont, a quem vira raramente na última década, suicidou-se em Portugal, onde fora morar depois de sua viuvez para ficar perto das filhas. As circunstâncias do suicídio são desconhecidas porque os filhos deixaram transparecer que ela morrera de causas naturais. Santos Dumont, por ser o filho que morava mais próximo, responsabilizou-se por ir buscar o corpo e sepultá-lo junto ao pai no Brasil.

11

O primeiro carro aéreo do mundo
(Paris, 1903)

Santos Dumont confidenciou a Sem que perdera a coragem. Temeu ter um acidente antes de alcançar seu sonho aeronáutico — uma máquina de voar pessoal tão confiável quanto um automóvel. Durante toda a vida, quis ser capaz de voar em qualquer momento, para visitar amigos ou sair para jantar. Sua aeronave atual era um aparelho inconstante, que poderia ascender tranquilamente em um dia e perder seu propulsor rotativo no outro. No final de 1902, ele projetou por fim a máquina de seus sonhos, a aeronave Nº 9, o Baladeuse. Continuou também a trabalhar no Nº 7, o balão de corrida que utilizaria em St. Louis. (Não existiu a aeronave Nº 8 porque ele achava que este número não dava sorte depois da queda no Trocadéro, no oitavo dia do mês.)

Em 1902, precisou também achar um novo abrigo para as aeronaves, visto que o Aeroclube de Paris o expulsara do Parc d'Aérostation. Depois de meses de negociações com funcionários da cidade, que convenceram os novos vizinhos em potencial de que ele não iria cair em cima de seus telhados, Santos Dumont instalou-se no subúrbio de Neuilly Saint-James, próximo ao Bois. Era um local vazio, circundado por um grande muro de pedra, que lhe proporcionava o isolamento tão desejado. Os operários seriam as únicas testemunhas dos contratempos que poderiam ocorrer no hangar. O muro impediria, por exemplo, que os transeuntes vissem uma das hélices do propulsor inclinar-se como uma guilhotina descontrolada. A nova instalação, à qual deu o nome de Primeira Estação de Aeronaves do Mundo, só se concluiu em 1903. Havia uma oficina, é claro, uma usina de produção de hidrogênio e alojamentos onde ele e os operários poderiam descansar antes de um voo de madrugada. No total, existiam sete hangares, o maior com 51 metros de comprimento, 9 de largura e 13,6 de altura. Ele empregava 15 homens em Neuilly Saint-James. Apesar de o muro lhe oferecer certa privacidade, curiosos o escalavam com frequência para ver de relance o mais famoso aeronauta da França.

Na primavera de 1903, começou a voar no Baladeuse, "o menor dos dirigíveis possíveis",[1] e ele excedeu suas expectativas. Com 230 metros cúbicos de gás, o Nº 9 era três vezes menor que o Nº 6. O motor Clément tinha 3 HP; com 12 quilos, era tão leve que a pequena aeronave podia substituir seu carro. Nesse verão, o Baladeuse foi seu meio de transporte. Fazia compras, visitava amigos e ia com frequência a restaurantes ou clubes, onde deixava com os porteiros as rédeas de seu corcel alado.

Para celebrar o sucesso do Baladeuse, organizou um dos seus jantares suspensos, tão originais, no Élysée Palace Hotel. Segundo Minnie Methot, uma socialite de Nova York, Santos Dumont levou os convidados para um salão cheio de mesas com pés de 2 metros de altura. As cadeiras, com alturas correspondentes, eram acessadas por meio de degraus portáteis. Os garçons andavam pelo salão com pernas de pau. Uma aeronave em miniatura, que pendia do teto, circulava rapidamente no ar. Depois do jantar, os convidados sentaram-se em cadeiras de 3 metros de altura na sala ao lado para acompanhar uma partida de bilhar jogada em uma mesa colocada à mesma altura. "A sensação era nova e inebriante", disse Methot, "e contaram-nos esta noite que Santos Dumont ficara tão imbuído com seus experimentos em aeronáutica que não conseguia mais jantar com conforto numa altura normal, e preferia a mesa suspensa para uso diário." Outro observador comentou:

> Com o Baladeuse, Santos Dumont procurou provar para um mundo incrédulo a praticabilidade do transporte mais leve que o ar. A uma altura de 20 metros da terra, nível que ele mantém por meio de uma longa corda pendente do balão, de 40 metros de comprimento, o jovem cientista aventureiro voa acima das pessoas, das ruas, descendo de vez em quando para um aperitivo em um café onde pousa a aeronave, e de novo contemplando do

ASAS DA LOUCURA

alto os gestos brincalhões da multidão quando se inclina na extremidade da cesta. Pouco importa que a *guide rope* se emaranhe em árvores e nos tetos das carruagens, toque no dorso de cavalos aterrorizados e enraiveça cachorros pequenos ao se arrastar pelas ruas como uma cobra enorme. Essas exibições impressionantes só aumentam sua popularidade.[2]

Algumas pessoas, como André Fagel, encontravam o aeronauta dia após dia:

Acabara de sentar em um terraço de um café e estava tomando uma laranjada gelada. De repente, surpreendi-me ao ver uma aeronave descendo diante de mim. A *guide rope* enrolou-se em volta dos pés da minha cadeira. A aeronave estava na altura dos meus joelhos e o sr. Santos Dumont saiu dela. Inúmeras pessoas correram para vê-lo e aplaudiram o grande aviador brasileiro; elas gostam de demonstrações de coragem e de espírito esportivo. O sr. Santos Dumont se desculpou comigo pelo susto. Depois pediu um drinque, embarcou de novo na aeronave e partiu planando para o espaço. Sinto-me contente de ter tido a oportunidade de ver esse homem voador.

No dia seguinte, fui ao Bois de Boulogne. Assim que meu carro atravessou a Porte Dauphine, o homem voador desceu na pista. A polícia precipitou-se, interrompeu o trânsito das pessoas a pé ou a cavalo, e de todos os tipos de veículos. Durante poucos minutos todo o tráfego até o Arco do Triunfo parou. Os cavalos resfolegavam, os motores barulhentos dos carros pararam de súbito, sacudindo seus ocupantes. As babás que saíam para passear com as crianças na Champs-Élysées ficaram nervosas. O que estava acontecendo? Era um motim? Será que o rei da Inglaterra retornara à França? Não, era o sr. Santos Dumont em outro de seus passeios aéreos.[3]

Em 23 de junho de 1903, Santos Dumont decidiu pousar o Nº 9 diante de sua casa pela primeira vez. A polícia o desencorajara a descer na Champs-Élysées, uma das ruas mais movimentadas da cidade. Como ele não queria causar um engarrafamento de trânsito, ascendeu ao raiar do dia:

A manobra devendo ter lugar evidentemente numa hora em que a magnífica avenida não apresentasse o burburinho ordinário, eu havia mandado os meus homens repousarem parte da noite na estação de Neuilly Saint-James, onde eu encontraria o aparelho pronto para partir, ao romper da aurora.

Levantei-me às 2 horas, meu cômodo carrinho elétrico levou-me à estação. Quando cheguei, a noite ainda estava escura, e os homens dormiam. Entrei, despertei-os e ativei os preparativos de tal forma que pude erguer o voo, franquear o muro e transpor o rio antes que o dia clareasse. Virei para a esquerda, na direção do Bois, à procura de espaço livre para fazer a *guide rope* com desembaraço. Quando encontrava árvores, "saltava" por cima delas. Assim, navegando, sob a deliciosa frescura da aurora, atingi a Porta Dauphine e a entrada da grande avenida do Bois de Boulogne que conduz diretamente ao Arco do Triunfo. Esse lugar de *rendez-vous* das elegâncias de *Tout-Paris* oferecia no momento o aspecto dum deserto.

"Vou fazer a *guide rope* sobre a avenida do Bois", exclamei, entusiasmado.

Compreender-se-á a significação desse desejo recordando que o comprimento da minha *guide rope* é de apenas 40 metros, e que a melhor manobra é quando o cabo arrasta pelo chão pelo menos uns 15 metros. Tive de descer tão baixo quanto o nível das linhas dos telhados dos dois lados da avenida. [...]

Eu teria podido fazer a *guide rope* por baixo do Arco do Triunfo; não me arrojei porém a tanto. Tomei a direita do monumento, como exigem os regulamentos, pois tinha a intenção de descer em linha reta pela avenue des Champs-Élysées. Mas aí se apresentou um embaraço. Da aeronave, todas as avenidas que se cruzam na "Estrela" se assemelham. Todas pareciam estreitas. Experimentei uma surpresa, um momento de confusão. E só olhando para trás, para consultar o Arco do Triunfo, é que encontrei minha avenida.

Como a do Bois, estava deserta. Um fiacre solitário passava muito ao longe. Enquanto a descia, fazendo a *guide rope* na direção do meu domicílio, no ângulo da rua Washington, pensava no dia, que virá sem dúvida alguma, em que existirão pequenas aeronaves muito maneiras, cujos proprietários não serão obrigados a aterrar na via pública, mas farão apanhar as *guide ropes* pelos seus empregados e descerão sobre os próprios terraços, vastos terraços sem nenhuma saliência nas bordas.

Eu acabava de atingir o canto da minha rua. Inclinei em sua direção e, docemente, comecei a baixar. Dois ajudantes puxaram a aeronave, mantiveram-na no lugar enquanto eu subia à minha casa para tomar uma xícara de café. Da abertura arredondada da minha janela olhava, embaixo, a aeronave. Que a cidade me permitisse e num instante eu faria construir no prolongamento dessa janela uma plataforma ornamental para as minhas descidas.[4]

O voo bem-sucedido deu-lhe coragem para fazer duas experiências inéditas com o Nº 9. Em 26 de junho, desceu numa feira infantil no Bois. Muitas crianças pediram para se juntar a ele em uma ascensão, mas os pais proibiram. No entanto, Clarkson Potter, um menino de 7 anos, insistiu tanto que os pais aquiesceram. Santos Dumont avaliou o peso da criança e decidiu que era leve o suficiente para acompanhá-lo num voo a poucos metros de altura. "O menino será seguramente um magnífico capitão de aeronave, se quiser aproveitar este lado de sua inteligência",[5] comentou Santos Dumont. Potter foi a primeira criança a realizar o sonho de fazer um voo tripulado, embora curto e a baixa altitude.

O segundo "ineditismo" envolveu uma jovem e lindíssima cubana, Aida de Acosta, de 19 anos, de uma família proeminente de Nova York. A jovem terminara os estudos e viera da América com alguns companheiros de colégio para passear na Cidade Luz. Um amigo em comum levou-a à estação de aeronaves e a apresentou ao famoso aeronauta. Esperava-se que as jovens da sociedade tivessem um comportamento reservado, mas, sem a presença dos pais, ela "manifestara-me seu ardente desejo de voar".

> "Quer dizer que você teria coragem de deixar que te conduzissem num balão livre, sem ninguém segurando a *guide rope*?", perguntei.
> "Senhorinha, agradeço a confiança!"
> "Não!", protestou a jovem. "Não quero ser conduzida! Desejo voar sozinha, dirigir livremente, como o senhor!"[6]

176 PAUL HOFFMAN

Ele ficara impressionado com sua determinação e beleza e, depois de três lições na terra e outra em um dos seus jantares aéreos, considerou-a apta a ascender da próxima vez que o tempo estivesse calmo. Os detalhes do voo, apesar de testemunhados por muitas pessoas em Paris, teriam se perdido se ela não os relatasse trinta anos mais tarde. Quando ela desceu, triunfante, em 1903 como a primeira mulher a pilotar uma máquina voadora, seus pais, mortificados pelo episódio, suplicaram a Santos Dumont para manter seu nome longe dos jornais. Segundo eles, só existiam dois momentos adequados para uma mulher ser mencionada na imprensa: por ocasião do casamento ou da morte. Porém, como ele havia conversado com jornalistas antes da recomendação dos pais, só conseguiu parcialmente abafar a atenção da mídia. Em suas memórias, dedicou apenas algumas frases ao voo histórico, sem mencionar o nome de Aida de Acosta.

Os pais ameaçaram deserdá-la caso fizesse mais uma proeza aérea. Nunca mais tentou e, embora tenha mantido em segredo o voo no Baladeuse, não escondia seu fascínio por máquinas voadoras e pelos homens que as pilotavam. Mais tarde, tornou-se amiga de Charles Lindbergh e casou-se com seu advogado, o coronel Henry Breckinridge, secretário-adjunto do Exército dos Estados Unidos durante a presidência de Woodrow Wilson. No início dos anos 1930, ela e o marido receberam um jovem oficial da Marinha, o tenente George Calnan, para jantar em seu apartamento em Nova York. Os homens começaram a falar sobre aviação, e Calnan mencionou que estava interessado em utilizar dirigíveis para fins navais. Sem querer excluir a anfitriã da conversa, Calnan começou a explicar à sra. Breckinridge os rudimentos dos mais leves que o ar.

"Eu voei sozinha em um dirigível", ela interrompeu. "São muito divertidos."[7] Seu marido ficou ainda mais surpreso que o oficial — ela nunca lhe contara suas explorações aéreas. Caracterizando o voo histórico como uma "travessura de colegial", ela relatou como Santos Dumont a treinara:

> Ele mostrou-me como manejar o grande leme, como atirar fora lastro e mover os pesos, e como trabalhar com os propulsores. Há três engrenagens para três velocidades diferentes, devagar, média e rápida. Trabalha-se com elas mexendo apenas uma alavanca. Mesmo no grande dia, não o levei a sério quando ele disse: "Você

vai voar sobre o Bois hoje." Pouco antes de decolar, treinamos um código de sinais com um lenço, e ele me disse que estaria na terra durante todo o tempo do voo. "Observe meus sinais", disse. "Eu a seguirei de bicicleta. Quando eu acenar para a esquerda, dirija-se para lá. Quando eu circular o lenço, deixe o propulsor girar o mais rápido possível. Se eu abaixá-lo, desça gentilmente." Então, parecendo muito solene, amarrou uma corda conectada com a válvula de gás no meu pulso. "Se a aeronave subir demasiado e se tiver medo, puxe esta corda. Isso fará com que o gás escape do invólucro e você começará a descer. Se desmaiar, seu peso provocará a queda do balão com alguma violência, mas sem risco de vida."

Então, fiquei pronta para partir. Ligaram o motor. Com a mão na roda do leme, que se parecia com os grandes volantes dos carros à época, e com os olhos fixos no mostrador diante de mim, saí do hangar, e o dirigível ergueu-se aos ares. Lembro-me de ter passado sobre o Café Madri. O pequeno motor a petróleo funcionava perfeitamente, mas fazia um barulho terrível.[8]

Santos Dumont a seguia em uma bicicleta feminina, a qual preferia ao modelo masculino porque poderia desmontar sem que sua capa se prendesse na barra do meio. "Ele trabalhava mais arduamente com seus pedais que eu com minha aeronave", ela lembrou. "Mas em nenhum momento precisei de ajuda. A máquina funcionava perfeitamente, voando numa altitude constante." Quando sobrevoou um campo, eles se separaram porque ele não pôde escalar uma cerca alta. Por um instante, ela o perdeu de vista, mas se manteve calma, observando a vista de Paris. Por fim, ela o viu a distância, agitando freneticamente o lenço para que ela descesse.

Defronte a ela, depois de umas árvores, estendia-se o campo de polo de Bagatelle, na extremidade norte do Bois, onde um jogo entre norte-americanos e ingleses iria começar. Do alto ela apreciou uma visão única da multidão colorida — os casacos brilhantes, os chapéus de palhinha, os longos vestidos franzidos, os guarda-sóis em cores pastel. Em sua escolha de locais de pouso, ela pensou, Santos Dumont sempre mostrava o gosto latino pelo exibicionismo. A multidão vira a máquina voadora. "Santos! Santos!",[9] as pessoas gritaram quando o balão se aproximou. Mas a figura que o pilotava não era esbelta como ele, e usava um chapéu maior que seu *chapeau melon*.

"*C'est une mademoiselle!*", alguém gritou, e os espectadores se precipitaram para ver melhor a silhueta elegante com um grande e tremulante chapéu preto enfeitado com rosas cor-de-rosa. O motor fazia barulho e os cavalos de polo dispararam. Ninguém perseguiu os animais porque todos estavam fascinados com o espetáculo aéreo — um acontecimento tão raro, que não há registro posterior de uma mulher conduzindo sozinha um dirigível.

> Nunca esquecerei como todas aquelas pessoas me olhavam quando puxei a corda da válvula para soltar o hidrogênio e comecei a descer. Mas a questão mais importante em minha mente era como eu sairia da terrível cesta. Veja, Santos pesava pouco mais de 50 quilos, enquanto eu pesava 65 quilos, e ao passo que ele saltava com facilidade da cesta, fiquei presa lá e não podia me mover. Na verdade, eles tiveram de diminuir o peso do balão antes que eu começasse minha ascensão, retirando algum lastro de areia e o holofote.[10]

Mas não eram apenas os quilos extras que faziam a cesta apertada. Era também seu traje vitoriano, encantador porém volumoso, com a ampla anquinha, a anágua e o xale.[11] Seu garboso mentor era conhecido pelo guarda-roupa aeronáutico inadequado, mas ela o superou.

> Com minha longa echarpe branca e preta, e a saia franzida e apertada, o problema de saltar da cesta diante de todos aqueles homens tornou-se embaraçoso. Por fim, consegui mover-me sozinha o mais possível e, depois, seis homens galantemente inclinaram o cesto e ajudaram-me a sair.[12]

Santos Dumont atravessou a multidão de bicicleta e declarou entusiasmado que ela era "*la premiere aero-chauffeuse du monde*".[13] Depois de ajudá-la a arrumar o penteado e o chapéu, Aida de Acosta subiu de volta na cesta e, sob protestos da multidão — "*C'est fou!*"[14] ("É uma loucura!") —, ascendeu de novo e voltou para Neuilly Saint-James, onde pousou tranquilamente. A viagem triunfante de ida e volta levara uma hora e meia.

Embora não tenham mantido contato, Santos Dumont tinha uma fotografia da bela cubana em sua escrivaninha em Paris, e dava a falsa impressão aos visitantes de que haviam tido um envolvimento íntimo. Algumas

ASAS DA LOUCURA

biografias de Santos Dumont escritas por seus compatriotas sugerem um caso amoroso entre os dois, apesar de eles nunca terem ficado sozinhos. Depois da morte de Santos Dumont, ela contou a escritores de obituários que a procuraram que o conhecia muito mal. Ela só o vira uma meia dúzia de vezes, e ele era muito tímido para entabular uma conversa. As únicas palavras pronunciadas foram as instruções para voar no Nº 9, e mesmo essas ele as dissera de modo acanhado.

Mas nem todos gostaram do voo de Aida de Acosta. "Uma comediante bem popular, que há dois anos insiste e implora ao sr. Santos Dumont para levá-la em uma de suas aeronaves, está agora rangendo os dentes de inveja", noticiou o jornal londrino *Daily Telegraph*.

Em 11 de julho, Santos Dumont foi, a bordo do Nº 9, almoçar com alguns amigos no La Grande Cascade. Alguns oficiais do Exército, que estavam no parque praticando exercícios militares para as comemorações da data nacional de 14 de julho, ficaram intrigados com a aeronave ovoide pousada na grama em frente ao restaurante. Eles se aproximaram de Santos Dumont à hora da sobremesa e convidaram-no a fazer uma surpresa às tropas sobrevoando-as durante os exercícios. Ele respondeu que não podia garantir essa demonstração porque, com o motor de apenas 3 HP, o Nº 9 não era capaz de enfrentar ventos fortes. Venha se puder, disseram os oficiais. No dia 14 de julho, o céu estava tranquilo. Santos Dumont ascendeu às 8h30 e permaneceu em uma altitude estável de 100 metros. O presidente da República, Emile Loubet, passava em revista as tropas em formação em Longchamp. De súbito, ouviram-se tiros, e o presidente abaixou-se com medo de um atentado. Membros de sua guarda pessoal o levantaram a tempo de ver a pequena figura de Santos Dumont sobrevoando a tribuna de honra, disparando uma salva de 21 tiros de revólver. Os militares, muito impressionados com sua evolução, visitaram-no depois para persuadi-lo a colocar suas aeronaves à disposição do governo francês em tempo de guerra. Ele consentiu, desde que o conflito não fosse com as Américas.

Na verdade, Santos Dumont atrasara-se para o encontro com as tropas em Longchamp. Ele sempre tinha dificuldade de controlar os tempos de voo. As mãos estavam tão ocupadas com as inúmeras cordas e os controles que ele não conseguia tirar o relógio de bolso. Desde sua experiência embaraçosa em 1901, quando foi obrigado a perguntar se fizera o percurso da torre

Eiffel em trinta minutos, ele reclamava com os amigos que alguém deveria desenhar um relógio adequado para a aeronáutica. Em 1903 ou 1904, Louis Cartier, cujo avô fundara a Maison Cartier havia meio século para fazer joias para as famílias reais da Europa, resolveu o problema. Ele fabricou um relógio de pulso para Santos Dumont com o mostrador quadrado e uma pulseira de couro. Relatos de escritores brasileiros sobre a vida do aeronauta mencionam, com frequência, que ele acompanhou todos os detalhes de criação e que este fora o primeiro relógio de pulso do mundo, mas eles superestimaram o fato.

O relógio de pulso, na realidade, data dos anos 1500 — a rainha Elisabeth I possuía um —, mas tornou-se uma peça rara nos trezentos anos seguintes. No final do século, o relógio de pulso na França era usado exclusivamente por mulheres não como um marcador de horas prático e sim como um acessório vistoso destinado a atrair a atenção para pulsos delgados e braços alvos. Os militares foram os primeiros homens a usá-lo. No calor da batalha, eles também não podiam parar para tirar os relógios de bolso. Os comandantes alemães prendiam nos pulsos relógios especialmente fabricados para eles durante a Guerra Franco-Prussiana e oficiais britânicos fizeram o mesmo na Guerra dos Bôeres. Santos Dumont pode ter sido o primeiro civil a possuir um relógio de pulso. Sem dúvida, ele lançou a moda para ser usada por homens. Como outros itens de seu guarda-roupa, os homens elegantes da cidade também a adotaram.

Sem era um dos que copiavam sua maneira de vestir. Os dois solteirões foram praticamente inseparáveis durante alguns meses em 1903. Usavam os mesmos ternos, os mesmos colarinhos altos e chapéus. Passeavam juntos na Champs-Élysées e no Bois de Boulogne. Tentavam se disfarçar usando óculos escuros, mas todos os conheciam. Almoçavam juntos no La Grande Cascade e ceavam no Maxim's. Sem fazia ilustrações da oficina e do apartamento do aeronauta para os jornais e para as revistas mais importantes de Paris. As pessoas especulavam se os dois eram amantes, porém, se fossem, eram discretos — em ocasiões formais, Santos Dumont sempre estava acompanhado de uma mulher atraente. Também circulavam rumores de que ele estava envolvido com um de seus mecânicos (e mais tarde, próximo ao final de sua vida, com um de seus sobrinhos). Santos Dumont escolheu ignorar as convenções sociais com seu estilo afetado de vestir-se, mas sabia que a excentricidade e a genialidade caminhavam juntas na imaginação popular.

ASAS DA LOUCURA

Ele também sabia até que ponto seu comportamento excêntrico afastaria os admiradores. Preocupava-se com a opinião pública e não prejudicaria sua reputação admitindo ser homossexual.

Embora os intelectuais parisienses tolerassem — e por vezes fossem indulgentes com a homossexualidade —, o público francês a aceitava com mais reserva, e a sociedade brasileira lhe era totalmente hostil. (Os jornais brasileiros eram tão conservadores que raramente descreviam sua aparência refinada.) Mesmo Marcel Proust, que escrevia sobre relações entre o mesmo sexo em seus romances, queria que os leitores franceses pensassem que ele era heterossexual. Quando uma crítica a seu primeiro livro, *Os prazeres e os dias*, insinuou que ele era um "invertido", o jovem Proust, à época com 25 anos, negou a calúnia e desafiou o crítico para um duelo. (As pistolas foram sacadas em Meudon, em fevereiro de 1897: Proust era um mau atirador e, felizmente, Jean Lorrain também não acertou o alvo, caso contrário o mundo teria se privado do *Em busca do tempo perdido*.) Os homossexuais eram aceitos na França e na Inglaterra desde que não alardeassem seus desejos. O julgamento de Oscar Wilde mostrou como a vida de alguém poderia ser destruída ao se ostentar sua homossexualidade.

Não se sabe se Santos Dumont e Proust, dois anos mais novo que ele, se encontraram. Com certeza, frequentavam os mesmos lugares, e a vida erótica de Proust enlaçava-se entre o automóvel e o aeroplano. Em 1908, ele se apaixonou pelo chofer, Alfred Agostinelli, e levava "a vida de uma bala de canhão em pleno voo"[15] ao ser conduzido por Agostinelli em Cabourg, uma cidade à beira-mar na Normandia. Logo eles se separaram, mas se reuniram de novo em 1913 quando Agostinelli, sem dinheiro, apareceu com a esposa na casa de Proust. Ele os acolheu e contratou Agostinelli como secretário pessoal. Proust detestava a mulher, e a situação se desintegrou em crises de ciúmes. Agostinelli abandonou Proust e começou a se interessar pela aviação. Em uma malsucedida tentativa para trazê-lo de volta, Proust presenteou-o com um avião. Agostinelli matriculou-se em uma escola de aviação sob o pseudônimo de Marcel Swann — Proust acabara de publicar *No caminho de Swann* —, e, em maio de 1914, ele caiu no mar em Antibes, perto de Monte Carlo, quando a ponta da asa do avião tocou a superfície da água numa curva em baixa altitude. Agostinelli não sabia nadar e ficou preso nos destroços do aparelho a algumas centenas de metros da costa e, diante da multidão atônita na praia, afogou-se enquanto um barco de resgate se aproximava.

182   PAUL HOFFMAN

Em sua obra *Em busca do tempo perdido*, Proust inspirou-se em Agostinelli para criar o personagem do grande amor do narrador, Albertine, uma lésbica não assumida que morre em um acidente a cavalo. O grandioso romance evoca a afeição da França pelas novas máquinas voadoras:

> Os aviões que eu vira poucas horas antes, como insetos, como pontos marrons na superfície do entardecer azulado, agora passam como luminosas naves de fogo na escuridão da noite. [...] E talvez a maior impressão de beleza dessas estrelas cadentes humanas é o fato de nos forçar a olhar para o céu, em direção ao qual raramente levantamos nossos olhos.[16]

Santos Dumont era sociável na companhia de amigos homens como Sem, mas com as mulheres ele era tímido, quase à beira do mutismo. Quando menino, não demonstrara essa timidez: suas grandes companheiras de brincadeiras e confidências na infância foram as irmãs Virgínia, sete anos mais velha, que o ensinou a ler, e Sophia, a mais próxima a ele em idade, que morreu aos 10 anos de febre tifoide. Porém mais tarde, apesar de demonstrar afeição pelas sobrinhas e sobrinhas-netas, ele permanecia estoicamente silencioso diante das mulheres mais velhas da família. "Ele era muito estranho",[17] Amália Dumont, casada com seu irmão mais velho, comentou com um repórter. "Sentava-se na cadeira mais distante em uma reunião social. Cruzava os braços, baixava a cabeça e permanecia assim horas caso necessário."

Como Santos Dumont era uma das poucas pessoas em Paris a possuir um automóvel, as mulheres que queriam experimentar o primeiro passeio de carro o procuravam. Ele em geral concordava em levá-las e, certa vez, uma pretensa excursão desse tipo envolveu-o numa disputa doméstica. Em 16 de janeiro de 1903, o *Herald* publicou uma história curiosa com o título "Santos Dumont citado numa ação de divórcio":

> Boston, Mass., quinta-feira — Hoje, o nome de Santos Dumont foi mencionado na ação de divórcio de L. E. P. Smith, um corretor de seguros de vida, contra sua terceira esposa.
>
> O filho de apenas 13 anos do sr. Smith foi chamado a relatar como sua madrasta conhecera o "homem do balão" em um café

em Paris e saíra para passear de carro com ele. O menino disse que identificara o "homem do balão" pela sua fotografia no jornal.

O garoto e a madrasta jantavam em um café. O "homem do balão" estava sentado numa mesa próxima e começara a conversar com a sra. Smith. Por fim, convidou-a para passear em seu carro e ela aceitou. Mandou o enteado sozinho para casa, segundo o menino, e só retornou às 10 horas do dia seguinte.

Em seu testemunho à tarde, a sra. Smith negou ter saído de carro com Santos Dumont ou com qualquer outro homem enquanto estava em Paris.[18]

Dois dias depois, o *Herald* publicou a resposta de Santos Dumont: "Não há a menor ponta de verdade nesta história... e a nego com veemência. Conduzo, com frequência, membros do sexo oposto em meu automóvel, mas nunca em circunstâncias que justifiquem tal história. [...] Tudo isso é um total absurdo."[19] Em seu relacionamento com as belas jovens que o acompanhavam em eventos sociais, o homem que tinha tão pouco medo de arriscar a vida diante de milhares de pessoas não conseguia manter uma simples conversa. As moças reclamavam com seus amigos que além de aeronáutica ele não tinha muito mais o que dizer. Ele era um cavalheiro ao ajudá-las a subir nas cadeiras altíssimas de sua mesa aérea, ou servindo-lhes champanhe em ocasiões sociais, porém esquecia de se despedir no fim da noite e partia sem lhes dizer adeus ou beijá-las. Ele oferecia flores às moças, mas ao mesmo tempo era muito reservado para dizer "Olá, como vai?", pronunciar seus nomes ou perguntar-lhes sobre sua saúde. No início, algumas companhias femininas acharam sua timidez cativante e se convenceram de que ele não se sentia confiante para expressar suas intenções românticas. Porém, quando o romance não progredia, as mulheres magoavam-se e o abandonavam, ou tentavam forçar seu interesse confidenciando a amigos e à família sobre núpcias iminentes. As "novidades" logo se espalhavam, e, quando ele tomava conhecimento, o resultado não era o esperado: simplesmente nunca mais falava com a moça.

Ocasionalmente, os tabloides publicavam pequenas notícias sobre seu noivado com alguma jovem da sociedade, mas ele o negava como de costume e pedia irritado que a imprensa não escrevesse sobre sua vida privada.

Respondia às insinuações de modo bizarro, dizendo preferir que as pessoas pensassem ser ele viúvo a noivo. Certa vez, os jornais mencionaram seu noivado com Lillie "Lurline" Spreckels, filha de um rico proprietário de engenhos de açúcar de San Diego, mas logo depois anunciaram que o compromisso se rompera porque os pais da jovem o acharam demasiado excêntrico. Outras histórias semelhantes circularam em Paris sobre outra moça norte-americana chamada Edna Powers. Agenor Barbosa, amigo de Santos Dumont nos anos 1890, contou a um repórter décadas mais tarde que, embora Santos Dumont possa não ter tido um caso amoroso em sua vida, ele gostara em especial da srta. Spreckels. O romance provavelmente nunca se consumou, Barbosa sugeriu, em razão de sua humilhação quando o pai milionário declarou publicamente que a aeronáutica era uma profissão muito extravagante e perigosa para um homem casado.

Nas visitas ao Brasil, suas intenções em relação às mulheres eram igualmente enigmáticas. Sua sobrinha-neta, Sophia Helena Dodsworth Wanderley, relembra:

> Ele não tinha amigas especiais. Sempre que vinha ao Brasil, os jornais anunciavam sua chegada — ele era uma celebridade. Homens, mulheres, crianças cercavam-no e o adulavam. Ele era muito cortês e bem-vestido, e muito popular com as senhoras. Mas nunca se envolveu romanticamente. Nem mesmo ficava sozinho com uma mulher, só entre um grupo de amigos.[20]

No entanto, há uma declaração de Assis Chateaubriand — o magnata da imprensa no Brasil, embaixador na Inglaterra, e notório dom-juan —, que se vangloriava de ter seduzido todas as mulheres que desejara, com exceção de uma jovem atriz que resistiu a ele e à sua proposta de casamento. Ele ficara inconsolável, até que Santos Dumont lhe revelou que também havia sido rejeitado pela encantadora comediante quando a pedira em casamento. Como ela pudera, proclamou Chateaubriand, rejeitar o conquistador do ar e o conquistador da imprensa?! Anos mais tarde, essa atriz comentou que seu relacionamento com Santos Dumont fora meramente platônico. Apreciara as orquídeas com que ele a presenteara, mas gostaria que ele tivesse sido uma companhia mais extrovertida.

ASAS DA LOUCURA

Em 7 de setembro de 1903, Santos Dumont voltou ao Brasil. Era a data comemorativa da Independência do país e ele foi recebido como herói, com banquetes e festas que rivalizavam com as recepções de Paris, Londres e Nova York. Não podia andar na rua sem que estranhos se aproximassem. Mas as pessoas não entendiam por que ele não voava no Brasil. Por que não trouxera um aeroplano de Paris? Seus compatriotas não aceitavam a explicação que, mesmo se tivesse um balão, uma ascensão precisava de preparativos específicos. Ele precisaria de um hangar e de uma usina de produção de hidrogênio. Isso suscitou a questão da razão pela qual ele instalara sua oficina em Paris, em vez de São Paulo ou Rio de Janeiro. Henrique Villares Dumont, seu sobrinho, comentou que ele "ficava profundamente mortificado ao ouvir comentários maliciosos sobre seus modos e maneira de viver afrancesados, como também que ele se tornara cidadão francês".[21] Na realidade, permanecera cidadão brasileiro, e para lembrar às pessoas esse fato voava em Paris com a bandeira do Brasil nas aeronaves. Julgava-se metade francês, metade português, e começou a assinar o nome com o sinal de igual, Santos=Dumont, para indicar que nenhuma procedência era mais importante. Desapontou-se com a recepção no Brasil e, após dezesseis dias, retornou para a Europa.

Nesse outono, interrompeu as ascensões para escrever sobre suas experiências. Ficava quase todo o tempo à escrivaninha, exceto para ir a eventos sociais ou a jantares regulares no Maxim's, ou fazer refeições à mesa de longos pés de seu apartamento. O livro *Os meus balões* é um relato sobre seus experimentos em aeronáutica, com extensas descrições pitorescas sobre cada um de seus voos, mas com pouca informação sobre a vida pessoal; não menciona, por exemplo, quem eram seus amigos ou o que fazia quando não estava voando. Não era usual um jovem de 30 anos escrever sua autobiografia, porém ele precisava ser compreendido, sobretudo por seus conterrâneos, e isso o impeliu a justificar-se por escrito. Embora ainda tivesse metade da vida pela frente, sentia que já alcançara seu objetivo principal — construir uma máquina voadora de uso pessoal. Havia estado por toda parte em Paris com o Nº 9, e mesmo se a aeronave só funcionasse com ventos amenos, pensava que completara seu trabalho. Mostrara como poderia ser feito. Isso bastava. Outros poderiam adotar a próxima geração de motores de combustão interna, de tal modo que a aeronave não fosse mais vencida pelo vento. Em 1903, era o aeronauta mais prestigiado de Paris e um conquistador dos ares sem rivais, mas havia competição no horizonte. Ele não tinha consciência disso, assim como o restante do mundo.

Do outro lado do Atlântico, na praia de Kill Devil Hills, a uns 6 quilômetros de Kitty Hawk, na Carolina do Norte, os irmãos Orville e Wilbur Wright revezavam-se fazendo acrobacias rápidas na areia no primeiro aeroplano do mundo. Em 17 de dezembro de 1903, Wilbur atingiu a distância de 258 metros em 59 segundos. Para evitar possíveis competidores, os irmãos Wright trabalharam em segredo e escolheram Kill Devil pelos ventos favoráveis e por ser um local afastado. Eles estavam determinados não só a serem os primeiros a fazer um voo mecânico, como também a construir um avião para vender a uma potência militar. O segredo funcionou. Alguns homens que trabalhavam como "salva-vidas" em Kitty Hawk — procurando destroços de um navio para a Guarda Costeira — presenciaram os voos, mas não houve, no início, comentários com a imprensa. Os primeiros voos históricos dos Wright, e os outros em Ohio nos dois anos seguintes, receberam pouca publicidade. Na verdade, o primeiro jornalista a vê-los pilotar o biplano Flyer relatou a experiência em uma revista de apicultores, *Gleanings in Bee Culture*, e a matéria só apareceu mais de dois anos após Kitty Hawk. Nenhuma invenção dessa magnitude foi revelada ao mundo com tanta discrição. Mesmo a fabricação secreta da bomba atômica em Los Alamos foi mais noticiada.

Os irmãos Wright, atualmente, são os incontestáveis inventores do avião, mas a situação não era clara no início dos anos 1900. Quando Santos Dumont cumpriu por fim a promessa feita a Samuel Langley de fazer experiências com aparelhos mais pesados que o ar e pilotou um biplano em 1906, três anos depois de Kitty Hawk, ele foi aclamado na França e na Europa como o inventor do aeroplano. A atuação furtiva dos irmãos Wright e a falta de testemunhas oficiais explicam, em parte, o pouco interesse pelo trabalho deles. Além disso, havia a tendência da imprensa norte-americana de depreciar as reivindicações de proezas aeronáuticas porque, com muita frequência, eram espúrias. O maior blefe, a imprensa concluiu, fora o próprio Langley.

Em 8 de dezembro de 1903, seis dias antes de os irmãos Wright testarem seu avião pela primeira vez, o diretor do Smithsonian, de 69 anos, levou assistentes e testemunhas do Exército a uma grande área isolada do rio

ASAS DA LOUCURA

Potomac para assistir a uma demonstração do grande Aeródromo. O aeroplano, com cerca de 340 quilos e dois pares de asas, cada par projetando-se como uma letra V comprimida, apoiava-se numa catapulta montada em uma casa flutuante no meio do rio. Charles Manly, um gênio da mecânica e assistente de Langley, transformara o motor a petróleo Balzer num possante motor de 52,4 HP que poderia voar dez horas — um importante feito numa época em que os diligentes motores dos automóveis ferviam depois de apenas uma ou duas horas rodando na estrada. Manly tinha tanta confiança em seu trabalho que planejava pilotar o grande Aeródromo.

Ele já havia tentado dois meses antes, em 7 de outubro. Supunha-se que seria o voo de estreia do Aeródromo, mas a catapulta falhou e o pesado avião, com o motor na velocidade máxima, atravessou os trilhos de largada e mergulhou na água. Manly conseguiu sair da cabine submersa e nadar até a margem, e o avião foi retirado do rio. Langley o inspecionou e declarou que não havia nenhum defeito no aparelho. O problema, disse, residia na catapulta, porém um simples redesenho resolveria a questão. Ele e Manly prometeram solenemente que o Aeródromo voaria.

A imprensa não estava tão confiante. Os jornalistas tinham pouca simpatia por Langley devido ao mistério em que envolvera seus trabalhos anteriores. O *Washington Post* noticiou que o avião voara tão bem como "um punhado de argamassa".[22] O *Boston Herald* sugeriu que o diretor do Smithsonian deveria se dedicar à construção de submarinos, porque suas máquinas tinham uma afinidade natural com a água. O escritor Ambrose Bierce, de Washington, zombou de Langley por ter colocado a culpa na catapulta:

> Um homem inventivo que construiu uma máquina voadora convidou um grande número de pessoas para vê-la decolar. No momento previsto, tudo estava pronto, ele subiu a bordo e ligou o motor. A máquina imediatamente transpôs a maciça subestrutura em que se apoiava e caiu, o aeronauta saltou justo a tempo de salvar-se. "Bem", disse ele, "fiz o suficiente para demonstrar a precisão dos detalhes. Os defeitos", acrescentou com um olhar para os destroços, "são meramente básicos e fundamentais." Diante de sua autoconfiança, as pessoas fizeram contribuições para construir uma segunda máquina.[23]

Wilbur Wright acompanhava os relatos da imprensa. "Vi que Langley fez sua experiência e falhou",[24] escreveu a um amigo. "Agora parece que é nossa vez de fazer uma demonstração." Em outra carta, escrita às vésperas da tentativa de Langley em dezembro, Wilbur disse: "Agora é muito tarde para Langley recomeçar."

Langley não sabia, à época, que os misteriosos irmãos Wright estavam a poucos dias de realizar sua experiência bem-sucedida em Kitty Hawk. Ele conhecia sua reputação como pilotos de planadores, mas, como a maioria da comunidade aeronáutica nos Estados Unidos e no exterior, ele não estava ciente de quão próximos estavam de realizar um voo a motor. Embora não pensasse numa competição nessa tarde fria de dezembro, ele ansiava para se redimir do fiasco de outubro.

Manly estava na cabine, impaciente para decolar porque o vento aumentara e a noite se aproximava. Às 16h45, Langley deu o sinal de partida e o grande Aeródromo ganhou velocidade nos trilhos de 30 metros da catapulta. O avião subiu precariamente uns poucos metros e, logo depois, mergulhou de proa no Potomac. Manly temeu se afogar e lutou para sair dos escombros submersos. Suas roupas congelaram no corpo, e um médico de plantão teve de cortá-las. Quando Manly recobrou a consciência, proferiu uma série de imprecações ao alcance do ouvido de seu chefe, cabisbaixo, e do grupo de distintas testemunhas.

O voo malsucedido foi mais noticiado que o anterior. "O sonho de Langley desenvolve qualidades de um pato",[25] dizia a manchete do jornal *Raleigh News and Observer*. "Ele partiu-se ao meio, mas sem mesmo um grasnido agonizante, mergulhou seus destroços no gelado Potomac", continuava o artigo. "Talvez se o professor Langley tivesse pensado lançar seu avião para baixo, ele teria ascendido em vez de mergulhar na água",[26] dizia outro jornal. "O professor não acredita suficientemente em seu trabalho para arriscar a vida na máquina quando as tentativas de voar foram feitas", protestou o *Wilmington Messenger*. "Ele vai para a cidade de Washington ou se coloca a uma distância segura quando as tentativas são realizadas."[27]

Langley ficou muito aborrecido com a cobertura dos jornais mais prestigiados do país. O *New York Times* e o *Washington Post* pediram ao Congresso para contabilizar suas perdas. Disse o *Post*:

ASAS DA LOUCURA

No passado, respeitamos os aspectos humorísticos da máquina voadora de Langley, seus fracassos repetidos e desastrosos, a atmosfera absurda de segredo em que ele envolvia seu trabalho, e o aparato grandioso e caro com que ele reveste suas diversas manifestações. Agora parece, no entanto, que chegou o momento de uma reavaliação séria do seu presumível aeroplano e da participação futura do governo em suas calamidades financeiras e científicas.[28]

Langley continuou a insistir afirmando que o problema não estava no avião, mas no sistema de lançamento. "A falha do Aeródromo ou dos seus motores foi nula", disse, "e acredito que ele está prestes a voar com sucesso."[29] O Congresso não se convenceu. "Diga a Langley", declarou o congressista Joseph Robinson, "que a única coisa que ele fez voar foi o dinheiro do governo."[30] A denúncia do parlamentar Gilbert Hitchcock foi igualmente pessoal:

Se vai nos custar 73 mil dólares para construir um pato de barro que não voará nem 15 metros, quanto custará para construir uma máquina voadora de verdade? Sei que o professor Langley é um homem instruído. Ele tem um vasto conhecimento sobre animais extintos e pássaros empalhados. Mas não vejo razão para que, a expensas do governo, ele se converta num Darius Green moderno, que fracassou completamente na tentativa de voar no seu galpão na Nova Inglaterra, assim como seu imitador atual fracassou à custa de recursos públicos.[31]

Logo, Langley desapareceu do público, sua saúde declinou rapidamente, e ele morreu como um homem derrotado, em 1906. Entretanto, a contribuição de Langley para a aeronáutica foi muito importante. Em 1899, os jovens Orville e Wilbur Wright, desconhecendo a literatura disponível sobre a história da aviação, escreveram para ele na qualidade de diretor do Smithsonian, pedindo-lhe um lista de obras. Mais tarde, os irmãos Wright creditaram à resposta do Instituto Smithsonian a inspiração de construir uma máquina voadora. "Os jornais noticiaram a morte do professor Langley",[32] Wilbur escreveu para Chanute.

190 PAUL HOFFMAN

Sem dúvida, o desapontamento encurtou sua vida. É realmente patético que seu trabalho não tenha recebido o reconhecimento merecido em relação a outras iniciativas. [...] O fato de o grande cientista, professor Langley, acreditar em máquinas voadoras foi a única coisa que nos encorajou a começar nossos estudos.

Pouco sabia Wilbur, quando escreveu essas palavras gentis, que seu irmão estava prestes a se envolver numa desagradável disputa de trinta anos com o Smithsonian. Charles Walcott, eminente paleontologista que sucedeu Langley no Smithsonian, estava disposto a abrigar o Flyer no museu, mas não concordava em classificá-lo como o primeiro avião capaz de transportar um homem. Ele pensava que o Aeródromo merecia essa distinção, aceitando a opinião de seu predecessor de que o aparelho era viável e que teria voado se não fosse pela falha no mecanismo de lançamento. Em 1914, Walcott irritou Orville (Wilbur morrera dois anos antes de tifo) ao emprestar o que restara do Aeródromo a Glenn Curtiss, inescrupuloso rival dos Wright que lhes devia royalties pela exploração de sua patente. Curtiss esperava evitar esse pagamento demonstrando que Langley era o verdadeiro inventor do avião. Com recursos financeiros do Smithsonian, Curtiss reconstruiu o Aeródromo, mas discretamente mudou sua concepção, reforçando as asas e acrescentando flutuadores. Em 28 de maio de 1914, Curtiss voou com o aparelho de Langley por menos de um minuto sobre o lago Keuka, próximo a Hammondsport, em Nova York. O juiz encarregado de arbitrar a disputa sobre a patente não deu atenção ao fato, mas os seguidores de Langley apregoaram a proeza. O museu novamente expôs o Aeródromo, rotulando-o como "o primeiro aeroplano tripulado na história do mundo capaz de um voo livre sustentado".[33]

Desgostoso com a recusa do Smithsonian de reconhecer a prioridade do Flyer, Orville o exibiu em outras instituições norte-americanas antes de enviá-lo em 1925 para a exposição permanente no Museu da Ciência de Londres, que lhe prometeu dar o devido crédito.

Acredito que minha decisão de enviar nosso aparelho de Kitty Hawk para um museu estrangeiro é a única maneira de retificar a história das máquinas voadoras, a qual, por declarações falsas e

ASAS DA LOUCURA

enganosas, foi desvirtuada pelo Instituto Smithsonian. [...] Com essa máquina em qualquer museu norte-americano, o orgulho nacional se satisfaria; nada mais seria feito, e o Smithsonian continuaria sua propaganda. Em um museu estrangeiro, o aparelho será uma lembrança constante da razão de estar lá.[34]

Só depois da morte de Walcott, em 1927, o Smithsonian, sob a nova direção de Charles Abbott, tentou fazer um acordo com Orville, mas as propostas não foram suficientes para eximir a instituição da responsabilidade de distorcer a história da aviação. Quinze anos mais tarde, em meados da Segunda Guerra Mundial, Abbott finalmente ofereceu uma desculpa aceitável — no justo momento, pois Orville estava doente e o Smithsonian nunca receberia o avião de volta se ele morresse antes de mudar o testamento. Em 1948, após o fim da guerra, e depois de um ano da morte de Orville, o Flyer foi removido de Londres para Washington.

A disputa se o Aeródromo era um aparelho capaz de voar não se encerrou por mais de três décadas. Em 1982, o Smithsonian solicitou a ajuda da Nasa para determinar se o Aeródromo poderia ter voado sem os "melhoramentos" que Curtiss introduzira. Os engenheiros submeteram o avião a testes de resistência e concluíram que ele era estruturalmente muito fraco e que logo se romperia no ar. Eles identificaram mais de oito lugares onde teria se partido. "Os dois tubos de metal que sustentavam a fuselagem, por exemplo, não resistiriam a qualquer força de torção",[35] afirmou o engenheiro do Smithsonian, Howard Wolko. "E a viga que suportava o peso das asas é circular, a forma mais fraca a ser utilizada. É a estrutura mais estranha que eu já vi." Essa conclusão tardia poupou Langley enquanto viveu. Ele fora bastante ridicularizado e morreu com a sensação reconfortante, porém errônea, de que seu aeroplano poderia voar.

As críticas que o Aeródromo recebeu da imprensa no início de dezembro de 1903 tiveram uma repercussão muito maior que simplesmente ferir o orgulho de Langley. As histórias zombeteiras nos jornais mais importantes do mundo levaram a opinião pública a pensar que nenhum avião poderia voar. Na verdade, uma semana depois da humilhação de Langley, quando se ouviram os comentários sobre o voo dos Wright em Kitty Hawk, a imprensa ficou cética. Poucas pessoas estavam preparadas para acreditar que dois vendedores de bicicleta de uma pequena cidade poderiam ter realizado o feito em que o decano da ciência na América, com o apoio do Congresso e do Smithsonian, malograra de forma tão dramática. Afinal de contas, Langley gastara 20 mil dólares na catapulta defeituosa, ao passo que os Wright gastaram apenas 4 dólares em seus trilhos de lançamento. O fato de os irmãos Wright não terem convidado jornalistas ou dado entrevistas não os ajudou.

O *Virginia-Pilot*, o primeiro jornal a noticiar os eventos em Kitty Hawk, soube da experiência por meio de um telegrama interceptado, enviado pelos irmãos de Outer Banks à sua casa em Dayton. A história foi publicada em 18 de dezembro, na primeira página, com o seguinte título: "Máquina voadora percorre 5 quilômetros contra um vento forte sobre dunas de areia e ondas em Kitty Hawk na costa da Carolina."[36] Embaixo, lia-se: "Sem balão preso para ajudá-la. Três anos de muito trabalho mantido em segredo por dois irmãos de Ohio coroado de sucesso. Realização de um feito em que Langley falhara. Com um homem como passageiro, a enorme máquina voou como um pássaro sob perfeito controle. A máquina tem a forma de um papagaio de tela com dois propulsores." A história exagerada (o aparelho voou menos de 300 metros) propagou-se pela Associated Press, e os Wright acharam a cobertura no jornal de sua cidade natal especialmente irritante. O *Dayton Daily News* confundiu o Flyer com um dirigível e publicou a história da AP na seção dedicada às notícias locais com a manchete: "Os garotos de Dayton superaram o grande Santos Dumont."[37]

12

Facadas malévolas
e um suborno russo
(St. Louis, 1904)

Em 1904, a maioria dos jornais e das revistas mais importantes da América não acreditava que as máquinas voadoras seriam, algum dia, um sucesso comercial. Na véspera da competição aérea da Feira de St. Louis, o *New York Times* chamou os competidores de artistas e disse que:

> o maior interesse das demonstrações das máquinas voadoras para os visitantes da feira seria a probabilidade de acontecer acidentes com os aparelhos e seus pilotos. Mesmo entre aqueles que, porventura, lamentassem tais acidentes, muitos seriam capazes de confessar que gostariam de presenciá-los.[1]

Mas as pessoas que insistem em testemunhar desastres, continuou o *New York Times*, não precisarão esticar os pescoços para o céu.

> O perigo do automóvel satisfaz todas as ambições em matéria de imprudência. Quando ele se tornar seguro, as pessoas que sofrem de loucura motorizada talvez adotem o balonismo; mas isso ainda está bem distante. O automóvel oferece tantas oportunidades diferentes de autodestruição que, até que elas se esgotem, ninguém se interessará por outro assassino mecânico de tolos.

St. Louis era um local adequado para uma competição aeronáutica. Além de um terreno agradável — sem montanhas para as aeronaves se chocarem nem grandes bolsões de água para os balonistas se afogarem —, seu legado também justificava a escolha. John Wise, o maior balonista norte-americano do século XIX, morara nessa cidade.[2] Nascido em 1808, seis décadas antes de Santos Dumont, Wise também se apaixonou pela aeronáutica quando criança. Ele empinava papagaios carregando gatinhos e testou um paraquedas de papel atirando um gato pela janela. Os animais sobreviveram, porém os vizinhos não o deixavam se aproximar de seus animais de estimação. Seus experimentos com os *montgolfières* foram menos bem-sucedidos. Aos 14 anos, ele soltou um balão de papel com uma chama na cesta; depois de ascender algumas centenas de metros, o balão caiu sobre o telhado de sapê de um vizinho e o incendiou. Desastres desse tipo o levaram a desistir da aeronáutica e após estudos superficiais de teologia, marcenaria e construção de pianos, decidiu, com mais de 20 anos de idade, ser aeronauta profissional e construiu o próprio balão, embora tivesse confessado mais tarde que "nunca vira uma ascensão nem tinha conhecimento prático de construção de balões. [...] Só pretendia realizar o desejo de voar para contemplar um panorama grandioso e sublime".[3]

A contribuição mais importante de Wise para a ciência do balonismo foi a invenção da "válvula de escape", uma fenda no balão que, ao se puxar uma corda, liberava o gás numa emergência. A válvula de escape era também usada rotineiramente no pouso, para que o balão esvaziasse antes que o vento o arremessasse na terra. A descoberta de Wise foi acidental. Em 11 de agosto de 1838, seu balão explodiu a 400 metros de altura sob a pressão do hidrogênio expandido. Em vez de mergulhar em direção à morte, ele surpreendeu-se a descer lentamente quando o invólucro rasgado agarrou-se no alto do cordame e funcionou como um paraquedas improvisado. Ele levou dois meses para reproduzir esse acidente, desta vez de modo controlado, utilizando a nova válvula de escape.

Assim como Santos Dumont, Wise era um esportista, e gostava de quebrar recordes. Em julho de 1859, ele fez a 240ª ascensão no Atlantic, o maior balão do mundo. Ele e mais três companheiros partiram de St. Louis com a esperança de que o vento os levaria a Nova York ou a outra cidade da Costa Leste. O aeronauta brasileiro aprovaria seu gosto culinário: "levava uma grande quantidade de frango frio, língua defumada, sanduíches etc.;

ASAS DA LOUCURA

vários contêineres pintados com cores escuras com champanhe, vinho espumante de catawba, clarete e madeira, conhaque e cerveja preta."[4] As bebidas alcoólicas devem ter tornado a viagem mais agradável, mas podem também ter sido responsáveis por um equívoco que quase causou a morte de Wise. À meia-noite do primeiro dia de viagem, Wise deu boa-noite aos seus companheiros e deitou-se com a cabeça sob a saída de gás do balão. O Atlantic, com capacidade de 400 metros cúbicos de hidrogênio, fora inflado só com a metade de sua cubagem, prevendo que o gás se expandiria em altitudes mais elevadas. O balão ascendeu enquanto Wise dormia e, inflado pelo hidrogênio a ponto de explodir, começou, então, a deixar escapar gás na direção do rosto de Wise. Sua respiração ruidosa e estranha alertou os companheiros, que o tiraram de lá, sacudiram-no para que acordasse e o salvaram de morrer asfixiado. Foi um tipo de acidente incomum que Santos Dumont, o rei dos desastres aéreos, nunca experimentou.

O restante da viagem continuou atribulada. Um vento forte de 160 quilômetros por hora os afastou da rota prevista e os levou até o lago Ontário, a 80 quilômetros de distância. Quando, por fim, conseguiram recuperar o controle do balão e tentaram aterrissar em um bosque na margem do lago, a velocidade era ainda muito grande para que a âncora se prendesse em algo. Ela chocou-se contra uma árvore e os galhos quebrados rasgaram o balão. Depois de se arrastar alguns metros sobre a copa das árvores, o *Atlantic* e seus quatro passageiros contundidos pousaram no topo de uma árvore a 6 metros de altura. Wise puxou o relógio de bolso e anunciou, orgulhoso, que haviam viajado dezenove horas e quarenta minutos. Apesar de terem chegado só a Henderson, no estado de Nova York, a jornada de 132 quilômetros estabeleceu um recorde imbatível durante 41 anos. (Em outubro de 1900, o conde Henry de la Vaulx percorreu a distância de 1.919 quilômetros de Paris a Korosticheff, na Rússia, em 35 horas e 45 minutos.)

Aos 71 anos, Wise fez sua 463ª ascensão. Em 28 de setembro de 1879, ele partiu de St. Louis num balão pequeno, de aparência frágil, chamado Pathfinder. Estava acompanhado do jovem George Burr, um caixa de banco. Antes de partir, Wise, preocupado com as condições de navegabilidade do Pathfinder, advertiu Burr: "Se só um homem for, serei eu; se dois puderem ir, você será o outro, mas eu preferiria deixá-lo aqui. Já estou velho o suficiente para morrer. Você ainda tem muitos anos de vida."[5] Suas palavras foram proféticas — eles nunca retornaram. Um mês depois, o corpo de um homem em decomposição foi levado pela água até a margem sul do lago Michigan; as mangas da camisa tinham o monograma G.B. bordado. O corpo de Wise nunca foi encontrado.

A pequena comunidade aeronáutica de St. Louis considerava a competição de 1904 como uma justa homenagem ao homem que, um quarto de século antes, fora o primeiro campeão da ciência da aviação nos Estados Unidos. Em janeiro de 1904, os organizadores da feira estabeleceram os regulamentos para a competição que seria realizada no verão, ao custo de 150 mil dólares, e Santos Dumont os aprovou. No grande evento, o prêmio de 100 mil dólares seria dado a qualquer tipo de máquina voadora, pilotada ou não, mais leve ou mais pesada que o ar, que alcançasse o melhor tempo de voo em três demonstrações, num percurso triangular de 16 quilômetros, desde que a velocidade média em cada uma delas excedesse 32 quilômetros por hora. As demonstrações teriam de ser concluídas no dia 30 de setembro, e o único pré-requisito para a inscrição estabelecia que a máquina deveria já ter feito um voo de ida e volta de uns 2 quilômetros ou mais. Santos Dumont declarou sua intenção de competir e previu que teria muitos adversários: "Espero que pelo menos 150 aeronaves se inscrevam quando os regulamentos e as condições da prova forem divulgados."[6]

No entanto, nem todos partilhavam de seu entusiasmo. Em março, Leo Stevens, um aeronauta de Nova York, informou à *Scientific American* que não iria participar.

> A velocidade estipulada é excessiva. O competidor tem tudo a perder e nada a ganhar. Os regulamentos impõem uma velocidade de no mínimo 32 quilômetros por hora. Isso é impossível. O prêmio está em perfeita segurança com os organizadores da exposição. Penso que as normas devem ser ligeiramente modificadas. Por exemplo, aquele que fizer o melhor tempo ganhará o primeiro prêmio, o segundo e o terceiro colocados receberão os dois prêmios subsequentes. Assim, o concurso teria algum sentido.[7]

Santos Dumont passou os três primeiros meses de 1904 em Nova York, numa suíte do hotel Waldorf-Astoria. Pendurou no lustre da sala de estar uma réplica de 4,5 metros da aeronave que planejava levar para St. Louis, correspondente a um décimo de seu tamanho. As pessoas encarregadas da limpeza do hotel, bem mais altas que ele, tinham de inclinar-se para limpar a sala.

Um visitante que admirara o protótipo perguntou a Santos Dumont se ele sentia muito prazer em seus voos. "Mais que um fervoroso automobilista sente no seu carro de corrida favorito",[8] respondeu. "Claro, a sensação de atravessar o ar a toda velocidade é prazerosa. Mas não é só isso. A emoção mais forte é comandar uma máquina de 50 metros de comprimento em pleno voo. É um júbilo indescritível." Ele riu ao se levantar e mostrar seu físico franzino. "Não sou muito alto nem muito robusto", continuou, "mas quando estou de pé na minha cesta, a máquina tem de me obedecer. Não é ela quem me controla, sou eu que a comando. É a percepção desse poder que torna a navegação aérea uma atividade fascinante."

Em entrevistas em Nova York, ele questionou se a feira de St. Louis realmente teria os 100 mil dólares do prêmio, e disse que, se o dinheiro não fosse posto em custódia, ele reconsideraria seus planos. Os organizadores contavam com sua presença para acrescentar prestígio à competição, e ficaram furiosos por ele ter duvidado de suas finanças em público, e por não ter ido a St. Louis para discutir o assunto pessoalmente. A exposição seria a maior feira até então realizada no mundo, e contava com recursos financeiros no valor de 50 milhões de dólares de Washington e da indústria privada e, portanto, não havia motivo para questionar a validade do prêmio. Mas Santos Dumont não parou aí. Enviou um cabograma para os organizadores insistindo que lhe pagassem 20 mil dólares para participar do concurso. Essa quantia, disse, corresponderia ao custo referente à construção do Nº 7 e seu transporte junto com os três mecânicos até St. Louis. Pedia que o pagamento fosse mantido em segredo. Os organizadores ficaram perplexos. Eles precisavam da participação do único aeronauta no mundo cujo nome era famoso na América, mas não favoreceriam um competidor em detrimento dos outros — e sobretudo alguém que falava de modo descortês sobre eles com a imprensa. Temiam também que o brasileiro volúvel pudesse revelar ao público arranjos privados.

Porém, Santos Dumont nada comentou quando os organizadores da feira enviaram um emissário ao hotel Waldorf, onde o aeronauta se refugiara para ler poesia de autores franceses e pedir ao serviço de quarto comida francesa

198   PAUL HOFFMAN

refinada. Ele até mesmo instruíra os cozinheiros do Waldorf como preparar um molho de alho-poró, da mesma forma compulsiva com que comandava seus operários. Contou ao emissário que gostava de Nova York. "Até mesmo me acusam de estar engordando",[9] disse. Pediu-lhe que transmitisse seu pedido aos organizadores da feira para reduzir a velocidade obrigatória de 32 quilômetros por hora "para um pouco menos de 30". Apesar de vangloriar-se de possuir a melhor aeronave, ele sabia pelos seus testes limitados que não estava seguro de ganhar a prova.

Os organizadores modificaram de bom grado os regulamentos. Eles não tinham muita escolha, caso quisessem realizar uma competição séria. Embora mais de oitenta pessoas tivessem se inscrito para participar dos diversos eventos aeronáuticos, só oito haviam pago os 250 dólares que lhes permitiria concorrer ao grande prêmio. Desses oito, dois logo desistiram de participar porque haviam compreendido mal as regras. O exame criterioso dos seis competidores restantes pelos juízes da prova revelou que só Santos Dumont atingira o pré-requisito de ter realizado um voo de ida e volta de cerca de 2 quilômetros.

Em 22 de março, sem prevenir o hotel Waldorf, Santos Dumont voltou para a França a fim de acompanhar a construção do N° 7. Evidentemente, não gostou do que viu porque enviou o seguinte telegrama ao presidente da feira: "Motor de 60 HP descartado. Só é possível um de 40 HP. Teste na aeronave ontem. Velocidade de menos de 32 quilômetros. Impossível competir se a velocidade estipulada não diminuir para 24 quilômetros por hora."[10] Ao mesmo tempo, o Aeroclube de Paris, ansioso para que Santos Dumont não ganhasse os 100 mil dólares, estava pressionando St. Louis a não oferecer um grande prêmio, mas sim uma série de prêmios menores.

Os organizadores da feira aceitaram a proposta e reduziram a velocidade. Até então, Santos Dumont era o único aeronauta experiente da competição, e eles estavam impacientes para realizá-la, desde que pudessem alterar de novo o limite de velocidade sem se humilhar. Quanto ao Aeroclube de Paris, os organizadores não acreditavam que prêmios menores atrairiam mais competidores europeus. Depois de uma discussão acalorada, eles anunciaram que o prêmio de 100 mil dólares seria concedido a quem alcançasse a velocidade de 32 quilômetros por hora, mas que haveria um prêmio de 75 mil dólares para o limite de 28 quilômetros por hora e outro de 50 mil dóla-

ASAS DA LOUCURA

res para a aeronave que atingisse 24 quilômetros por hora. Santos Dumont comunicou que estava satisfeito com a decisão.

Em 12 de junho, ele partiu do Havre para Nova York no navio Savoie. Estava acompanhado do mecânico Chapin e de dois assistentes, Gerome e André. Os três grandes caixotes de madeira pesando 1.814 quilos continham as peças desmontadas do Nº 7. Em Nova York, embarcaram num trem e chegaram a St. Louis na última semana de junho. "Nunca competi com esta aeronave", Santos Dumont falou ao *New York Times*:

> só fiz três testes com ela em Paris. Foram pequenas distâncias, mas tudo funcionou admiravelmente bem. Essa máquina é muito mais possante que o Nº 6, na qual circum-naveguei a torre Eiffel, e, apesar de nunca ter cronometrado sua velocidade, estou seguro que ela preencherá os requisitos da prova.[11]

Os requisitos, contudo, eram ambíguos, porque ao mesmo tempo que fizera essas observações, pressionava a feira a mudar de novo os regulamentos. Inspecionou o percurso triangular, cuja forma sugerira, e, para consternação dos organizadores, disse que agora preferia um percurso em linha reta. A rota triangular tinha duas curvas que consumiriam tempo; uma viagem de ida e volta em linha reta só necessitaria de uma curva quando o aeronauta retornasse ao ponto de partida. Mais uma vez seu pedido foi atendido, e ele anunciou que concorreria ao prêmio no dia 4 de julho.

Em 27 de junho, diversos inspetores alfandegários observaram Santos Dumont e seus operários desembalarem o Nº 7. Depois que os funcionários se asseguraram de que não havia contrabando escondido nas dobras da seda, Santos Dumont examinou as peças da aeronave e disse que tudo estava em perfeito estado. Em Paris, o invólucro do balão que consistia em duas camadas de seda coladas fora envernizado sete vezes, duas camadas no interior e cinco na parte externa, para impermeabilizá-lo e evitar a passagem do ar. Ele planejava aplicar uma oitava camada em St. Louis, mas primeiro queria deixar que o óleo da seda ventilasse. Deixou o balão durante a noite no caixote aberto. Preocupada com o ato de vandalismo no Palácio de Cristal, a exposição contratara guardas de uma base militar local, a Jefferson Guards, para patrulhar o hangar do balão e outros pavilhões da exposição. O guarda

PAUL HOFFMAN

J. H. Peterson permaneceu no local até meia-noite, sendo substituído por Lucian Gilliam, que continuava em seu posto quando os operários de Santos Dumont chegaram, às 7 horas. Um dos operários verificou que o balão fora cortado em quatro locais. Os cortes tinham cerca de 1 metro de comprimento, e como o balão fora dobrado, os cortes perfuraram as camadas externas e internas da seda. Havia 48 perfurações no total.

Carl Meyers, o especialista em aeronáutica encarregado da organização da prova, foi o primeiro funcionário da exposição a chegar ao hangar. "Para mim, os cortes foram feitos com um canivete grande sem fio", disse, "com o único propósito perverso de destruir o balão. Posso consertá-lo, mas levará provavelmente duas semanas, talvez mais. Só poderei estimar o tempo do reparo após o invólucro ser retirado do caixote e estendido no chão."[12]

Quando acordaram Santos Dumont no hotel Hamilton para lhe dar as más notícias, ele rompeu em pranto. "Isso é um ultraje! Um ultraje!", gritou. "Não posso imaginar quem possa ter feito semelhante coisa. Não tenho inimigos aqui. Deve ter sido o ato de um desequilibrado."[13]

As recriminações logo começaram. Os funcionários lembraram-lhe que haviam recomendado não deixar o caixote aberto. Santos Dumont, por sua vez, acusou-os de não terem vigiado de forma adequada o balão, porque Gilliam admitiu que deixara o posto duas vezes, às 2 horas e às 4 horas da madrugada, para tomar uma xícara de café nas instalações da guarnição, a alguns quilômetros de distância do aeródromo.

Os guardas lembraram ter visto "um homem nervoso" que visitara o hangar muitas vezes. A polícia de St. Louis seguiu sua pista e o prendeu, mas ele era apenas um pobre lunático que sonhava livrar-se dos seus problemas terrenos lançando-se para sempre no espaço. Santos Dumont brincou dizendo que apreciava suas fantasias. O homem explicou que rondara o hangar porque queria encontrar o famoso brasileiro e persuadi-lo a levá-lo em uma ascensão. Ele tinha um canivete pequeno, porém isso não o incriminava, pois muitas pessoas os tinham em 1904. Ele não parecia violento e tinha um álibi. Quando a arma foi examinada e não acharam traços de verniz ou seda na lâmina, a polícia o soltou, e a exposição ofereceu uma recompensa de mil dólares a quem desse informação para prender o real culpado.

Os funcionários da feira estavam ansiosos para consertar o balão em St. Louis, para que a competição não atrasasse mais de uma ou duas semanas. No entanto, Santos Dumont tinha outros projetos. "O tecido do invólucro do balão é dividido em muitos quadrados, cosidos no local, colados, envernizados e especialmente preparados",[14] explicou. "Três ou quatro homens e mulheres levariam diversas semanas para fazer os reparos necessários, e só confio no trabalho de operários franceses." Além disso, custaria entre 5 a 8 mil dólares. Na opinião dos outros aeronautas da feira, ele estava "tão perturbado com o acidente que superestimava o dano".[15] Para solucionar o impasse, Meyers ofereceu-se para reparar o balão à sua custa, mas Santos Dumont recusou a proposta. "Se o professor Meyers consertar o invólucro, ele pode voar na aeronave", disse, "eu não arriscarei minha vida nela."[16]

A situação piorou quando o coronel Kingsbury, chefe da Jefferson Guards, apresentou um relatório oficial. Depois de descrever em detalhes o movimento dos guardas na noite em questão, e explicando que despedira Gilliam por ter abandonado o posto por alguns momentos, Kingsbury acusou Santos Dumont de ter contribuído para os lapsos na segurança. Disse que todos sabiam que a feira só tinha recursos para contratar um guarda-noturno para vigiar o enorme hangar do balão, e que Santos Dumont ignorara as sugestões de complementar a segurança colocando um dos seus operários próximo ao Nº 7.

> Soube pelo tenente Walsh, do Serviço Secreto, que está investigando minuciosamente o caso, que o sr. Hudson, superintendente do setor náutico da empresa de transporte, contou-lhe que recomendara ontem repetidas vezes ao sr. Dumont contratar guardas especiais para vigiar o balão e tampar o caixote. Mas o sr. Dumont não seguiu as recomendações e só cobriu parte do caixote porque desejava que o balão ficasse exposto o mais possível ao ar. Se o contato com o ar fosse tão essencial para o balão, bastaria ter colocado uma rede forte de arame em cima do caixote, pois sua tampa fora só parcialmente removida.[17]

E então Kingsbury fez uma séria acusação: "Um dos assistentes do sr. Dumont foi visto carregando um facão. Em virtude da resistência das numerosas dobras e da espessura do tecido, seria necessário uma arma desse tipo para cortar o balão."

A observação era chocante: Santos Dumont maquinara a destruição do próprio balão. Pela primeira vez desde que ganhara o prêmio Deutsch, ele foi notícia de primeira página dos jornais dos dois lados do Atlântico. E a imprensa mencionou que seus balões haviam sido rasgados não só em St. Louis e Londres, mas também uma vez em Paris. Seria possível que um vândalo desequilibrado tivesse seguido Santos Dumont ao redor do mundo? Ou era mais provável que o aeronauta fosse de alguma forma responsável?

Santos Dumont partiu para a França algumas horas mais tarde e escreveu um protesto longo e indignado para os jornais norte-americanos:

> Seria admissível que eu destruísse minha aeronave, minha noiva, minha adorada, meu ídolo? Devotei minha vida à conquista do ar. Não é preciso dizer que arrisquei minha vida, meu amigo, que me viu cair no telhado do Trocadéro, que me viu mergulhar no Mediterrâneo e que perdeu as esperanças de me ver são e salvo centenas de vezes em Paris.
>
> Gastei meu dinheiro, brinquei com minha existência, tentei e falhei, tentei de novo e tive êxito de algum modo, e ainda estou lutando. Ganhei o prêmio Deutsch em Paris, conferido àquele que contornasse a torre Eiffel em um tempo preestabelecido. Doei o dinheiro do prêmio à caridade.
>
> O Novo Mundo oferece como pináculo da maior exposição já realizada uma grande recompensa ao aeronauta que fizer um percurso determinado num tempo definido. Construí com grande dificuldade e com custos elevados uma aeronave e a trouxe para St. Louis, junto com meus três mecânicos. Eu, que lutei para obter o reconhecimento do Velho Mundo, estou impaciente para ganhar o prêmio do Novo Mundo.
>
> Quem não deseja a aclamação de um povo tão inventivo, tão cheio de energia como o oceano, tão aberto a dar boas-vindas ao novo? Tudo que fiz na Europa é um eco longínquo. Preciso mostrar aos norte-americanos minhas realizações no ar. Como vocês dizem em sua língua expressiva, tenho de fazer um "show".
>
> Cheguei aqui. Comecei os preparativos para a ascensão. A seda do meu balão foi destruída à noite por algum malfeitor miserável, cuja identidade desconheço. Seria concebível que eu cometesse

ASAS DA LOUCURA

esse ato? Essa acusação é profundamente ridícula. Contudo, devo confessar que me aborrece, pois sugere estupidez de minha parte.

Realmente, meu amigo, esses desalentos afligem muito mais o inventor, o pioneiro, que seus fracassos. Na Europa e na América do Sul as pessoas ririam dessa história. Mas aqui talvez alguém possa dar ouvidos, e isso me entristece. Por que me esquivaria de fazer uma ascensão em St. Louis? Seria por medo? Já fiz 3 mil ascensões e sofri os mais diversos tipos de desastres que acometem o navegante do ar, exceto a morte, e estou pronto a ascender hoje, como quando ganhei o prêmio Deutsch.

É porque temo o fracasso? Quem são os adversários que me ameaçam? Já falhei antes, muitas vezes. Esse é o ônus daqueles que fazem experiências. O fracasso na aeronáutica não é de modo algum uma desonra. Os regulamentos mais difíceis não são estabelecidos. Não temos conhecimento das condições.

Sabe-se quão rápido um cavalo pode correr em 1 quilômetro ou quantos metros um desportista de corridas de velocidade deve percorrer para ser campeão, mas quem pode estabelecer limites e fronteiras para o balonista? Ele faz o melhor possível e confia no bom Deus.

Não teria motivos para me furtar a fazer uma ascensão em St. Louis. O prêmio do sucesso é principesco e o tempo para os experimentos é amplo. Mas esqueçamos o prêmio, pois se eu o ganhasse o daria à caridade, consideremos a glória do triunfo. Eu seria lembrado para sempre na história da aeronáutica, e talvez o último navegante intrépido do oceano aéreo falaria o nome do vencedor de St. Louis — o Colombo da atmosfera.

Eu adoro a glória. Desejo a fama. Seria então crível que eu rejeitasse a suprema oportunidade da minha vida? Fui consultado por comandantes militares sobre a utilização do balão na guerra. O Japão solicitou que me reunisse às suas forças na Coreia como chefe do serviço de balões, e recebi uma oferta fabulosa de levar este mesmo Santos Dumont Nº 7 à frente de batalha e tentar jogar explosivos de alta potência em Port Arthur.

Fiquei extremamente tentado a aceitar, mas muitos dos meus melhores amigos são russos e, apesar de admirar os japoneses, meus laços de amizade com os caucasianos levaram-me a recusar ajuda aos amarelos. Talvez meu auxílio fosse nulo. Mas isso só quem sabe é o deus da guerra.

A França adotou meus planos de balões militares e pretende aproveitá-los na próxima guerra. O sr. Francis, presidente da Feira Mundial, é um cavalheiro, e tem a habilidade e o charme de um grande diplomata. Ele se ressentiu com a acusação feita por seu empregado e manifestou-me numa carta privada sua distinta consideração.

Tudo isso soa muito egocêntrico e desagradável, mas é preciso lembrá-lo de que um guarda dos Jefferson, talvez adormecido em seu posto, possa ser responsável por esse ato furtivo, covarde e criminoso, perpetrado no aeródromo.

Chegaram até mesmo a insinuar que meus empregados, meus queridos Chapin, Gerome e André, que me acompanham com dedicação há quatro anos, cometeram esse vandalismo. Eles estão furiosos com o insulto, porém são mais cavalheiros que esse empregado uniformizado que ousou caluniá-los.

Seus rendimentos são muito superiores aos de toda a guarnição Jefferson. Quando ganhei o prêmio Deutsch, cada um deles recebeu mil dólares e lhes havia dito que receberiam 5 mil dólares cada um, se fosse vitorioso em St. Louis. Quando eu venço, eles também vencem. Acusaram-me de novo de querer uma concessão.

Isso é o cúmulo da imbecilidade. Não faço comércio. Possuo fazendas rentáveis de café em São Paulo. Não sou um comerciante inescrupuloso. Deveria ser mais ambicioso, mas, não obstante, não procuro o dinheiro público.

Na verdade, o sr. Skiff [o diretor das exibições] perguntou-me se consentiria em expor o balão mediante o pagamento de ingresso. Disse que a exposição precisava de dinheiro e que seria um bom negócio para eles e para mim. Porém recusei a proposta.

Não sou um balonista participando de uma feira campestre. Estou aqui num grande empreendimento e não posso dispersar de nenhum modo minhas energias. É a sua feira que está buscando concessões, não eu. Em momentos como esse, percebemos que existem problemas que só o código do duelo resolve.[18]

A carta de Santos Dumont foi uma mistura de justificativa, exagero e fantasia, e revelou seus sentimentos conflitantes em relação ao dinheiro do prêmio. Ele insistira em ter uma recompensa substancial justificando que seus experimentos eram caros. Mas ansiava mostrar às pessoas que não precisava do dinheiro. Só o queria para seus operários, a quem pagava muito bem. Para Santos Dumont, a dimensão do prêmio era a medida de sua autoafirmação. Queria garantir um lugar na história. Se os aeroclubes e as feiras mais prestigiosos do mundo remunerassem generosamente seus esforços para estabelecer recordes, confirmaria sua crença na importância de suas realizações. Havia ainda outra contradição em sua atitude em relação ao dinheiro. Embora tenha dito que não queria ser um acrobata de circo que cobrava ingressos para seus voos, ele fizera um acordo secreto com os expositores do Palácio de Cristal no qual eles venderiam ingressos para mostrar seu balão retalhado e dividiriam com ele uma parte significativa da receita das entradas. Durante o breve período em que foi exibido em Londres, o balão com bandagens elegantes cobrindo seus rasgos provou ser uma atração popular; as pessoas ficavam horas na fila para vê-lo. Apesar de afirmar que recusara a proposta de Skiff para exibir o Nº 7, na verdade ele tentou fazer um arranjo similar ao de Londres em St. Louis, porém os funcionários conscienciosos da exposição rejeitaram a ideia, pois lhes pareceu uma forma imprópria de se aproveitar do vandalismo.

Como sempre reagia quando estava sob pressão, Santos Dumont distorceu os fatos a seu favor. Havia muito tempo não recebia dinheiro das fazendas de café, e exagerara ao dizer que fizera 3 mil ascensões. E conquanto quisesse acreditar que a especulação sobre seu envolvimento na destruição do balão estivesse restrita à América, também se falava sobre isso na Europa. Sua tendência para desvirtuar a verdade significa que o historiador deve ter uma visão crítica quanto à veracidade de suas afirmações ao se defender. A declaração sobre o interesse dos japoneses em suas aeronaves, por exemplo, carece de credibilidade porque ele nunca mencionara esse fato tão importante antes, se bem que havia muito tempo se comentava que exércitos estrangeiros o tinham procurado. Essa revelação poderia ter sido completamente esquecida se não figurasse numa charge extraordinária feita pela Jefferson Guards.

Não obstante os guardas terem sugerido, inicialmente, que Santos Dumont cortara seu balão para evitar o fracasso na prova, mais tarde, em caráter não oficial, eles insinuaram um motivo muito mais complexo.

Segundo eles, o governo japonês prometera dar 1 milhão de dólares a Santos Dumont se, depois de demonstrar o valor do Nº 7 ganhando o prêmio em St. Louis, ele ofertasse essa aeronave e mais outras duas para que o exército do imperador do Japão as usasse contra os russos. Disseram que um agente de Moscou lhe oferecera 200 mil dólares para romper o contrato com os japoneses. Inseguro se conseguiria vencer a competição, ele "aceitou a oferta concreta dos russos e cortou seu balão em pedaços".[19] Santos Dumont declarou que sua dignidade não lhe permitia responder a uma acusação tão ignóbil, e os governos envolvidos nunca se pronunciaram sobre o assunto.

Ele poderia ter silenciado seus críticos consertando o balão em Paris e retornando com ele para St. Louis. Entretanto, confidenciou a alguns amigos que tinha um plano mais ambicioso para salvar sua reputação e assegurar um lugar mais relevante na história: ele construiria o primeiro aeroplano do mundo.

Finalmente, ninguém ganhou o grande prêmio de St. Louis. Dos 150 mil dólares destinados às provas aéreas, os organizadores da exposição só despenderam mil dólares numa competição de papagaios de papel e numa exposição de balões. A falta de vencedores provou que as regras do concurso eram muito rígidas e que Santos Dumont, embora não tivesse voado em Missouri, era o melhor concorrente. Sua aeronave, sem dúvida, era a única que preenchia o pré-requisito de ter realizado uma viagem de ida e volta de cerca de 2 quilômetros. Apesar de o evento aeronáutico ter sido um fracasso, a feira mundial foi um sucesso. Dezenove mil pessoas a visitaram, e muitos aproveitaram as cadeiras de rodas elétricas recém-inventadas não para ajudar os inválidos, mas para transportar pessoas saudáveis no extenso espaço da feira. As mostras de novas tecnologias foram esplêndidas, porém a lembrança mais marcante dos visitantes foi a invenção do sorvete de casquinha. Hesitante, Santos Dumont experimentou um. Não era tão leve como um crepe, mas ele teve de admitir que era gostoso.

13

"Um aeroplano levantou voo propelido por um pequeno motor, Santos Dumont realiza um feito inédito na Europa"
(Paris, 1906)

Santos Dumont voltou para Paris com um novo encantamento pela cidade. Apesar da descortesia com que o Aeroclube de Paris o tratara, o fato fora havia muito tempo esquecido e parecia insignificante em comparação com os vandalismos sofridos por seus balões em Londres e em St. Louis.

> Moço ainda, efetuei em Paris minha primeira ascensão. Em Paris, encontrei construtores de aeróstatos, fabricantes de motores, mecânicos, todos tão pacientes como peritos... Em Paris, ganhei o prêmio Deutsch no primeiro dirigível que executou em tempo limitado as condições dum programa. E agora que possuo não somente a minha aeronave de corrida, mas também a minha aeronave de passeio, com a qual me divirto voando por sobre as árvores da cidade, é em Paris que quero gozar, como recompensa, a doçura de ser o que uma vez me censuravam de ser: "um sportsman da aerostação."[1]

Além disso, seus melhores amigos moravam nessa cidade. De todas as pessoas que conhecia, Sem era o único a quem ele permitia visitas inesperadas. Os empregados e os operários de Santos Dumont tratavam Sem como se fosse um membro da família. Certa vez, Sem encontrou o amigo debruçado na escrivaninha examinando o projeto de sua 11ª máquina voadora. (A Nº 10, um aeroplano que carregaria dez pessoas, nunca ascendeu com mais de uma.) Não se via o invólucro de hidrogênio no Nº 11; parecia um monoplano. Mas Santos Dumont virou os papéis antes que Sem pudesse observá-los bem. Em outra ocasião, Sem o encontrou na oficina em Neuilly praticando arco e flecha. Ele substituíra as penas das flechas por asas de papelão de diversas formas e tamanhos. Recusou-se a comentar o que fazia, mas estava claro até para seu amigo leigo que estudava a aerodinâmica das asas para construir um aeroplano. Sem pegou uma garrafa de champanhe e os dois celebraram o projeto sem trocar uma palavra.

Na verdade, Santos Dumont não pesquisou muito sobre aerodinâmica. Pelo que se sabe, suas pesquisas não foram muito além dessa tarde com o arco e flecha, a não ser, certa vez, em que passou alguns poucos dias empinando papagaios depois que lera um artigo sobre o trabalho de Lawrence Hargrave, inventor australiano, a respeito da força ascensional dos papagaios de tela retangulares, dotados de células do tipo caixa. "Nunca me dediquei seriamente ao estudo de dados abstratos", disse Santos Dumont. "As minhas invenções foram realizadas por meio de uma série de testes, com base no bom senso e na experiência."[2] À imagem consumada de um caubói pilotando os próprios testes, ele preferia ascender num novo aparelho a fazer um trabalho de laboratório. Essa atitude era oposta à de Langley e dos Wright. Depois de dias prendendo aves empalhadas e protótipos de asas nos braços de sua máquina giratória, Langley construiu progressivamente uma série de modelos maiores de aviões antes de construir uma versão em tamanho real, cujo voo de teste foi pilotado por outra pessoa. Santos Dumont nunca pensara em usar um substituto, apesar de haver muitos voluntários. Sua ética pessoal o impedia de arriscar a vida de outra pessoa. Além disso, ele gostava de sentir a emoção de voar numa máquina pela primeira vez. Os irmãos Wright também fizeram longas pesquisas. Quando as asas dos planadores não forneceram a força ascensional indicada nas publicações consultadas, eles revolucionaram a teoria estabelecida construindo um túnel aerodinâmico para determinar a forma correta da asa. Depois, fizeram quase mil experiências com planadores antes de tentar o voo mecânico.

ASAS DA LOUCURA

Santos Dumont ignorou os planadores; dos balões a gás passou aos aviões. Mas não era imprudente. Antes de voar no aeroplano, ele o pôs à prova de uma forma que nem Langley nem os Wright poderiam ter feito: testou a estabilidade suspendendo-o em uma de suas aeronaves em voo. Só a partir desse teste público a maioria dos parisienses soube do seu interesse pelos mais pesados que o ar. O segredo desse trabalho contrastava com as experiências com aeronaves, realizadas para atrair o máximo de atenção. Ele nunca contou por que se tornara tão reservado, mas é fácil de adivinhar. Não tinha interesse em patentear a nova máquina ou tirar proveito dela de outra maneira, mas como era um novato nos voos dos mais pesados que o ar, a única maneira de sobrepor-se àqueles que tinham trabalhado anos para solucionar o problema era pegá-los de surpresa. Quando realizou o trabalho pioneiro com os balões a motor, ele estava muito mais evoluído que os demais aeronautas, e a chance de alguém circum-navegar a torre Eiffel antes era mínima; assim, ele podia revelar seus projetos. Mas agora, com a competição crescente, sabia que era improvável que fosse o primeiro a voar num aparelho mais pesado que o ar e, se não fosse bem-sucedido, não gostaria que soubessem que não tivera êxito na tentativa.

No início, o trabalho lhe pareceu o mais complexo que já fizera. O Nº 11, cujos planos Sem vislumbrara, foi construído como um monoplano não tripulado, equipado com flutuadores, porém tinha pouca estabilidade. Ao rebocá-lo por meio de uma lancha, quase não se ergueu da água. Os desenhos mostram que Santos Dumont pretendia acrescentar dois motores ao planador para transformá-lo num aeroplano com propulsores duplos, contudo desistiu do projeto em razão da pouca estabilidade. Tampouco foi bem-sucedido com o Nº 12, um helicóptero de dois propulsores. A tarefa de projetar um motor adequado para um helicóptero, que fosse ao mesmo tempo leve e potente, estava muito além dos conhecimentos da engenharia de 1905.

Desacostumado ao fracasso, retornou por um breve espaço de tempo ao primeiro amor, a aeronave. Desenhou o Nº 13, um grande "iate aéreo", e descreveu as expectativas sobre seu desempenho na revista *Je sais tout*:

Se eu contar que pretendo dar, neste verão, um novo impulso à navegação aérea? Espero, até mesmo, antes de terminar meus experimentos, sobrevoar a Europa durante uma semana inteira num iate aéreo, o qual não precisará descer à noite porque será realmente uma casa flutuante.[3]

A combinação de um balão de hidrogênio com o ar quente usado no balão *montgolfière* permitiria ao Nº 13 permanecer no ar durante muito tempo, visto que qualquer hidrogênio consumido seria substituído pelo ar quente produzido pelo combustor de gás. Mas, de qualquer forma, era uma teoria. Na prática, o Nº 13 poderia se transformar numa bola de fogo. Santos Dumont, prudentemente, cancelou o teste planejado, pois se preocupou com uma chama aberta muito próxima ao hidrogênio. Os amigos ficaram aliviados por ele ter desistido, porém os adversários zombaram de sua opção tão perigosa. Em agosto de 1905, ele concluiu outra aeronave grande, a Nº 14, e a testou fora de Paris sobrevoando a praia de Trouville, perto de Deauville, um local de veraneio na costa do canal da Mancha. Evoluindo a favor e contra o vento sobre o mar, Santos Dumont ficou contente ao ver que tinha tanto controle do Nº 14 quanto com as aeronaves menores. Quando a notícia do teste do Nº 14 chegou a Paris, seus companheiros aeronautas não lhe deram importância. Novas tendências surgiam no mundo. Santos Dumont restringia-se às aeronaves pesadas e pouco resistentes ao vento enquanto eles, impressionados com os recentes sucessos dos planadores, estavam certos de que o futuro residia nos aeroplanos velozes e funcionais. Mas Gabriel Voisin, um engenheiro muito competente, de 25 anos, disputado pelos aeronautas parisienses que queriam contratá-lo, gostou das notícias de Deauville. Pensou em juntar-se à equipe de Santos Dumont e sabia que o brasileiro tinha uma cartada nas mãos. O Nº 14 não era uma aeronave esportiva, mas poderia ser utilizada como rebocador aéreo em voos mais pesados que o ar.

Durante o inverno de 1905-1906, Voisin ensinou tudo que sabia sobre aeroplanos a Santos Dumont. Contou histórias de planadores que haviam feito voos bem-sucedidos e de outros que caíram matando os pilotos. Conversaram sobre as seguras condições de voo em planadores e de como adaptar, da melhor forma possível, a potência de um motor. Em segredo, começaram a construir em Neuilly um aeroplano com uma aparência estranha.

ASAS DA LOUCURA

Santos Dumont mais uma vez empregou o motor a petróleo dos automóveis e construiu um longo planador com duas asas constituídas de células em forma de caixa, fixadas a uma trave de pinho e presas por cordas de piano. Para fazer um teste inicial de estabilidade, ele e Voisin penduraram o aeroplano numa roldana e persuadiram um jumento relutante a puxar o aparelho. Os projetos dos rivais, certamente com aspecto mais agradável, não pareciam ter um desempenho melhor. O planador de Louis Blériot, puxado não por um jumento mas por um barco a motor, caiu no Sena do mesmo modo espetacular que a máquina de Langley mergulhara no Potomac. Do outro lado do canal da Mancha, em Londres, Percy Sinclair Pilcher, meteorologista famoso, além de aeronauta amador, morreu quando seu aparelho de teste se dobrou em dois. "Todas as tentativas de voo artificial são perigosas", noticiou o *Times* londrino em 1905, "além de fadadas ao insucesso do ponto de vista da engenharia."[4]

Em 19 de julho de 1906, Santos Dumont e Voisin testaram o projeto do avião ligando-o à aeronave Nº 14, o rebocador aéreo. O espetáculo bizarro agradou a Santos Dumont ao verificar a estabilidade das células em forma de caixa. Um mês depois, no dia 23 de agosto, testou o aeroplano pela primeira vez sem conectá-lo ao balão. Ele o chamou de 14-Bis. As células que constituíam as asas posicionavam-se na dianteira e o motor na extremidade posterior e, assim, tinha-se a impressão de que ele voava para trás. Como se parecia com uma ave com a "cabeça" no formato de uma caixa — os aeronautas diziam que se parecia com um pato —, a imprensa o apelidou de "Ave de Rapina". O 14-Bis foi o primeiro e talvez o único aeroplano na história em que o piloto tinha de ficar de pé todo o tempo.

O teste foi um sucesso e a manchete do *Herald* dizia: "Aeroplano levanta voo propelido por um pequeno motor, Santos Dumont realizou um feito inédito na Europa." Às 5 horas, Santos Dumont ligou o motor de 24 HP, e o aparelho de 10 metros de comprimento e 12 de envergadura percorreu o solo a uma velocidade de 19 quilômetros por hora. Chegou ao final do terreno, contudo, sem decolar. Santos Dumont desligou o motor e mexeu nele um pouco, na tentativa de lhe dar mais potência, antes de retornar ao ponto de partida. Dessa vez:

> todas as pessoas presentes viram as rodas elevando-se da terra e o aeroplano voar a uma altura de poucos metros. No entanto, o voo

não iria se prolongar por muito tempo. O motor balançava e o que parecera um movimento estável para cima no ar transformou-se em uma série de saltos gigantescos.[5]

Os outros aeronautas ficaram impressionados "pelo fato de que as duas lâminas do propulsor de só 1 metro de diâmetro tinham força suficiente para impulsionar a pesada estrutura tão rápido através do terreno acidentado". Durante o resto do dia, Santos Dumont tentou sem sucesso melhorar a velocidade do motor. "Estou mais que satisfeito", disse mais tarde.

> Realizei mais do que ousava esperar. Agora estou certo de que se o motor fosse mais potente, eu teria conseguido permanecer por mais tempo no ar. Ainda não decidi o que fazer. Gostaria de substituir o motor atual por um de 50 HP, mas os fabricantes levarão oito dias para fazê-lo e estou impaciente para continuar meus experimentos.

Mais uma vez, ambicionava ganhar um prêmio, na verdade dois. Ernest Archdeacon, advogado e financista, e então presidente do Aeroclube de Paris, oferecera um prêmio de 3,5 mil francos para o primeiro voo de um aparelho mais pesado que o ar de mais de 25 metros, e o clube destinara 1,5 mil francos para um percurso de mais de 100 metros. Santos Dumont convocou os juízes em três dias diferentes. Na primeira ocasião, no dia 13 de setembro de 1906, a "Ave de Rapina" elevou-se no ar por um tempo suficiente para ser aclamado pelos juízes, antes de perder altura e ir em direção a eles. Os juízes se afastaram no exato momento em que o aeroplano aterrissou bruscamente, quebrando o propulsor, a estrutura e as rodas, mas mesmo assim permitindo a Santos Dumont seguir cambaleando. Os 11 metros de voo não bastaram para ganhar o prêmio. "Mas ele voou", noticiou o *Herald*. "O fato foi plenamente comprovado. Embora tenha retornado com o aparelho quebrado, ele teve a satisfação de realizar um feito sem precedentes na Europa, diante de testemunhas."[6]

Enquanto os operários passaram o mês consertando a "Ave de Rapina", Santos Dumont inscreveu-se na Copa Internacional de Aeronautas, um concurso de balões livres patrocinado pelo *Herald*. Dado o progresso das aeronaves e das máquinas mais pesadas que o ar, a competição de balões

ASAS DA LOUCURA

esféricos era um retorno a uma época passada, mas atraiu a atenção mundial. No dia 30 de setembro, à tarde, mais de 200 mil pessoas foram aos Jardins das Tulherias para assistir à ascensão de dezesseis balões de sete nações diferentes. Havia um quê de romântico no fato de não saberem onde iriam pousar. Cada competidor recebeu um cartão no qual estava escrito em inglês, francês, russo e latim:

1 — Acabamos de pousar com um balão concorrendo à Copa Internacional de Aeronautas de Paris. Você faria a gentileza de nos mostrar no mapa onde estamos?

2 — Que país é este?

3 — Qual é o nome da cidade importante mais próxima e a que distância estamos dela?

4 — Qual é o nome da estação de trem mais próxima e a que distância estamos dela?

5 — Conseguiríamos uma carreta para transportar o balão até a estação?

6 — Você faria a gentileza de buscar essa carreta?

7 — Você poderia me levar à casa do prefeito ou do funcionário mais graduado deste local, pois desejo que este certificado de pouso seja verificado e assinado por ele, de acordo com os regulamentos do concurso?

8 — Qual é o nome deste vilarejo ou desta cidade, para que os russos ou os cossacos não pensem que somos anarquistas aéreos?[7]

Quanto às provisões, o jornal londrino *Tribune* publicou que três balões da Grã-Bretanha carregavam:

garrafas de sopa de caril e de carne de vitela aquecidas em latas térmicas; extrato de carne, carne e língua prensadas, queijos, pãezinhos, biscoitos, leite esterilizado, café, garrafas de água mineral, champanhe para animar os espíritos e conhaque para ser tomado como medicamento em caso de desmaio em uma altura elevada. Por essa mesma razão, cada balão transportaria cilindros de oxigênio para mitigar os efeitos do ar rarefeito, se acontecesse algum problema durante a corrida.[8]

Os britânicos também levaram grandes galões de água "para higiene pessoal, com a vantagem de servir de lastro". Outro jornal inglês se preocupou com a instabilidade do vento e previu que "o grande concurso de balões será cheio de emoções para aqueles a quem o destino reserva surpresas — receber o golpe de uma garrafa na nuca, a batida de uma âncora nas costas ou a perna de uma cadeira na boca do estômago".[9]

A competição foi uma das raras ocasiões em que Santos Dumont não ganhou o prêmio. Ele concorreu com um balão esférico com duas hélices horizontais que se prolongavam da cesta. Pensava assim controlar a elevação vertical, eliminando o lastro para liberar um peso valioso para provisões adicionais. No entanto, no primeiro dia, a manga de seu casaco de couro prendeu no mecanismo que controlava os propulsores. O braço ficou ferido e ele foi obrigado a descer em Bernay, a quase 2 quilômetros de Paris, para receber tratamento médico. Com o braço numa tipoia, três dias depois ele estava na sua oficina ajudando os mecânicos a consertar o 14-Bis.

Ele testou de novo o aeroplano em 23 de outubro de 1906. Depois de várias tentativas malsucedidas e empecilhos diversos, ele partiu às 16h45. O aeroplano correu no solo e levantou sem problemas a uma altura de 3 metros. "A multidão presente vibrou com entusiasmo",[10] noticiou o *Herald*. Todos viram a "Ave de Rapina" voar uns 15 metros, mais que a metade da extensão de um campo de futebol antes de começar a retornar, fazendo uma "curva graciosa". Os espectadores "esperavam vê-lo completar o círculo, mas o motor parou e o aeroplano caiu". Mesmo assim, ele voara duas vezes a distância requerida pelo prêmio Archdeacon, embora tivesse previsto fazer um percurso ainda maior. "Na verdade, não sei por que não prossegui", disse, ao sair do aparelho.

> Por um instante, pareceu-me que a máquina inclinava-se para o lado e eu tolamente cortei o gás. Isso acontece por inexperiência. Depois de uns poucos ensaios, tenho a certeza de que conseguirei voar muitos quilômetros. A sensação é maravilhosa. Quando as rodas ergueram-se do solo, senti como se estivesse num balão impulsionado por uma força oculta. Estou seguro de que depois de algumas modificações voarei com facilidade.[11]

ASAS DA LOUCURA

Em 12 de novembro, fez outro voo tentando dobrar a extensão do percurso anterior para acrescentar o prêmio do aeroclube ao prêmio Archdeacon. No entanto, dessa vez, apresentou-se um concorrente. Louis Blériot, a quem Voisin também ajudara, esperava no Bois com seu novo biplano. Os juízes do aeroclube temeram uma altercação, caso Santos Dumont acusasse Voisin de traição, mas o brasileiro estava tão confiante que foi atencioso com Blériot. Depois de umas poucas tentativas malsucedidas com o motor crepitando, Santos Dumont encorajou o aeronauta francês a tentar o prêmio. Blériot aceitou a sugestão generosa, mas seu biplano não conseguiu decolar. Ao entardecer, Santos Dumont subiu na "Ave de Rapina" pela quarta vez e partiu contra o vento. Os espectadores estavam tão excitados que correram para a frente do aparelho que se aproximava. Santos Dumont assustou-se. "Levantou a proa de sua máquina",[12] noticiou o *Herald*, e elevou-se acima da multidão, adquirindo velocidade e altura. Nesse momento, as mulheres, assustadas, começaram a correr em todas as direções. Uma ou duas caíram, e a confusão generalizou-se. Tudo isso perturbou o sr. Santos Dumont, dificultando sua passagem. Ele tentou fazer uma curva fechada na ânsia de encontrar um caminho livre, mas o movimento foi muito brusco e, temendo um acidente, desligou o motor e desceu. Ao tocar o solo, uma das asas sofreu pequenas avarias e uma roda entortou-se.

De acordo com seu relógio de pulso Cartier, ele voara 220 metros em 21 minutos e dois segundos. Apesar da entusiástica descrição do *Herald* de "que ganhara altitude todo o tempo", ele não atingira mais de 5 metros de altura. Santos Dumont disse a um espectador:

> Estou muito contente, mas também estou muito desapontado por não ter feito um percurso muito maior em virtude da imprudência da multidão, a qual, com sua impaciência em observar tudo, se precipitou embaixo de minha máquina. Quando vi todas aquelas pessoas, confesso que me assustei. Não sabia ao certo o que fazer para evitar um acidente sério. Quase não podia distinguir o caminho com clareza por cima de todas aquelas cabeças e tentei, hesitante, fazer uma curva para a direita. Porém depois que perdera meu sangue-frio, decidi que deveria descer da melhor maneira possível.

A multidão cercou o aeroplano, levantou Santos Dumont no ar e o carregou durante muitas horas pelas ruas de Paris. Rapidamente, ele se tornou uma celebridade no mundo inteiro. "Santos Dumont, o conquistador do ar!", os jornais exclamavam. No período de um ano, sete aeronautas, inspirados por seus feitos, realizaram voos na Europa com aeroplanos de concepção própria.

Ele voou com o 14-Bis só mais uma vez. Conhecia as deficiências do aparelho e fez novos desenhos, mas sem sucesso. Em 27 de março de 1907, abandonou o projeto de outro biplano, o Nº 15, na primeira decolagem. Ao correr no solo para ascender o aparelho, desequilibrou-se. A ponta de uma das asas tocou o chão e o aeroplano acidentou-se, deixando-o ferido e sangrando, porém sem gravidade. O Nº 16 era uma aeronave com asas; em junho de 1907, o aparelho também se avariou, ainda no solo. O Nº 17, um biplano, jamais foi construído, e o Nº 18, um hidroavião, flutuou sobre o Sena mas nunca decolou. No outono, Santos Dumont refletiu sobre esses fracassos e decidiu seguir a estratégia adotada com êxito nas aeronaves — construir a menor máquina possível com capacidade para transportá-lo com segurança. O resultado foi o Nº 19, um monoplano leve e pequeno com estrutura de bambu, facilmente transportável. O aeroplano tinha 8 metros de comprimento e 5 de envergadura, e o propulsor de madeira tinha 1,35 centímetro de diâmetro. Ele conseguira reduzir a fuselagem a uma única haste de bambu. O leme posicionava-se atrás da haste, as asas, no meio, e adjacentes a elas ficavam o propulsor e um motor de motocicleta Dulthiel & Chalmers de 18 HP.

O local onde se sentava o aeronauta em suas aeronaves anteriores sempre fora precário, mas no Nº 19 era temerário. Ele colocara três rodas, duas na frente e outra atrás da haste, e sentava-se no eixo entre as rodas dianteiras. Poucos metros acima dele ficava o motor de 22 quilos. Se ele soltasse fagulhas ou explodisse, Santos Dumont sofreria um grave acidente. Havia também o perigo de o motor desprender-se da única haste e esmagá-lo. Além disso, sua posição tornava a parte de cima do avião pesada e instável. Ele esperava ganhar um novo prêmio com o Nº 19, o Grande Prêmio de Aviação, oferecido por Henry Deutsch e Ernest Archdeacon ao primeiro aeroplano que fizesse um percurso de ida e volta de 1 quilômetro. Mas, dessa vez, não conseguiria. Apesar de ter decolado, sua instabilidade provocou a queda.

ASAS DA LOUCURA

Santos Dumont pôs de lado o avião em 21 de novembro de 1907, após ter sofrido sérias avarias num voo curto de 120 metros no Bois. (Em 13 de janeiro de 1908, Henri Farman venceu o Grande Prêmio de Aviação.)

Durante os meses em que Santos Dumont voara no 14-Bis, os irmãos Wright não lhe deram a devida importância. Depois da conquista do prêmio Archdeacon, os Wright contaram à imprensa de Dayton que seu feito "não tem para nós o mesmo grau de relevância que as pessoas do outro lado do Atlântico lhe atribuem, onde o aeroplano ainda é uma novidade em matéria de navegação aérea".[13] Mas os irmãos desconheciam os detalhes do voo. Quando Chanute pressionou-os a fazer mais comentários, Wilbur disse que duvidava que o brasileiro tivesse voado mais do que um décimo de quilômetro. "Se fosse um percurso de mais de 100 metros teria realizado um feito importante; menos do que isso, não tem o menor valor."[14] Na verdade, ele percorrera quase duas vezes e meia essa distância, e os jornais começaram a provocar os Wright a voar em público. "O sr. Santos Dumont em poucos meses teve mais êxito [...] que qualquer outro inventor", publicou o *Herald* em um editorial, "a menos que os irmãos Wright de Dayton, Ohio, que cercaram seus experimentos com tanto segredo e mistério, o tenham superado."[15]

Na biografia mais precisa escrita sobre os Wright, Tom Crouch analisa essa indiferença peculiar em relação aos seus rivais:

> Entre o período do curto voo de Santos Dumont, no outono de 1906, e os primeiros voos públicos de um avião dos irmãos Wright, no verão de 1908, muitos pioneiros europeus e norte-americanos fizeram experimentos no ar. Seus aeroplanos eram muito mais primitivos que a máquina dos Wright, bem como as distâncias percorridas foram muito mais curtas. Eles inspiraram-se nas histórias do sucesso dos Wright, e seus aparelhos baseavam-se na concepção tecnológica idealizada pelos irmãos. Mas nada disso importa. Eles voaram e o mundo todo sabe disso. Os irmãos encaravam esse fato com um distanciamento crítico — as máquinas europeias eram muito inferiores aos seus aeroplanos; poucos dispunham de meios de controle lateral. Nenhum deles era uma máquina voadora funcional.

Eles estavam corretos. Contudo, perderam algo intangível por não terem feito os primeiros voos públicos. Embora sua máquina fosse superior, os europeus viam seus colegas voar numa época em que os Wright ainda eram considerados enganadores.

Os Wright não pensaram que alguém suficientemente ousado pudesse voar uma distância considerável numa máquina com pouquíssimo controle. Porém, na verdade, isso ocorreu.[16]

O controle de um avião é obtido em três dimensões, correspondentes aos três eixos de rotação: o eixo de guinada, de arfada e de rolamento. No eixo de arfada, o controle da subida ou descida da proa é realizado pelo estabilizador, ou pelo leme horizontal, que os Wright puseram na dianteira do avião, enquanto outros aeronautas por vezes o colocaram atrás das asas. O estabilizador dianteiro foi a solução encontrada para um problema que uma década antes causara a morte de Otto Lilienthal, o famoso piloto de planadores alemão e um teórico no campo da aerodinâmica. Lilienthal fizera quase 2 mil voos bem-sucedidos, mas em 9 de agosto de 1896, um súbito golpe de vento causou a queda de seu monoplano de uma altura de 15 metros. A morte de Lilienthal foi o primeiro motivo que levou os Wright a se interessarem pela aeronáutica. Ao levantar a proa do avião, o estabilizador pode evitar um mergulho fatal caso o aparelho perca repentinamente velocidade.

O eixo de guinada, ou controle lateral, é em geral realizado pelo leme vertical posicionado na parte posterior da máquina (com exceção especial do 14-Bis, no qual o leme e o estabilizador foram colocados na dianteira do aparelho). Todos os rivais dos Wright usaram lemes e estabilizadores, mas, ao contrário deles, nunca deram muita atenção ou solucionaram o problema do "rolamento", a rotação ao redor do eixo longitudinal do avião, onde se controla o movimento ascendente ou descendente das pontas das asas. Langley percebera que as asas dos abutres formavam um ângulo ligeiramente para cima e instalou as asas do Aeródromo do mesmo modo. As asas colocadas em forma de diedro permitiam a estabilidade lateral num voo em linha reta, porém ofereciam pouca proteção contra o rolamento quando a máquina fazia curvas para a direita ou para a esquerda. Os Wright, que também estudaram o movimento das aves, não deram importância à configuração em diedro porque não era comum a todos os pássaros. No entanto, perceberam que

ASAS DA LOUCURA

as aves ao voar flexionavam um pouco as asas em vez de mantê-las rígidas. Certos de que essa era a chave para resolver a questão da estabilidade lateral, os Wright idealizaram um modelo de "asa arqueada", torcendo as asas para que a asa direita se direcionasse para o vento num ângulo diferente da esquerda, de modo que o peso diferente nas asas impedisse qualquer tendência ao rolamento. No Flyer, construído em 1903, no qual o piloto se inclinava entre as asas do biplano, ele as arqueava movendo os quadris num berço do qual se estendiam cordas presas às pontas das asas. Em Kitty Hawk, essa posição do piloto mostrou que num pouso difícil seu rosto se cobriria de areia e, então, nos Flyers subsequentes o piloto sentava-se ereto, mas a configuração das asas arqueadas foi mantida. (Atualmente, as asas não têm essa configuração, mas o mesmo efeito é obtido pelos elerões, ou pequenos flapes, situados na extremidade traseira das asas.)

Na demonstração da "Ave de Rapina" em 23 de outubro de 1906, a curva graciosa observada no seu percurso foi, na verdade, ocasionada pela perda de controle da estabilidade lateral da aeronave. Quando a máquina começou a balançar sem controle, Santos Dumont desligou o motor e desceu bruscamente, danificando as rodas com o impacto. No voo seguinte, em 12 de novembro de 1906, ele e Voisin acrescentaram duas superfícies octogonais — elerões rudimentares — entre os suportes das asas externas. As cordas que se estendiam desses suportes eram costuradas nas costas do paletó de Santos Dumont ou amarradas ao redor dos seus braços, permitindo-lhe ajustar a posição das superfícies girando o corpo, um método tão original quanto o movimento de quadris dos Wright, porém mais difícil de ser executado. Para ajustar os elerões, Santos Dumont, segundo seus contemporâneos, movia o corpo como se estivesse dançando uma espécie de rumba. No entanto, a funcionalidade dos octógonos não se comprovou e, no voo do dia 12 de novembro, quando Santos Dumont fez uma curva para evitar a multidão, mais uma vez o aeroplano se inclinou para a lateral. Ele se vira obrigado a descer antes do previsto não porque a multidão o perturbara, mas em razão de estar novamente perdendo o controle do aparelho. Santos Dumont fez, sem dúvida, os primeiros voos públicos, porém eles não foram de modo algum controlados.

Depois dos testes secretos em 1903, os Wright aperfeiçoaram o Flyer ao longo de mais de cem voos em Huffman Prairie, um pasto a 12 quilômetros a leste de Dayton, mas não conseguiram vendê-lo aos órgãos governamentais. Eles queriam que os compradores assinassem um contrato de compra antes de verem o aeroplano e assistirem a seu voo. Quando Washington e Londres recusaram em 1905, eles ofereceram o aeroplano à França por 1 milhão de francos (250 mil dólares). Os franceses pensaram que o avião poderia ser útil contra seu eterno inimigo, a Alemanha, e entusiasmados ofereceram 5 mil dólares como garantia de compra; contudo, ao final, o negócio não se concretizou porque o ministro da Guerra estava impressionado com as demonstrações dos aeronautas franceses. Os Wright contataram a Alemanha, que não tinha um programa de desenvolvimento de máquinas mais pesadas que o ar, porém as negociações pararam porque os militares quiseram ver o avião antes de assinar o contrato. Como Crouch observou, "os Wright, apesar de grandes inventores, foram maus negociadores".[17]

Octave Chanute, uma das poucas pessoas a quem os Wright faziam confidências, aconselhou-os a atrair compradores potenciais realizando voos espetaculares em público. Eles recusaram os conselhos e Chanute os culpou de terem tomado a decisão "movidos pelo desejo de ficarem muito ricos".[18] A imprensa norte-americana também perdeu a paciência. Em janeiro de 1906, a *Scientific American*, que dificilmente poderia ser acusada de partidarismo em relação à França, questionou os experimentos realizados perto de Dayton: teriam realmente acontecido? A revista divulgou o boato dizendo que, em outubro de 1905, Wilbur Wright voara a distância espantosa de 38 quilômetros em 39 minutos. A *Scientific American* especulou:

> É possível acreditar que repórteres norte-americanos, sempre tão diligentes, que, como todos sabem, são até capazes de descer pela lareira quando a porta está trancada — mesmo que tenham de escalar um arranha-céu de 15 andares —, já não teriam publicado o fato há muito tempo se dele tivessem conhecimento?[19]

O comentário do *Herald* foi ainda mais contundente ao questionar, num editorial publicado em 10 de fevereiro de 1906, se os Wright eram "aeronautas ou mentirosos".[20]

Em 1906, os Wright passaram vários meses na Europa tentando vender seu aeroplano, mas não fizeram demonstrações aéreas. As poucas notícias

ASAS DA LOUCURA

publicadas na imprensa europeia eram, em geral, desdenhosas em razão da falta de provas concretas. Além disso, os repórteres confundiam o biplano Flyer com o Aeródromo de Langley. As histórias relativas ao Flyer diziam que ele fora impulsionado por uma catapulta, em vez de ter feito um voo mecânico. Essa informação errônea levou os aeronautas franceses e, mais tarde, o governo brasileiro a afirmar que, apesar de o aeroplano dos Wright ter decolado em 1903, Santos Dumont era quem merecia o verdadeiro crédito por ter sido o primeiro a realizar um voo autopropulsado em 1906. Mas, na realidade, os Wright não usaram uma catapulta em Kitty Hawk; o Flyer correu ao longo de um trilho de 18 metros para evitar que caísse na praia, mas o trilho não o impulsionou. No primeiro voo de 37 metros realizado em 14 de dezembro, o trilho inclinava-se na duna de areia para que a gravidade aumentasse a velocidade do Flyer. Mas os Wright colocaram deliberadamente os trilhos numa posição plana nas quatro tentativas realizadas em 17 de dezembro, a fim de reivindicarem seu lugar na história como os primeiros a realizar um voo autopropulsado.

Em setembro de 1904, os Wright, sentindo que não precisavam provar mais nada, suplementaram os trilhos com um sistema de guincho. Os trilhos ainda eram necessários porque o Flyer não tinha rodas; corria sobre dois aros de bicicleta, cujas bordas se encaixavam nos trilhos. Em Huffman Prairie, onde o vento que ajudaria o aeroplano a decolar não era tão forte como em Kitty Hawk, os Wright constataram que precisavam de trilhos de 72 metros para atingir uma velocidade adequada. Porém, isso seria problemático; quando conseguissem reunir todos os pedaços de trilhos e alinhá-los de modo exato, o vento já teria mudado de direção e seria então preciso montá-los de forma diferente. Mas nesse momento, o vento poderia ter mudado de novo. Eles queriam ascender dos trilhos originais de 18 metros e a solução encontrada, em setembro de 1904, foi a utilização de um guincho de 6 metros. Um peso de 700 quilos preso ao aeroplano por um sistema de cordas e roldanas seria içado ao topo do guincho. Quando o peso caísse, o aparelho ganharia um grande impulso. O sistema funcionou bem, porém aumentou o ceticismo quanto às suas reivindicações de terem realizado um voo mecânico.

No final de 1907, entretanto, seus compatriotas convenceram-se da validade de suas experiências; até mesmo a *Scientific American* lhes deu crédito após entrevistar dezessete testemunhas de seus voos na Carolina do Norte e em Ohio. Em 1908, os aeronautas, avessos à imprensa, decidiram que teriam de convencer também os europeus. Wilbur resolveu fazer experiências no local onde Santos Dumont se exibia. Chegou a Paris no final de maio e instalou-se em Le Mans, a uns 30 quilômetros a sudeste da cidade. No início, nada foi fácil. O aeroplano fora muito danificado por inábeis funcionários da alfândega, que rasgaram o tecido das asas e entortaram as traves, o radiador e os assentos. Wilbur levou dez semanas para consertar o Flyer, e sofreu queimaduras graves quando a mangueira de um radiador defeituoso esguichou água fervente. A imprensa francesa ainda considerava os irmãos Wright enganadores, descrevendo Wilbur como um caipira inculto. Ele detestava hotéis, diziam, e preferia dormir numa manta embaixo da asa do aeroplano. Banhava-se com uma mangueira próxima ao aparelho. Comia enlatados. Suas roupas tinham manchas de gordura. Arrotava em público e detestava vinho tinto. Não tinha nada da "*élégance et l'esprit*" de Santos Dumont, e era um homem ainda mais lacônico. Quando perguntado por que era tão pouco loquaz, Wilbur respondia que "as únicas aves que falam muito são os papagaios, e estes voam a baixas altitudes".[21] Nancy Winters, autora de um livro sobre Santos Dumont, mencionou com sarcasmo que o brasileiro deveria ter corrigido Wilbur, dizendo que em seu país natal os papagaios voavam a grandes altitudes. Porém Santos Dumont nunca encontrou os Wright.

Na segunda semana de agosto, Wilbur voou pela primeira vez na Europa. Em oito testes diferentes, realizou círculos fechados na pista de corridas de Hunaudières, demonstrando ao mundo total controle do avião. De volta aos Estados Unidos, Orville também voou em público, pré-requisito para ganhar um contrato do Exército. Em 11 de setembro de 1908, ele estabeleceu o recorde de setenta minutos e 24 segundos de permanência no ar no Forte Myer, na Virgínia. Mas as coisas não correram tão bem seis dias depois, quando Orville levou um passageiro, o tenente Thomas Selfridge. Em um voo sobre o cemitério de Arlington, a hélice direita quebrou e uma das pás foi carregada através dos fios até o leme. O avião, descontrolado, espatifou-se no solo a uma velocidade de 80 quilômetros por hora. Orville perdeu a consciência, quebrou uma perna e várias costelas, e foi arremessado de costas no chão. Selfridge sofreu uma concussão cerebral e morreu na mesa de operações, a primeira vítima de um avião.

ASAS DA LOUCURA

Agora pressionavam Wilbur a provar que o uso dos aeroplanos era seguro. Quatro dias depois do acidente de Orville, Wilbur quebrou o recorde do irmão de permanência no ar e, no fim de 1908, realizou um longo voo de duas horas e dezoito minutos. Até mesmo os franceses mais nacionalistas se convenceram de que os Wright realmente dominavam as máquinas mais pesadas que o ar, pois Santos Dumont permanecera no ar por pouco tempo. Os Wright conquistaram Paris. Os homens ricos que antes procuravam o convívio de Santos Dumont passaram a adular Wilbur. "Príncipes e milionários",[22] escreveu Wilbur para Orville, estão "unha e carne" comigo.

Os jornais franceses, que haviam ridicularizado Wilbur pouco tempo antes, agora elogiavam aspectos de sua personalidade. "Mesmo os ínfimos detalhes de suas vidas eram fascinantes", escreveu Crouch. "Noticiou-se que a frigideira em que ele cozinhara no hangar no Camp d'Auvours seria exibida no Louvre. Wilbur fizera a maior parte dos voos usando um boné de tecido que Orv comprara na França no ano anterior. Os bonés Veelbur Reet passaram a ser moda em toda a França."[23]

Santos Dumont não reagiu bem ao fato. Era amável em público, declarando que o céu era grande o suficiente para todos. Mas no íntimo sentia-se muito triste. "Foi, agora posso dizer", escreveu mais tarde, "uma experiência penosa para mim ver — depois de todo meu trabalho com dirigíveis e máquinas mais pesadas que o ar — a ingratidão daqueles que há pouco tempo me cobriam de glória."[24]

Além de os Wright terem usurpado sua posição de pioneiro do ar, os recentes fracassos com as aeronaves Nº 15, Nº 16, Nº 17, Nº 18 e Nº 19 agravaram seu ressentimento. Ele ainda acreditava no projeto do Nº 19 — um avião com peso mínimo e de simplicidade elegante — e durante algumas semanas não jantou no Maxim's para trabalhar até tarde no aperfeiçoamento de uma nova versão, o Nº 20. Mudou a posição do motor para debaixo do assento. Isso aliviava o peso no topo da aeronave, o que já causara problemas no Nº 19, porém a nova posição do motor ainda não era segura. Ficava "quase em seu colo, as pernas ao lado dos canos quentes e os pés a poucos milímetros da correia do propulsor".[25] Em março de 1909, ele mostrou o Nº 20 num campo em Saint-Cyr, a meio caminho entre Paris e Versalhes. O avião era tão pequeno quanto o Nº 19, porém mais gracioso. As asas cobertas de seda davam-lhe a elegância de uma libélula, o que inspirou o apelido de Demoiselle ("libélula" ou "senhorita" em francês). O Demoiselle foi o primeiro avião esportivo do mundo.

Durante o verão de 1909, ele voou todos os dias no Demoiselle. Embora fosse muito grande para aterrissar em frente ao seu apartamento na Champs--Élysées, o aparelho foi o que mais se aproximou de um carro aéreo desde o Baladeuse. No Demoiselle, ele visitava os amigos em suas propriedades no campo nos arredores de Paris. Certa manhã, em setembro, ele partiu no Demoiselle para visitar um amigo aeronauta que morava em Buc, a 8 quilômetros de distância. Decolou de Saint-Cyr às 5 horas e chegou a Buc em cinco minutos e meio. A velocidade de 90 quilômetros por hora foi aparentemente a mais rápida até então atingida.

Seus "passeios aéreos tornaram-se tão frequentes que causaram o primeiro alerta de 'aeroplano perdido'",[26] escreveu John Underwood em seu minucioso relato sobre o Demoiselle, "The Gift of Alberto Santos Dumont":

> Num dia chuvoso da última semana de setembro, ele decolou de Saint-Cyr e desapareceu em meio a umas nuvens escuras. Depois de algumas horas, seu mecânico, apreensivo, notificou as autoridades. O jornal *Le Matin* enviou um repórter especial ao local. Era quase certo que Le Petit Santos caíra, talvez tivesse sofrido um acidente fatal. Então, à 1h30, chegou um mensageiro do castelo d'Aion. O Demoiselle pousara intacto no gramado do castelo depois de um voo de 18 quilômetros, realizado em dezesseis minutos. Santos estava, continuou o mensageiro, dormindo profundamente após ter sido convidado para pernoitar no castelo pelo conde de Gaillard, a quem conhecera ao pousar na sua propriedade.

Santos Dumont sabia que o balonismo era mais seguro num voo em baixa altitude porque se podia tirar vantagem da *guide rope*. Mas nos aeroplanos, a situação era oposta. Ele voara até o castelo d'Aion a uma altura de 196 metros. Como explicou à imprensa:

> Essa altitude era, aliás, necessária em caso de aterrissagem obrigatória para que eu tivesse tempo de encontrar um lugar onde meu Demoiselle pudesse pousar sem perigo de se destruir ou somente de se avariar num retorno ao solo rápido e mal calculado.

ASAS DA LOUCURA

Não se espante com a altura, que parece exagerada para os que jamais voaram. Eu afirmo que, quanto mais alto, mais nos afastamos do perigo. Olhe o pobre Lefebvre. Quando morreu estava a 5 metros do solo. Veja Bréguet, em Reims, que acabava de subir da terra quando seu aparelho foi destroçado. Quanto mais você se eleva, mais tempo há de reconhecer o perigo. É quando se está próximo ao solo que se deve desconfiar mais, porque aí, entre o momento em que se constata uma pane e o momento de aterrissagem, não há tempo para comandar os acontecimentos.

Veja então que eu tinha razão de tomar minhas precauções me elevando a tais alturas. Meu motor começou a ratear; eu julguei prudente aproveitar a sorte que, de repente, se oferecia a mim: o gramado de um castelo. Sem ter outra opção, desci e pousei suavemente, sobretudo para não destruir a relva... Entrei como um intruso, sem passar pelo portão, sem me fazer anunciar...

Mme. de Gaillard me convidou para jantar e quando nós estávamos na sala de jantar, seu outro filho entrou e me encontrou sentado quando pensava que eu tivesse morrido. Ele chegava de Saint-Cyr onde, como outros homens esportivos, assistira à minha saída e esperava em vão a minha volta. Eu sou incapaz de descrever-lhes sua estupefação.

"E seu aeroplano?", ele perguntou.

Ele estava no estábulo como um simples cavalo.[27]

O sucesso do Demoiselle contribuiu pouco para alegrar Santos Dumont. Os amigos sentiram que não poderiam consolá-lo. Ele os acusou de abandoná-lo e, verdade ou não, Sem, a princesa Isabel e Aimé deixaram de procurá-lo. Lamuriava-se sem cessar de sua estatura diminuta — uma queixa estranha visto que seu físico franzino o favorecera na aeronáutica. Também dizia a todos que estava sem dinheiro. Ninguém acreditava em suas palavras, mas para animá-lo aconselharam-no a patentear o Demoiselle. Ele recusou. Era seu presente para a humanidade, disse, e preferia terminar os dias em um asilo de pobres a cobrar aos outros o privilégio de copiar sua invenção e de fazer experimentos aéreos.

Com sua aprovação, Clement-Bayard, o fabricante de automóveis de Paris, construiu trezentos Demoiselles, instalando um motor de 30 HP utilizado em seus carros nos aeroplanos e vendeu-os na Europa por 1.250 dólares. Eles também abriram uma escola de aviação chamada Demoiselle e, às vezes, Santos Dumont era convidado como instrutor. Nos Estados Unidos, a Hamilton Aero Manufacturing, dirigida por um inventor adolescente chamado Tom Hamilton, vendeu o Demoiselle sem motor por 250 dólares, e uma companhia de Chicago ofereceu uma versão motorizada por 1 mil dólares. A revista *Popular Mechanics* publicou os projetos de Santos Dumont com um conjunto de instruções nas edições de junho e julho de 1911 e, "em poucos meses", escreveu Underwood, "os Demoiselles construídos no país saltitavam em todos os lugares".[28] Embora esse aeroplano fosse o primeiro projeto para oferecer ao público uma máquina voadora de uso pessoal, a maioria era muito pesada para voar nela. O piloto tinha de pesar menos de 60 quilos e, em razão disso, tornou-se muito popular entre os estudantes adolescentes:

> Apesar dos choques e das contusões, nunca alguém se machucou seriamente num Demoiselle, mas acidentes tragicômicos eram comuns. Jean Roche, que ainda não completara 16 anos, fez um teste de pilotagem com um aparelho de fabricação caseira em 1910. A máquina foi colocada no terreno do estádio do New York Yankees. Roche relembra que o Demoiselle correu cerca de 20 metros no campo de beisebol, deu um pulo sacolejando e pousou um pouco mais além. O voo, caso se possa chamar assim, foi causado mais pelo contato com uma escada escondida na relva espessa do que uma ascensão real. Roche deu uma volta pelo campo e parou o aparelho no local onde os espectadores estavam reunidos. De repente, todos começaram a gritar e jogar areia e baldes de água no aparelho. Sem que Roche houvesse percebido, a fagulha do motor Anzani de 14 HP queimara a asa. Meio asfixiado, ele saiu correndo do aparelho. Um minuto depois, o Demoiselle incendiou-se. O acidente não arrefeceu o entusiasmo do jovem, e quinze anos mais tarde ele projetou o primeiro Aeronca [um monoplano leve, também conhecido como Flying Bathtub, vendido por um preço acessível durante a Depressão de 1929].[29]

Em 4 de janeiro de 1910, Santos Dumont sofreu um acidente sério com o Demoiselle. Os detalhes não são claros porque havia poucas testemunhas no

ASAS DA LOUCURA

local, e ele não comentou nem escreveu sobre o desastre. Segundo o relato de um dos espectadores,

> um cabo rompeu-se danificando uma asa, e ele caiu de uma altura de 33 metros. Ferido e muito assustado, Santos Dumont disse que os cabos emaranhados evitaram que ele fosse arremessado para fora do aparelho e morresse na queda. Ele rodopiou três vezes ao descer.[30]

Essa foi a última vez que ele pilotou um avião. Com poucos admiradores e sem a presença da imprensa, seu último voo foi um anticlímax. Na primavera, ficou gravemente doente. Tinha visão dupla e vertigens tão fortes que não ousava dirigir nem voar. Como os sintomas não melhoraram, resolveu consultar um médico, que lhe deu o terrível diagnóstico. Sofria, aos 36 anos, de esclerose múltipla, uma doença que lhe encurtaria a vida. Essa noite foi à sua oficina e dispensou abruptamente os fiéis mecânicos. Permaneceu recluso em seu apartamento durante uma semana, recusando-se a receber qualquer pessoa. Rumores circulavam de que ele tivera um sério esgotamento nervoso. Quando por fim reapareceu, disse que se sentira muito bem sozinho. Contou aos amigos que decidira parar as atividades porque já realizara todos os seus sonhos. Eles fingiram acreditar, mas perceberam que ele estava doente — embora o diagnóstico de esclerose múltipla tivesse sido questionado mais tarde por médicos que atribuíam os sintomas a problemas psíquicos.

No início de 1911, ele partiu de Paris e instalou-se numa pequena casa à beira-mar em Bénerville, perto de Deauville. Ainda sem condições de pilotar um avião, permaneceu em contato com o céu, interessando-se pela astronomia, e montou um telescópio Zeiss no telhado da casa. O local era relativamente retirado e fornecia uma agradável proteção contra o nacionalismo exacerbado dos parisienses nos dias que antecederam a Primeira Guerra Mundial, quando suspeitavam de todos os estrangeiros, até mesmo de uma figura exponencial como Santos Dumont. Em 19 de outubro de 1913, ele saiu de seu autoexílio para inaugurar um monumento construído em Saint-Cloud em homenagem aos seus triunfos aeronáuticos. Uma grande estátua de Ícaro apoiava-se sobre uma coluna de granito. Logo abaixo da estátua se via uma placa comemorativa ao 14-Bis e ao Nº 6, o ganhador do prêmio Deutsch. Perante uma multidão de umas cem pessoas, em vez das milhares que vinham vê-lo no passado, ele falou com uma voz fraca e vacilante e agradeceu ao prefeito de Saint-Cloud a honraria. Doou à prefeitura uma quantia em dinheiro, cujo montante não foi revelado, para que fosse distribuída aos pobres de Saint-Cloud. O prefeito, por sua vez, congratulou-o pelo recebimento da Comenda da Legião de Honra. Atemorizado por ter de falar em público, Santos Dumont partiu no meio da cerimônia e retornou a Bénerville.

A casa em Bénerville foi sua principal residência nos anos seguintes. Ele estava lá no dia 3 de agosto de 1914, divertindo-se com o telescópio, olhando as estrelas à noite e o mar durante o dia quando a Alemanha declarou guerra à França. Horrorizado com a agressão ao seu país adotivo, decidiu colocar-se a serviço do Exército francês. Mas não teve essa chance — os militares o alcançaram primeiro. Os vizinhos pensavam que o tímido estrangeiro, que observava o mar com seu telescópio de fabricação alemã, era um espião do kaiser. Imaginavam que ele emitia sinais para os submarinos. Quando a polícia militar revistou sua casa, ele ficou mortificado. Ele fora o homem mais famoso e reverenciado na França e, agora, suspeitavam de ser um traidor. Embora a polícia tenha se desculpado pela busca inútil, no momento em que ela partiu, ele jogou todos os documentos aeronáuticos no fogo. Queimou cada desenho, cada projeto, cada carta de congratulação.

14

"Uma guerra
de engenheiros e químicos"

O acontecimento específico que desencadeou a Primeira Guerra Mundial — o assassinato do herdeiro do Império Austro-Húngaro por um patriota sérvio — foi inesperado, embora os líderes europeus aguardassem o surgimento de conflitos. Os estrategistas militares, havia muito tempo, se preparavam para a guerra. No início do século XX, a França ainda não aceitara a anexação da Alsácia e da Lorena pela Alemanha. O kaiser Guilherme II, com inveja da extensão do Império Britânico, começou a ter ambições de expansão territorial. E diversos conflitos entre as nações pareciam prestes a eclodir. Mas esses estrategistas pensavam que a guerra, caso explodisse, seria de curta duração, de uma semana a um mês, com poucas mortes, e envolveria somente um número limitado de países lutando pela posse de uma área geograficamente restrita. Eles imaginavam um conflito à moda antiga, uma espécie de duelo grupal em que jovens se tornavam homens, como nos atos de coragem descritos nos livros de história. Ninguém pensou numa batalha que duraria quatro anos, que envolveria toda a Europa e mataria 10 milhões de pessoas. Não havia nada de heroico em ser borrifado com gás de mostarda preso numa trincheira fétida, ou morrer do ataque de uma arma de fogo automática disparada por um inimigo anônimo e distante.

Em fins do século XIX, o movimento progressista que tanto contribuíra para melhorar a qualidade de vida do mundo ocidental preparava-se para a guerra. Como o barão von der Goltz, comandante em chefe das forças turcas na Mesopotâmia, observou no início de 1883, "todos os progressos obtidos pela ciência moderna e pela tecnologia serão imediatamente aplicados em prol da arte abominável de aniquilar a humanidade".[1] Os militares fizeram diversas utilizações práticas das novidades: as descobertas no campo da química criaram os explosivos que não provocavam fumaça, aumentando a visibilidade no campo de batalha e permitindo que os soldados pudessem conferir o ataque mortal ao inimigo. Outros desenvolvimentos científicos também tiveram consequências imprevisíveis para a guerra: os avanços na medicina, a refrigeração e purificação da água potável haviam reduzido a taxa de mortalidade infantil, mas o aumento da população na Europa significava que havia agora mais homens jovens que podiam ser recrutados para exércitos ainda maiores.

Os tecnólogos utópicos como Santos Dumont lamentavam não ter previsto uma grande guerra na Europa e o uso militar em larga escala de suas amadas invenções. "Eu utilizo uma faca para cortar um queijo gruyère", disse Santos Dumont em 1915. "Mas ela também pode ser usada para apunhalar alguém. Fui tolo em ter pensado só no queijo."[2] Até agosto de 1914, muitos intelectuais europeus acreditavam que nenhuma nação economicamente poderosa arriscaria um conflito armado porque seria desastroso para o comércio internacional. As invenções como o telefone e as estradas de ferro obrigaram as nações a cooperarem no estabelecimento de normas e protocolos, para que essas tecnologias funcionassem além de seus limites territoriais. O nível sem precedentes de cooperação, pensava-se, certamente conteria um conflito militar. Até o início das hostilidades, muitos companheiros aeronautas de Santos Dumont falavam esperanto, na crença de que a língua internacional logo substituiria o francês, o alemão, o inglês, o italiano e o russo.

O grande impacto tecnológico na guerra foi, sem dúvida, o armamento. Graças ao progresso na metalurgia e na maquinaria, a década subsequente à observação profética de von der Goltz presenciou o aumento expressivo na variedade e precisão da artilharia e das armas portáteis. Em 1893, segundo uma estimativa, a "infantaria que disparara três projéteis por minuto em Waterloo agora fazia disparos de 16 projéteis por minuto".[3] "A famosa indústria Krupp", escreveu o historiador Michael Adas, "produzia

ASAS DA LOUCURA

231

morteiros potentes de 42 centímetros (as 'Grandes Berthas'), capazes de disparar projéteis de 800 quilos a uma distância de 9 mil metros numa trajetória que atingia 5 quilômetros em seu ápice."[4] A contribuição significativa dos Estados Unidos para a Revolução Industrial fora a introdução de peças intercambiáveis e métodos de produção em massa. Todos os países envolvidos na guerra usaram esses métodos de fabricação — chamados de sistema norte-americano — de modo a suprir milhões de soldados com as armas e munições de última geração. Como resultado, em 1914, "um único regimento em uma hora teria mais poder de fogo que todas as potências adversárias nas guerras napoleônicas".[5]

Em 1915, um físico inglês observou com tristeza que a Grande Guerra era "uma guerra de engenheiros e químicos tanto quanto de soldados" —,[6] um enfoque abordado no clássico trabalho de Adas, *Machines as the Measure of Men*:

> As estradas de ferro possibilitaram transportar milhões de soldados para o campo de batalha em poucos dias e foram de igual importância na solução de problemas nas trincheiras, pois permitiam enviar tropas de reforço à linha de frente onde os inimigos ameaçavam atacar. A comunicação sem fio permitiu aos generais e aos comandantes de divisão coordenar o movimento de dezenas, centenas ou milhões de tropas em áreas enormes. [...] Novas técnicas de preservação de alimentos e a produção de comida enlatada possibilitaram alimentar um grande contingente de recrutas por longos períodos de tempo, e a produção em massa propiciou que eles fossem supridos regularmente com capacetes, uniformes, botas e pás para cavar trincheiras — carregadas (ameaçadoramente) pelos combatentes de cada uma das grandes potências para o campo de batalha no início da guerra. Quando as manobras militares diminuíram de intensidade depois que o grande projeto de Schlieffen de destruir o Exército francês foi frustrado em Marne, o arame farpado — que os norte-americanos haviam inventado para fazer cercas para as pastagens de gado —, o concreto e o aço que os alemães usavam com muita engenhosidade combinaram-se para construir fortificações maciças que dominaram a guerra no Ocidente até 1918.[7]

Na década e meia que antecedeu o início da guerra, houve alguns tímidos esforços para reduzir os efeitos de hostilidades fúteis. Em 1899, o tsar russo Nicolau II convocou 26 nações para assistir a uma conferência de paz em Haia.[8] A Alemanha participou com relutância. Seu líder, o kaiser Guilherme II, estava profundamente envolvido nas atividades militares do país. Seu primeiro pronunciamento público depois que ascendeu ao trono em 1888 foi dirigido aos soldados e não ao povo alemão. "Pertencemos um ao outro",[9] disse, "eu e o exército; nós nascemos um para o outro." Como todos os comandantes, ele esperava uma obediência total de suas tropas, mas exercia a autoridade de modo provocante. "Se o seu imperador ordenar", disse aos soldados, "você deve atirar em seu pai ou em sua mãe."[10]

Militantes pacifistas como a baronesa von Suttner temeram que Guilherme II prejudicasse seus pleitos, e, na verdade, um tom desanimador estabeleceu-se no primeiro dia da Conferência de Haia. Os representantes do kaiser opuseram-se ao desarmamento. Seguiram-se duas semanas de discussões inúteis sobre a limitação do crescimento do poder marítimo: a Grã-Bretanha, que tinha a maior força naval, apoiava qualquer plano para manter a situação atual, enquanto a Alemanha, o Japão e os Estados Unidos, que também ambicionavam poderio marítimo, foram contrários a uma moratória.

Diante de pacifistas de cinco continentes, as delegações se sentiram constrangidas por não terem aprovado a proibição de uma só arma. Por fim, pelo voto de 22 países contra dois, proibiram-se as balas dundum, projéteis com ogiva em forma de cruz que provocam maior dilaceração ao explodir. Um dos votos dissidentes foi da Grã-Bretanha, país onde esses projéteis tinham sido desenvolvidos para serem utilizados contra os "selvagens africanos" que resistiam às balas convencionais. A posição do representante britânico foi apoiada somente pelos Estados Unidos, que planejavam testar as dunduns nas Filipinas:

> O soldado civilizado, ao ser ferido, sabia que, quanto mais cedo fosse atendido, mais chances teria de se recuperar com rapidez. Colocavam-no na maca e o levavam de ambulância para o hospital, onde era atendido por um médico ou pela Cruz Vermelha, de acordo com as normas prescritas pela Convenção de Genebra.

ASAS DA LOUCURA

Já os bárbaros fanáticos, quando feridos, continuam a lutar com a lança ou a espada na mão e, antes que se tenha tempo de mostrar que sua conduta é uma violação flagrante à conduta de um homem ferido, ele poderá ter cortado sua cabeça.[11]

Por uma votação ainda mais hesitante, que contou só com a abstinência dos Estados Unidos, os conferencistas proibiram o uso do gás asfixiante. O único voto unânime foi a favor da proposta de proibir a utilização de explosivos e projéteis nos balões. A sugestão foi facilmente aprovada porque, em 1899, os esforços de Santos Dumont de transformar balões livres em máquinas voadoras estavam apenas começando. Além disso, nenhum país tivera sucesso em lançar uma bomba de um balão, nem havia planos para isso. Até mesmo a Alemanha, onde o conde von Zeppelin começara a construir seu gigantesco dirigível, apoiou a proposta. Von Zeppelin desenvolvia seu projeto para transportar civis, embora soubesse pela sua experiência como voluntário na guerra civil norte-americana que os balões poderiam ser eficazes no reconhecimento aéreo. A proibição do bombardeio aéreo seria supostamente eterna. A maioria dos países queria restringir as hostilidades à terra e ao mar. Mas dois militares norte-americanos persuadiram as outras delegações a limitarem a proibição a cinco anos. Eles viam as armas como instrumento da paz do mesmo modo que Gatling, Nobel e Langley e, assim como eles, erraram em seus prognósticos no curso dos eventos futuros. Haveria um momento, disseram, em que os explosivos poderiam ser lançados, sem problemas, de balões. A mera ameaça de uma guerra aérea seria tão aterrorizante, argumentaram, que os países suspenderiam imediatamente as hostilidades e muitas vidas seriam salvas.

O prazo de cinco anos expirou em 1904, e a Segunda Conferência de Paz em Haia só se realizou em 1907. Nesses três anos, nenhum país fizera bombardeios aéreos. Na segunda conferência, a França opôs-se à prorrogação da interdição. O Exército francês acabara de comprar uma aeronave de Paul e Pierre Lebaudy, dois irmãos que decidiram se dedicar à aerostação depois de verem os voos de Santos Dumont, mas que não tinham os mesmos escrúpulos do aeronauta brasileiro de trabalhar para os militares. Os planos do Exército francês de utilização da aeronave La Patrie não eram claros, porém a França não queria restringir suas opções. Os representantes franceses na conferência de Haia concordaram, por fim, com a proposta de limitar o bombardeio aéreo a alvos militares. O Exército alemão, preocupado com a atitude da França e com as notícias de que La Patrie tinha combustível suficiente para voar 128 quilômetros sobre território alemão, pediu a Von Zeppelin para construir aeronaves militares.

À época da Segunda Conferência de Haia, a posição da Grã-Bretanha era indiferente quanto ao hipotético uso das máquinas voadoras com propósitos militares. Como a Marinha inglesa dominara os mares por mais de um século, o país julgava-se imune a qualquer ataque. Mas ela mudou de ideia em 25 de julho de 1909, quando Louis Blériot atravessou o canal da Mancha num aparelho mais pesado que o ar, pedindo um prêmio de 5 mil dólares ao *Daily Mail* e redimindo-se de seu fracasso anterior em vencer Santos Dumont no ar. O aeronauta brasileiro enviou um bilhete gentil para seu antigo rival: "Essa transformação geográfica é uma vitória do ar sobre o mar. Um dia, graças a você, a aviação cruzará o Atlântico."[12] Blériot respondeu: "Só segui e imitei você. Para nós, aviadores, seu nome é um marco. Você é o nosso desbravador."[13] Quando o entusiasmo inicial do público sobre esse voo de 37 minutos diminuiu, a Inglaterra passou a se sentir vulnerável. H. G. Wells, que escrevera, no ano anterior, o livro *A guerra no ar*, no qual uma frota de aeronaves alemãs ataca Nova York, foi um dos que lamentaram: "A Inglaterra não é mais uma ilha." A Marinha parecia indefesa contra invasões aéreas. Um cartum publicado pela imprensa mostrava o fantasma de Napoleão perguntando a Blériot: "Por que isso não aconteceu há cem anos?"[14]

No fim do mês de agosto de 1909, os aeronautas pioneiros do mundo todo participaram de um concurso aéreo em Reims, na França. Só Santos Dumont, que ainda se ressentia com o abandono dos admiradores, e os irmãos Wright, que reagiram com indignação afirmando que não eram "artistas de circo", não foram ao evento. O vencedor do concurso foi Glenn Curtiss, o rival dos Wright, também um mecânico de bicicletas, recordista de corridas de motocicletas (218 quilômetros por hora) e o primeiro norte-americano a voar depois de Kitty Hawk. Duzentos e cinquenta mil espectadores assistiram ao voo, no qual ele estabeleceu um recorde de velocidade de 74 quilômetros por hora, num percurso de 20 quilômetros.

ASAS DA LOUCURA

O rápido progresso alcançado pela aviação era evidente até para os céticos observadores militares. Antes de 1909, "só dez homens no mundo haviam permanecido no ar por um minuto",[15] escreveu Crouch.

> Oito meses depois, durante a semana de voos em Reims, 22 aeronautas fizeram 120 decolagens com 23 aeroplanos de dez tipos diferentes. Oitenta e sete desses voos fizeram percursos de no mínimo 5 quilômetros; sete ultrapassaram a distância de 96 quilômetros. Um piloto percorreu 178 quilômetros. A altitude máxima atingida foi de 170 metros; a velocidade máxima foi de quase 77 quilômetros por hora. Todos os recordes estabelecidos pelos Wright no ano passado foram superados.

Depois de Reims, as fábricas de aviões surgiram em toda a Europa e os militares sentiram a necessidade de comprar aeroplanos, mesmo sem um projeto de utilização concreto.

De todas as nações tecnologicamente adiantadas, foi nos Estados Unidos, país natal dos irmãos Wright, que o desenvolvimento da aeronáutica mais progrediu nos anos anteriores à guerra. Em 1909, os Wright venderam seu primeiro avião para o Ministério da Guerra norte-americano por 25 mil dólares, mais um bônus de 5 mil dólares caso a velocidade chegasse a 64 quilômetros por hora. Os Wright receberam 1 milhão de dólares de famílias ricas tradicionais, como os Vanderbilt, e construíram uma fábrica de aviões. Curtiss conseguiu 360 mil dólares e abriu uma outra companhia. Em 1910, mais dez fábricas vendiam aviões e cerca de 50 firmas forneciam peças e motores. Mas os mercados comerciais e militares se materializaram com lentidão. No início, Curtiss não teve mais sucesso que os Wright ao oferecer aos militares um segundo avião e, em 1910, uma proposta de criar um correio aéreo foi rejeitada pelo Congresso depois que o *New York Telegraph* publicou o comentário mordaz: "Cartas de amor serão levadas por aeroplanos cor-de-rosa propelidos por asas de Cupido e abastecidos com gasolina perfumada."[16]

Os sucessos eram limitados. O primeiro voo de carga realizou-se em novembro de 1910, quando uma loja de departamentos em Columbus, Ohio, contratou a firma dos Wright para buscar um lote de seda em Dayton. O periódico local *Columbus Journal* protestou contra o voo ("A ideia de um homem voar de Dayton para cá — onde estão nossos trens, nossos transportadores e automóveis agora? Relegados ao passado junto com a diligência e os botes"),[17] e o transporte aéreo de carga não prosperou. A atual geração de aeroplanos não tinha espaço para carregar cargas grandes e pesadas, e o custo de transportar cargas pequenas era proibitivo. A loja conseguiu recuperar a despesa cortando a seda em pedaços minúsculos e vendendo-os como suvenires aéreos. Em 1911, experiências similares com o correio aéreo demonstraram a rapidez da entrega, mas não justificavam o custo-benefício.

Em 1913, o primeiro homem de negócios adotou o avião como meio de transporte. Harold Foster McCormick construiu um hangar em frente à sua casa à beira do lago em Evanston, Illinois, e voava 45 quilômetros num hidroavião até o Iate Clube de Chicago, próximo ao seu escritório na International Harvester, a empresa da família. Alfred Lawson, um aeronauta futurista, também ia de hidroavião de sua casa em Raritan Bay, em Nova Jersey, até seu escritório em Manhattan, perto do East River. Porém, McCormick e Lawson não lançaram moda: na época em que um avião custava dez ou quinze vezes mais que um carro, cujo preço de 500 dólares excedia o salário anual de um trabalhador médio, muitos norte-americanos podiam comprar apenas uma bicicleta como meio de transporte.

Os primeiros voos regulares de passageiros de São Petersburgo a Tampa começaram em 1914, no dia do Ano-Novo, no auge da temporada turística na Flórida. Três hidroaviões faziam quatro voos diários. A viagem de ida e volta custava o preço exorbitante de 10 dólares e o percurso de 30 quilômetros levava trinta minutos, duas horas e meia mais rápido que os barcos de passageiros. Em janeiro, 184 pessoas fizeram essa viagem. A rota São Petersburgo-Tampa foi o primeiro serviço aéreo de transporte de passageiros no mundo (embora os zepelins transportassem um número muito maior de pessoas na Alemanha).

Em 1915, oito fábricas norte-americanas de aviões encerraram suas atividades. O custo elevado dos aparelhos e dos serviços interferiu em seu sucesso, mas, além disso, o fato de que a maioria dos norte-americanos ainda não confiava nessa nova forma de transporte também prejudicou os negócios. A princípio, as pessoas recusavam-se a acreditar que um avião pudesse voar. No início de 1910, Curtiss e os Wright responderam à des-

ASAS DA LOUCURA

crença generalizada exibindo aviões que viajavam pelo país e faziam shows em carnavais e feiras. Era ali que estava o dinheiro. Os Wright cobravam 5 mil dólares por uma exibição e pagavam aos seus "homens-pássaros" apenas 50 dólares por dia.

Joseph Corn, um historiador da Universidade de Stanford, relatou em seu livro *The Winged Gospel* que, para muitas pessoas, ver um avião decolar era uma experiência quase religiosa que só poderia ser descrita com adjetivos que pertencem ao mundo místico: miraculoso, oculto, inumano. Nos primeiros shows aéreos realizados na Costa Oeste, em Los Angeles, em janeiro de 1910, um observador escreveu:

> Trinta mil olhos fixavam-se nas rodas de borracha esperando o momento miraculoso — histórico para aqueles que ainda não o haviam vivenciado. De súbito, alguma coisa acontecia com as rodas que giravam — elas diminuíam a velocidade mas o aparelho avançava mais rápido.[18]

No final desse ano, o primeiro avião voou em Chicago e um clérigo descreveu a emoção de cerca de 1 milhão de pessoas que assistiram ao voo: "Nunca vi essa expressão de deslumbramento no rosto de uma multidão. Do homem grisalho a uma criança, todos pareciam sentir que um novo dia começara em suas vidas."[19] Alguns espectadores, diante da novidade, perguntaram com seriedade se poderiam pegar uma carona para o céu.

Voar sempre foi associado a extremos religiosos: o divino e o diabólico. As divindades romanas e os anjos católicos podiam voar, assim como as bruxas, ajudantes do diabo. Milhões de norte-americanos achavam que os aviões eram carruagens santificadas, porém sua fé foi seriamente abalada pelo número de máquinas voadoras que funcionavam mal e que causavam a morte dos pilotos. Os pilotos que se exibiam nos shows eram audaciosos: faziam acrobacias com frequência sem a proteção de cintos de segurança. Em 1912, Harriet Quimby, a primeira aviadora norte-americana e a primeira mulher a cruzar o canal da Mancha, perdeu o controle de seu avião num evento em Boston e morreu na queda do aparelho. Outras mulheres aviadoras foram bem-sucedidas no início dos shows, mas a morte de Quimby e o alto custo dos aviões frustraram as expectativas de igualdade das mulheres

238 PAUL HOFFMAN

norte-americanas, ao contrário do que acontecera com a bicicleta, que deu a uma geração anterior de mulheres francesas a liberdade de viajar além de suas cidades.

Alguns pilotos arriscavam as vidas sem cessar. Lincoln Beachey, um piloto de Curtiss apelidado de "Louco Voador", cobrava entre mil e 1,5 mil dólares por dia para fazer exibições perigosas como voar no desfiladeiro enevoado das cataratas do Niágara e sob pontes a um palmo do rio. Mas ele sobreviveu a essas experiências e realizou inúmeros voos sobre fazendas, onde aproximava uma asa do aparelho do chão para levantar uma nuvem de poeira.

> Beachey desafiava as paredes de concreto do bulevar Michigan em Chicago, voando com estrondo logo acima da cabeça dos pedestres atônitos. Em outras ocasiões, Beachey achava que os espectadores eram obrigados a pagar pelo privilégio de vê-lo voar. No Ascot Park, em Los Angeles, ele viu um grupo de pessoas que havia se aglomerado numa árvore para evitar o pagamento do ingresso. Ele se aproximou com sua alacridade usual e assustou o grupo cortando os galhos da árvore. A imprensa noticiou com reprovação que, na fuga precipitada, três pessoas fraturaram os braços e outra sofreu uma concussão cerebral. Em 1913, em Hammondsport, Nova York, Beachey voou tão perto do telhado de um hangar que matou um espectador e feriu três.[20]

Contudo, a imprensa o descrevia como um herói. Em 1915:

> ele planejou voar num avião especial que fabricara, projetado para subir verticalmente. Enquanto o testava, as asas desprenderam-se numa curva. Profissional até o fim, Beachey intuitivamente desligou o motor e fechou a torneira de vazão de gasolina antes da queda fatal.

Em 1911, os irmãos Wright desistiram de fazer exibições públicas porque haviam perdido muitos pilotos. Quatro homens haviam assinado um contrato de dois anos e apenas um sobreviveu ao prazo. Os voos arriscados e mal planejados contribuíram para essas fatalidades, porém os aviões não

ASAS DA LOUCURA

eram as máquinas confiáveis apregoadas pelos fabricantes. Eles podiam ser controlados até certo ponto. As asas quebravam, os cabos rompiam-se, o mecanismo que acionava as asas enguiçava, os motores perdiam velocidade, o tecido das asas rasgava, os tanques de gasolina explodiam, as lâminas das hélices partiam-se e os aviões capotavam com golpes de vento moderados.

Em 1912, Santos Dumont, refugiado em Bénerville, recebeu uma rara visita que descreveu esses feitos na América, realizados também na França porém de forma mais reduzida. O primeiro aeronauta a se exibir no mundo ficou horrorizado. "Fiz círculos e curvas fechadas porque os pássaros também faziam", Santos Dumont comentou com o visitante. "Mas mostre uma ave que faça acrobacias. Não é natural."[21]

O apavorante espetáculo de pilotos precipitando-se para a morte talvez tenha atrasado o desenvolvimento do voo comercial nos Estados Unidos, mas não diminuiu o interesse das pessoas que assistiam aos shows aéreos. Em *Flight in America*, o historiador Roger Bilstein citou as palavras de um jovem oficial do Exército que assistira à primeira exibição aérea internacional no país. "A multidão", comentou a propósito dos milhares de visitantes que foram a Belmont Park, em Nova York, em outubro de 1910, "olhava extasiada as exibições de aviões norte-americanos e estrangeiros, certa de que em nenhum lugar da Terra, neste momento e até a hora do jantar, existiria uma chance melhor de ver alguém quebrando o pescoço."[22] O mesmo sentimento expressava-se nuns versos cômicos populares:

> Havia uma mulher idosa que morava num hangar
> Ela tinha muitos filhos que faziam tanto barulho
> Que a alguns ela deu veneno; a outros, aeroplanos
> E todos morreram com grande sofrimento.[23]

15

"A cavalaria das nuvens"

Quando a Primeira Guerra Mundial irrompeu na Europa, em 1914, os estabelecimentos militares da Alemanha, França, Grã-Bretanha, Itália, Rússia e Áustria possuíam cerca de setecentas máquinas voadoras. A Alemanha tinha a maior frota aérea (264 aviões e sete zepelins), seguida pela França (160 aviões e quinze aeronaves) e pela Grã-Bretanha (113 aviões e seis aeronaves). Todos os países haviam feito experiências com o bombardeio aéreo antes da guerra, mas o resultado não fora satisfatório: as bombas de teste em geral não atingiam seus alvos ou falhavam na explosão. Os dois casos de ataque aéreo, na guerra entre a Itália e a Turquia de 1911-1912 e na guerra dos Bálcãs em 1912, mostraram o valor do avião como observador aéreo, porém não como bombardeiro. A Itália e a Turquia lutavam pelo controle da Líbia e, em 23 de outubro de 1911, o capitão Carlo Piazza alcançou as tropas turcas na África do Norte num voo de uma hora de duração, no mesmo tipo de monoplano com células em forma de caixa no qual Blériot cruzara o canal da Mancha — foi o primeiro voo de reconhecimento realizado no mundo sobre uma zona de guerra. Oito dias depois, um avião foi usado pela primeira vez como arma de combate. Quando o tenente Giulio Gavotti voou em um dos seis aeroplanos italianos, o Blériot XI, sobre a Líbia, puxou os pinos de quatro granadas do tamanho de uma bola de beisebol com os dentes e jogou uma na cidade de Ain Zara e três no oásis de Taguira, onde Piazza vira as fortalezas turcas. No final da guerra, em outubro de 1912, os italianos haviam feito 127 missões — algumas delas em aeronaves — sobre

ASAS DA LOUCURA 241

a Líbia e soltaram 330 bombas. Na Guerra dos Bálcãs, os desafortunados turcos foram bombardeados de novo, desta vez com explosivos de 10 quilos atirados de um avião búlgaro. (Cada bomba, suspensa por uma corda que se estendia da cauda do avião e se enrolava nos pés do piloto, era arremessada liberando-se a corda.) Mas em ambas as guerras, os aviões e as aeronaves aparentemente não causaram perdas, só danos mínimos.

Nos primórdios da Primeira Guerra Mundial, as nações combatentes entusiasmaram-se com a utilização das máquinas voadoras para reconhecimento, e os aviões se tornaram elementos cruciais em cada arsenal. Os franceses foram os primeiros a demonstrar a importância da observação aérea: em 3 de setembro de 1914, os aviões Blériot detectaram um grande espaço vazio entre as tropas alemãs movendo-se em direção ao Marne, e esse conhecimento permitiu aos aliados interromper o avanço alemão. O reconhecimento aéreo dificultou o movimento secreto da infantaria e da artilharia inimigas. Os aviões e as aeronaves também foram indispensáveis no transporte de armas para os campos de batalha.

No início, os pilotos faziam missões de reconhecimento em aviões desarmados de um ou dois lugares. Na verdade, os pilotos alemães e franceses se saudavam quando se cruzavam no ar. Nos primeiros dias da guerra, no entanto, um piloto — não se sabe ao certo a quem atribuir essa atitude indigna — levou consigo uma pistola ou um rifle e atirou em outro avião. Logo, todos os aviadores carregavam armas automáticas e uma competição tecnológica resultou em equipamentos ainda mais letais. O propulsor constituía um problema, pois o piloto ao atirar poderia destruir seu próprio aparelho. Roland Garros, audacioso piloto francês que se tornara aviador militar, solucionou o problema colocando placas de aço nas lâminas de seu propulsor de madeira. Quando ele disparava com uma metralhadora em direção à hélice, as placas desviavam as balas, mas permitiam a passagem de uma quantidade suficiente para abater aviões alemães. A solução simples de Garros não permaneceu em segredo por muito tempo. Em 18 de abril de 1915, uma falha no motor forçou sua aterrissagem dentro das linhas inimigas. Os alemães o capturaram e enquanto lhe davam vinho, cerveja, carne grelhada e doces, os engenheiros descobriram sua invenção. Em dois dias, Anthony Fokker, que fabricaria uma linha de aviões de combate para a Alemanha, aperfeiçoara a invenção de Garros. Ele conseguiu sincronizar a rotação do propulsor com os disparos da metralhadora, para que toda a rajada de balas passasse entre as lâminas giratórias.

Com a continuação da guerra, histórias sobre combates encarniçados entre aviadores intrépidos encantavam um público entorpecido pela morte de milhões de soldados anônimos nas trincheiras. O horror provocado pelo armamento automático na terra foi descrito de forma pungente por Adas: em 1916, um milhão de projéteis foi disparado em cada metro quadrado da região próxima à fortaleza francesa de Verdun. E as balas, acrescentou, enviavam fragmentos de metal dilacerando a carne humana.[1] Vera Britain, enfermeira na linha de frente, testemunhou em primeira mão os efeitos do trabalho dos engenheiros e químicos. Ela tratou de "homens sem rosto, sem olhos, sem membros, homens quase sem vísceras, homens com corpos horrivelmente mutilados". Projéteis que soltavam ácido clórico, fosgênio ou gás de mostarda deixavam as vítimas "queimadas e cheias de bolhas... com olhos cegos... todos amontoados uns sobre os outros e sempre lutando para respirar".

Em contraste, o embate dos gladiadores aéreos, cujos destinos dependiam de sua própria engenhosidade, e cujos nomes e cuja vida circulavam nos jornais, era um retorno bem-vindo à época em que a guerra parecia uma atividade nobre. "A aviação é uma profissão inebriante para os jovens", escreveu um piloto da Real Força Aérea britânica em 1918. "É um apelo que pertence exclusivamente à ousadia fria, aos nervos de aço, à despreocupação da juventude. Talvez um pouco do charme e da audácia zombeteira dos primeiros dias tenham desaparecido. Mas os aviadores permaneceram os queridos dos deuses."[2]

O tratamento cortês dispensado pelos alemães a Garros era típico do respeito que todas as nações combatentes mostravam em relação aos "homens do céu". Como o piloto da Real Força Aérea britânica descreveu:

> A "boa camaradagem" que se desenvolvera entre as forças inimigas e nós data dos dias em que um aviador britânico fora abatido em território inimigo, e seu esquadrão fora informado de seu destino por um bilhete jogado de um aparelho inimigo. Desde então esse costume perdura. O apreço é mútuo, como evidenciado por nossos pilotos num acontecimento recente em Berlim. Lá, numa exposição

em homenagem aos "Prisioneiros da Guerra Aérea", um setor foi dedicado a [Oswald] Boelke, um renomado piloto de aviões Fokker, e onde se via uma coroa de violetas oferecida pelos pilotos da R. F. C. [Royal Flying Corps] com os dizeres "Em memória do galante e nobre inimigo".[3]

Quando Manfred von Richthofen, o terrível Barão Vermelho que abatera oitenta aviões aliados, foi finalmente morto, os ingleses o enterraram com "honras militares em reconhecimento à sua grande coragem, a seu espírito esportivo e a seu ânimo tenaz e inquieto".[4] Um inglês, cujos compatriotas morreram nas mãos de Richthofen, tinha, não obstante, tanta admiração por ele que suas palavras parecem ter sido escritas pela família do Barão Vermelho:

> Ele lutou, não com ódio, mas por amor à luta. Era seu prazer, seu esporte, sua paixão. Para ele, a ousadia e a morte representavam a vida. Ele tinha a coragem de matar e de ser morto [...] Ele era corajoso e sabia disso, e glorificou e alardeou sua coragem desafiando o mundo dos inimigos. Ele os fez conhecê-lo — pôs seu nome nos lábios deles —, um nome desconhecido quando ele ingressou no exército como "segundo-tenente". Ferido e condecorado, ele se tornou hóspede de reis e rainhas. Os meninos e os jovens de seu país o transformaram em ídolo, saudavam-no, seguiam-no nas ruas. Ele era jovem e louro, tímido e bonito, orgulhoso e sério. Milhares de moças adoravam sua fotografia, enchiam seu correio de cartas. Ele se apaixonou por uma delas. Queria casar com ela, mas não desejava transformá-la em sua viúva. Sabia que seria morto. Ele ganhou a admiração e o respeito do inimigo.[5]

Aqueles que glorificaram Richthofen e outros pilotos ignoravam o fato de que suas mortes eram terríveis. "Alguns caíam como cometas flamejantes, irreconhecíveis de tão queimados antes de se despedaçarem na terra milhares de metros abaixo", notou um observador. "Outros mergulhavam em direção à terra sem controle do aparelho. Alguns eram arremessados dos aviões de altitudes muito elevadas, como o conteúdo de um saco de papel queimado, e outros jaziam no solo em meio aos destroços."[6] Ser membro da elite da força aérea que dormia à noite numa cama confortável, em vez de numa trincheira junto a corpos em decomposição, não era uma garantia de que alguém sobreviveria à guerra. Quinze mil pilotos ingleses, alemães e franceses haviam morrido à época do armistício. Outros 7 mil estavam desaparecidos ou feito prisioneiros pelos inimigos, e 17 mil foram feridos. Esses números eram irrisórios comparados à carnificina das batalhas terrestres, mas o trabalho dos aviadores era perigoso: em geral, 50% deles morriam.[7]

Mesmo quando os aviões passaram a bombardear zonas inimigas, a reputação de seus pilotos não diminuiu. Para o primeiro-ministro britânico, Lloyd George, os aviadores permaneceram sendo a "cavalaria das nuvens":

> Eles deslizavam como andorinhas armadas, sobrevoando trincheiras cheias de homens armados, destruindo comboios, dispersando a infantaria, atacando batalhões em marcha. [...] Eles eram os cavaleiros da guerra, sem medo nem humilhação. Eles nos faziam lembrar as lendas antigas de fidalguia, não só pela ousadia de seus atos, como pela nobreza de seu espírito e, entre a multidão de heróis, vamos pensar na bravura no ar.[8]

Os bombardeios começaram logo depois do início da guerra. Quando a Alemanha declarou guerra à França em 3 de agosto de 1914, os alemães alegaram que os franceses haviam bombardeado Nuremberg no dia anterior. Esse fato nunca ocorreu — Nuremberg estava muito longe da fronteira com a França para que seus aviões a alcançassem —, mas a Alemanha assim mesmo fez sua retaliação. Em 6 de agosto, zepelins bombardearam as fortalezas em Liège que resistiam ao avanço das tropas alemãs. E, no fim do mês, um monoplano Taube jogou cinco bombas pequenas numa estação de trem em Paris. Elas caíram longe do alvo, mas mataram uma mulher na rue Vinaigriers, nº 39. Ela foi, segundo o historiador militar Lee Kennett,

> a primeira de cerca de quinhentos parisienses que morreram em razão dos bombardeios aéreos e terrestres dos alemães. Contudo, havia algo de quixotesco no ataque. Junto com as bombas, o piloto jogou uma mensagem presa a uma flâmula com as cores do Império Alemão: "O Exército alemão está nas portas de Paris. Vocês não têm outra chance senão se renderem. Tenente von Hiddessen." [9]

ASAS DA LOUCURA

Como os trens de Paris transportavam soldados franceses para a linha de frente, o ataque aéreo de von Hiddessen não violava a proibição de Haia de atacar alvos civis. Cerca de cinquenta granadas foram jogadas em Paris antes do final de 1914. Os danos foram pequenos, exceto ao orgulho dos franceses quando uma delas caiu em Notre-Dame.

Em 7 de janeiro de 1915, os ingleses bombardearam uma estação de trem em Freiburg, na Alemanha, mas, como de costume, os pequenos explosivos caíram longe do local. Alguns civis morreram, e o kaiser, indignado, que até então poupara a Inglaterra porque era o país natal de parentes e amigos, ordenou o ataque de zepelins à Grã-Bretanha. Nesse momento, as gigantescas aeronaves eram mais perigosas que os aviões porque podiam transportar centenas de quilos de bombas. Em 19 de janeiro de 1915, dois zepelins atacaram Yarmouth e King's Lynn, na costa da Inglaterra. Eles partiram da Alemanha ao anoitecer e chegaram à noite, identificando os alvos pelos postes de luz. Voltaram para casa de madrugada. Na primavera, o kaiser ordenou aos zepelins bombardear Londres, poupando, no entanto, os palácios. Em 31 de maio de 1915, o LZ-38, com 178 metros de comprimento, jogou 200 quilos de explosivos na cidade, matando 28 pessoas e ferindo 61. Os ingleses descobriram, afinal, como abater os zepelins. Eles eram um alvo fácil por causa da natureza altamente explosiva do hidrogênio. Mas, mesmo assim, as aeronaves mataram mais de quinhentos homens, mulheres e crianças só na cidade de Londres.

Em maio de 1917, os alemães atacaram Londres novamente, dessa vez com um aeroplano, o Gothas, de dois motores, e o avião-R, com vários motores, ambos capazes de carregar 1 tonelada de bombas. Os aviões bombardearam 27 vezes a cidade no ano seguinte. Kennett concluiu:

> Os dados estatísticos provaram que os novos bombardeiros são muito mais eficientes que os zepelins. Eles têm mais poder de fogo com uma carga pequena de explosivos. Mas quando se computaram os efeitos de todos os ataques feitos pelos zepelins ou aviões à Inglaterra, os números são surpreendentemente pequenos. Os alemães jogaram na Inglaterra menos de 300 toneladas de bombas, matando 1,4 mil pessoas e ferindo 4,8 mil. Essas cifras correspondem a um único dia "calmo" na linha de frente ocidental. Os prejuízos às

casas e aos prédios foram estimados em pouco mais de 2 milhões de libras — menos da metade do custo diário da Grã-Bretanha com a Grande Guerra.[10]

No entanto, os ataques aéreos tiveram grande impacto psicológico porque aterrorizavam a população civil. Durante os ataques dos zepelins, a classe alta inglesa, que jamais se dignara a andar de metrô, corria à noite em roupas de dormir para se abrigar nas estações de trem subterrâneas.

A ofensiva aérea dos Aliados foi comparável à dos alemães. Em 1918, 1,2 mil alemães haviam morrido ou ficaram feridos em 657 ataques aéreos. Só um pouco antes do armistício, em 11 de novembro de 1918, os bombardeiros adquiriram precisão suficiente para dirigir os explosivos às trincheiras estreitas que caracterizaram a Primeira Guerra Mundial. No total, menos de 1% das perdas da guerra pode ser atribuído aos ataques aéreos. Porém, o armistício foi acordado no momento certo, antes que os Aliados tivessem a oportunidade de jogar gás venenoso nas cidades alemãs e antes que a Alemanha atirasse as novas bombas inflamáveis de 1.648°C em Paris para incendiar, de acordo com seu cálculo, um terço da cidade. Depois do armistício, Orville Wright foi o último de uma longa série de tecnocratas de renome que ainda achava que as armas seriam um instrumento da paz: "O aeroplano", escreveu, "fez tantos estragos terríveis na guerra que eu não acredito que nenhum país ousará começar um novo conflito."[11]

16

Partida

(Guarujá, 1932)

Santos Dumont passou a maior parte dos anos da guerra no Brasil. Frequentou conferências aeronáuticas em Washington e em Santiago, e deu algumas entrevistas à imprensa, nas quais tentou provar que era o verdadeiro inventor do avião. Lembrou a todos que nenhuma testemunha oficial, nenhum representante de um dos aeroclubes mais prestigiados do mundo, tinha visto os Wright voar antes de ele decolar no 14-Bis. No meio da turbulência da guerra, ninguém lhe prestou muita atenção. Escreveu também um opúsculo, *O que eu vi, o que nós veremos*, no qual justificava sua carreira. Tanto seus escritos quanto suas declarações eram mal-humorados e confusos. Ele não mostrava a antiga alegria de viver e deturpou a história. Por exemplo, forneceu data errada para o prêmio Deutsch e afirmou que o voo inaugural da sua primeira aeronave ocorreu numa tempestade de neve em fevereiro quando, na verdade, tinha acontecido num dia calmo de fim de verão.

Acima de quaisquer problemas físicos que possam ter exacerbado sua doença mental, ele se sentia agora totalmente deprimido com o uso militar das máquinas voadoras. Ele não era um pacifista e mais de uma vez tentou oferecer suas aeronaves às Forças Armadas francesas. Contudo, nunca imaginou a carnificina que os aviões e os zepelins causariam. Os bombardeios das aeronaves — "meus bebês", como as chamava — o perturbaram em particular, e ele se sentia culpado pela invenção. Considerava-se pessoalmente responsável por cada fatalidade causada por uma máquina voadora e, para se punir, lia o máximo possível sobre os detalhes sangrentos das mortes.

"Agora acreditava-se mais infame do que o diabo", escreveu um conhecido seu, Martin du Gard. "Um sentimento de arrependimento o invade e o deixa afogado em lágrimas."[1]

Santos Dumont viveu uma década e meia depois do fim da guerra, mas raramente teve um momento de serenidade. Viajava com frequência entre a Europa e suas duas residências no Brasil, a casa de infância em Cabangu, com a qual o governo brasileiro o presenteara em 1918, e uma pequena casa chamada A Encantada, que ele construiu na serra de Petrópolis, no Rio de Janeiro, antigo lugar de veraneio da família real. Sempre inventivo e, além disso, supersticioso, construiu uma escada singular em A Encantada. A metade esquerda do primeiro degrau havia sido cortada propositalmente, de modo que ele e suas visitas eram forçados a subir colocando primeiro o pé direito. O degrau de cima foi construído da mesma forma, e quando alguém descia as escadas, tinha de começar também com o pé direito. A Encantada era uma casa muito simples — o anexo dos empregados era maior e mais elegante — e ele dormia num colchão fino que ficava em cima de um móvel. Encomendava todas as refeições num hotel próximo e as comia em casa, sozinho. De vez em quando se aventurava a sair para jogar partidas informais de tênis na quadra do hotel, mas era tão mau perdedor — e perdia normalmente por causa de sua limitada coordenação motora —, que se enfurecia e saía sem se despedir do adversário. Evitava visitas em Petrópolis. Quando o presidente do Brasil o visitou, recusou-se a atender à porta. Em Cabangu, cultivava orquídeas e criava gado importado da Holanda, mas nunca se estabeleceu ali ou em Petrópolis.

No início dos anos 1920, pressionou a maioria dos governos da Europa, assim como os das Américas do Sul e do Norte, a desmilitarizar as máquinas voadoras. Apelou também à Liga das Nações dizendo: "Aqueles que, como eu, são os humildes pioneiros da conquista do ar tinham em mente a criação de um novo meio pacífico de evolução das pessoas na Terra, em vez do fornecimento de novos métodos de destruição."[2] Ele foi gentilmente recebido, mas nenhum país desarmou suas aeronaves.

Um dia, parou de comer. Seus parentes o persuadiram a se internar, porém continuaram a afirmar que seu comportamento era normal. Ao longo dos anos 1920, ele se internou em várias clínicas de repouso na Suíça e na França, geralmente em cidades afastadas, onde era menos provável

ASAS DA LOUCURA

que recebesse notícias do perturbador progresso da aviação. Passava os dias encadernando livros de poesia e, durante um curto período, retomou o interesse pela aeronáutica. Colou penas nos braços prendendo a eles asas movimentadas por um pequeno motor atado a uma mochila pendurada nas costas. Uma enfermeira psiquiátrica impediu-o de pular pela janela a fim de testar suas asas.

Tentou, no entanto, empregar o motor de uma forma mais útil, enganchando-o aos esquis — não havia teleférico na época — para ajudá-lo a subir as montanhas cobertas de neve de St. Moritz. Era difícil acreditar que o motor fosse potente o bastante para cumprir seu objetivo. Embora existam fotografias dos amigos usando o motor pendurado nas costas, não houve testemunhas de que ele realmente o tenha usado para subir uma montanha. É irônico que um acessório para ajudar a caminhar — a forma de transporte mais antiga conhecida pelo homem — fosse uma das últimas invenções de alguém que devotou a vida a voar.

Inventou também um estilingue capaz de lançar um colete salva-vidas para uma pessoa que estivesse se afogando, e patenteou (aparentemente sua única patente registrada) o que mais tarde poderia ser um tipo de mecanismo bizarro como o utilizado em corrida de galgos para arrastar um petisco diante dos cães, fazendo com que corressem em volta da pista. Não se tem notícia de que algum desses inventos tenha sido aproveitado.

Em dezembro de 1926, um amigo chamado A. Camillo de Oliveira visitou-o na clínica Valmont, em Glionsur-Montreux, na Suíça. O aeronauta estava bem-disposto. Mostrou a Oliveira seus livros encadernados à mão, e ambos planejaram esquiar no dia seguinte. Entretanto, quando Oliveira acordou na manhã seguinte, encontrou um bilhete de Santos Dumont: "Caro amigo, não consegui dormir a noite passada só de pensar em esquiar. Nos vemos mais tarde. Vamos fazer outra coisa. Eu já não tenho forças para esquiar."[3]

O ano de 1926 tinha sido frustrante para Santos Dumont. Quando foi à França, fez uma visita de surpresa a Gabriel Voisin, seu colaborador no 14-Bis, em seu escritório em Issy-les-Moulineaux. Santos Dumont manteve-se calado e inquieto. Não respondeu quando Voisin perguntou-lhe como estava passando. De súbito, anunciou seu amor por Janine, de 17 anos, filha de Voisin, e pediu permissão para desposá-la. Voisin ficou atônito. Santos

Dumont nunca havia demonstrado interesse por mulheres; além disso, mal conhecia Janine. Mas Voisin não queria magoar a frágil sensibilidade do amigo. Explicou-lhe, então, que o casamento era impossível devido à diferença de idade, de 36 anos.

Em agosto de 1927, Oliveira retornou a Valmont, pois o diretor da clínica, dr. Wittmer, inesperadamente o chamou. "Sabemos que o senhor mantém boas relações com o sr. Santos",[4] disse Wittmer.

> O senhor é provavelmente a única pessoa em condições de lhe dar conselhos sem ofendê-lo. Embora apreciemos a presença dele aqui, acreditamos ser nosso dever admitir que a sua larga estada em nossa clínica pode lhe ser prejudicial a longo prazo. Ele pode começar a temer a vida no mundo "lá fora". Afinal de contas, ele não é deficiente nem incapacitado. Mais tarde, se quiser voltar, será sempre bem recebido.

Na verdade, ele já estava com medo de se reintegrar à sociedade. Três meses antes, recusara um convite de Charles Lindbergh para jantar em Paris a fim de celebrar seu voo histórico sobre o Atlântico. Santos Dumont chorou quando recebeu o convite, porém declinou gentilmente, inventando um compromisso anterior.

Considerando o pedido de Wittmer, Oliveira entrou em contato com um dos parentes de Santos Dumont, seu sobrinho Jorge Dumont Villares, que retirou o tio da clínica. Em fins de 1928, Santos Dumont sentiu-se bem fortalecido para voltar ao Brasil. Enquanto adentrava a baía de Guanabara, no Rio de Janeiro, em 3 de dezembro, 12 renomados cientistas e intelectuais brasileiros embarcaram num hidroavião batizado com o nome de Santos Dumont e voaram para saudá-lo. Ele ficou de pé no convés, sorrindo, feliz por seus conterrâneos ainda se lembrarem dele. Quando o hidroavião desceu para soltar balões e confetes, explodiu, matando todos a bordo, causando um retrocesso na recuperação de Santos Dumont e uma perda para a ciência brasileira. "Eu sempre pedi a vocês que não voassem na minha chegada", disse ele aos organizadores da festividade. "A agitação ensejou um grave descuido. Quantas vidas sacrificadas por minha modesta pessoa!"[5] Ele se

ASAS DA LOUCURA

hospedou num hotel em Copacabana e decorou todos os obituários. No decorrer da semana seguinte, esteve presente aos 12 funerais.

Oito anos antes, em 1920, ele havia ajudado os coveiros a cavar a própria sepultura no cemitério de São João Batista, no Rio. Insistira em remover toda a sujeira ele próprio. Encomendou uma réplica da estátua de Ícaro de Saint-Cloud e tratou de transferir os restos mortais de seus pais para o túmulo, deixando um espaço entre eles para seu próprio cadáver. Em 1928, depois da tragédia com o hidroavião, visitou o jazigo à sua espera e correu os dedos pelo solo. Seus pensamentos sempre o levavam de volta ao acidente, contou ele a amigos, e decidiu retornar à Europa, onde havia menos lembranças do desastre. Procurou refúgio novamente numa clínica de repouso.

Houve um breve período em meados dos anos 1920 em que parecia que o sonho de Santos Dumont de todos terem sua própria máquina voadora — "um avião em cada garagem" — se tornaria realidade, graças aos esforços do homem responsável por colocar um carro em quase todas as garagens norte-americanas. Nos primeiros anos do século XX, o custo exorbitante de um carro tornou distante o sonho da maioria das famílias de possuírem um. Em 1906, Woodrow Wilson, então reitor da Universidade de Princeton, chegou a sugerir que as classes menos favorecidas, movidas pelo ressentimento de não terem um carro, pudessem fomentar uma revolução social. O receio de Wilson foi atenuado em 1908, quando Henry Ford introduziu o Modelo T, apelidado de *flivver* ou *tin lizzie*,* e, por meio de inovações na linha de montagem, foi possível reduzir o preço de modo que pessoas comuns pudessem comprá-lo. Em 1924, Ford havia vendido 15 milhões de *flivvers*. Ele também estava no negócio de aviões. Em 1925, começou a vender os caros aviões comerciais de oito e doze lugares. O povo clamava pela produção de uma espécie de "lizzie voador" mais barato.[6] Os entusiastas da aeronáutica propalavam os benefícios salutares de "dirigir" em grandes altitudes, onde o ar é puro, enquanto os sociólogos anteviam a migração em massa para pequenas cidades nas montanhas e no litoral, das quais o trabalhador médio poderia deslocar-se num carro aéreo. Em 1926, Ford mostrou um protótipo

---

* *Flivver* — automóvel pequeno e barato; *tin lizzie* — *tin* (lata), por analogia com o alimento enlatado, e *lizzie* (diminutivo de Elizabeth). [*N. da T.*]

de um *"flivver* voador Ford" de apenas um lugar, e a imprensa, segundo relatou o historiador Joseph Corn, foi eloquente:

> Um colunista do *Evening Sun* de Nova York, imaginando-se já nas alturas a bordo da pequena máquina, escreveu o que ele denominou "alucinação" do novo proprietário do *flivver*:
>
> > Sonhei que era um anjo
> > E com os anjos voei
> > Mas apenas pelos céus
> > Num Ford passei
>
> Fora das grandes cidades, nas fazendas e nas oficinas onde Ford — ele próprio um interiorano — tinha os mais devotados seguidores, muitos interpretaram sua tentativa como profética. Um jornalista do interior, esquecendo como os animais da fazenda tornavam-se ariscos com o automóvel, afirmou que "quando o sr. Fazendeiro pousar na fazenda" em seu avião particular, suas galinhas "estarão lá para recebê-lo".[7]

Santos Dumont ficou estimulado pela notícia dos carros aéreos, mas seu entusiasmo — e de todos os demais — teve vida curta. Em 25 de fevereiro de 1928, o piloto de teste Harry Brooks morreu em Miami quando seu *flivver* voador, o terceiro que Ford havia construído, caiu numa praia. Desgostoso, Ford retirou-se do negócio de carros aéreos. O sonho da máquina voadora particular foi posteriormente mantido vivo apenas nas ilustrações imaginativas — homens animados empurrando "cupês-helicópteros" para dentro das garagens nos arredores da cidade — nas capas de revistas como a *Popular Science*. Os cientistas não conseguiam imaginar como fazer um avião fácil de ser dirigido por uma pessoa comum. Os esforços para simplificar os controles do avião certamente tornaram o voo menos seguro — todos os "complexos" controles estavam ali por alguma razão. Além disso, havia a questão preocupante das colisões no ar, se os céus ficassem repletos de carros aéreos. Mesmo hoje, com todos os avanços tecnológicos na aviação, Santos Dumont permanece a única pessoa na história a ter realizado o so-

ASAS DA LOUCURA 253

nho de liberdade no ar acalentado por Júlio Verne. Ninguém mais apreciou a conveniência de um carro voador como a que ele experimentou com o Baladeuse, a pequena aeronave cujas rédeas ele deixava nas mãos do porteiro do Maxim's e do cavalariço da área de polo no Bois.

Em 1929, Santos Dumont escreveu um pequeno manuscrito não publicado chamado *L'homme mécanique* [O homem mecânico] e o dedicou à "posteridade". Era um documento em duas partes. A segunda parte fazia uma breve análise dos primórdios da aeronáutica, uma recapitulação das conhecidas razões de ele ser o primeiro a voar num avião:

> Os partidários dos irmãos Wright afirmam que foram eles que voaram na América do Norte de 1903 a 1908. Esses voos pareciam ter ocorrido perto de Dayton, num campo ao longo de uma linha de bonde. Não posso deixar de ficar profundamente estupefato por essa reivindicação ridícula. É inexplicável que os irmãos Wright pudessem ter realizado inúmeros voos durante três anos e meio sem terem sido observados por um único jornalista da perspicaz imprensa norte-americana que tivesse se dado o trabalho de assisti-los e de produzir a melhor reportagem da época.[8]

O início do documento era mais revelador. Era uma discussão técnica e digressiva do que ele chamou de Transformador Marciano, sua invenção para subir montanhas com esquis. Estava orgulhoso de ter encontrado um modo de transformar o movimento rotativo de um motor ultrapotente do tamanho de uma mochila no movimento alternativo dos esquis. O nome da invenção foi uma reverência ao livro *A guerra dos mundos*, de H. G. Wells, em que os marcianos, desconhecedores da roda, "usavam pernas automáticas em todas as máquinas, incluindo as imensas carruagens de guerra que assolaram Londres".[9] Ele acreditava que a invenção fosse mais importante que o 14-Bis ou o Demoiselle. Em *L'homme mécanique*, explicou que ia usar o mesmo princípio de converter o movimento rotativo no movimento alternativo para construir um par de asas com penas que o homem pudesse atar aos braços. Impulsionadas por um motor leve amarrado às costas, as asas bateriam rapidamente e o conduziriam ao ar. Seria a culminância da própria busca, que começou com o Baladeuse e o Demoiselle: a criação da menor e menos pesada máquina voadora individual. Nesse caso, mal havia máquina, e nenhuma fuselagem ou nenhum chassi para proteger o homem dos elementos da natureza ou do chão, se caísse. Era um projeto completamente inútil, mas que agradou extremamente ao seu temperamento romântico. Foi uma volta à Idade Média, quando homens alados pulavam para a morte. Se ele tivesse sucesso em dar asas aos homens, provendo-os com a máxima liberdade de movimentos, sentia que seu legado para a aeronáutica estaria assegurado. Nunca teve, contudo, a energia de persistir na ideia, além da tentativa frustrada na casa de repouso.

Em 1930, ficou transtornado com informações provindas de sua terra natal dizendo que uma revolução havia irrompido em 3 de outubro. Seu velho conhecido Antônio Prado fora preso, e Santos Dumont escreveu para a esposa de Prado: "Sinto-me tão doente com as notícias do Brasil que tenho medo de ficar louco. Estou num hospital particular." Na época em que Santos Dumont voava, repetidas vezes escapou da morte. Agora se defrontava com ela a cada curva. No dia seguinte àquele em que seus conterrâneos começaram a matar uns aos outros, o dirigível britânico R101, que havia sido enviado para a Índia num voo altamente publicitário para demonstrar a segurança da viagem na aeronave, chocou-se contra uma montanha em Beauvais, França, matando 48 passageiros. Santos Dumont precisou ser impedido de ferir a si mesmo.

Em 1931, seu sobrinho Jorge retirou-o mais uma vez de uma casa de repouso em Biarritz, e os dois retornaram ao Brasil. No ano seguinte, irrompeu a Revolução Constitucionalista, opondo rebeldes pró-democráticos do estado de São Paulo à crescente ditadura de Getúlio Vargas. A princípio, Jorge e o tio moraram na cidade de São Paulo; contudo, o médico de Santos Dumont incentivou-o a se mudar para um lugar mais tranquilo. Jorge providenciou para que o tio ficasse num hotel no balneário de Guarujá. Os dois tomavam café e almoçavam juntos no restaurante do hotel. Outros hóspedes que reconheciam o aeronauta normalmente se aproximavam para cumprimentá-lo, mas Jorge os impedia explicando-lhes que o tio estava se recuperando de uma doença e que precisava comer em paz. Além do sobrinho, Santos Dumont conversava no máximo apenas com as crianças que catavam conchas na praia diante do hotel. Ele havia se descuidado da aparência. Não lançava mais a moda ao vestir-se e vivia com a barba por fazer. Recusara-se a usar terno no hotel. Exigia-se o uso de traje formal para o jantar; desse modo, ele e Jorge passaram a jantar no quarto todas as noites.

Jorge levantava-se cedo todas as manhãs e escondia o jornal matutino para evitar que o tio soubesse que as tropas federais estavam bombardeando os paulistas. No entanto, não era possível mantê-lo afastado das notícias por muito tempo. Em 23 de julho de 1932, quando estava no saguão do hotel, ouviu um avião bombardear um alvo próximo. Fingindo indiferença, mandou o sobrinho levar um recado e pegou o elevador de volta para a suíte. Sessenta e oito anos mais tarde, o ascensorista, Olympio Peres Munhóz, ainda lembrava das palavras angustiadas de Santos Dumont ao sair do elevador: "Eu nunca pensei que minha invenção fosse causar derramamento de sangue entre irmãos. O que eu fiz?"[10]

Ele se retirou para o quarto. Colocou seu primeiro terno após meses. Revolveu o armário até encontrar duas gravatas vermelhas flamejantes da época de seus voos em Paris. Atou-as em volta do pescoço, pegou uma cadeira e foi para o banheiro. Seu sobrinho, que temia deixá-lo sozinho, retornou tarde demais. Santos Dumont, com a idade de 59 anos, estava pendurado pela extremidade das gravatas presas a um gancho na porta do banheiro — um método de suicídio que só poderia dar certo com alguém tão leve quanto ele.

A polícia local isolou o quarto do hotel e, agindo sob ordens superiores, talvez de Vargas, declarou que ele tinha morrido de parada cardíaca. O médico-legista forjou o atestado de óbito. Quando a notícia de sua morte chegou aos seus compatriotas, eles decidiram dar uma trégua de três dias na guerra civil, e a cidade de Cabangu mudou seu nome para Santos Dumont. Os combatentes de ambos os lados fizeram uma fila de vários quilômetros em São Paulo para passar diante do esquife aberto. As pessoas levaram arranjos de flores em forma de dirigível. O funeral verdadeiro foi adiado por seis meses até que o conflito acabasse e seu corpo pudesse ser transportado para o Rio de Janeiro com segurança. No momento exato em que as pessoas que carregavam o féretro baixaram seu corpo à sepultura — que ele havia preparado para si —, milhares de pilotos ao redor do mundo inclinaram as asas de seus aviões num gesto final de respeito.

Post-mortem

À procura de um coração
(Campo dos Afonsos, 2000)

Um sinal póstumo da grandiosidade de um homem é seu corpo não descer à sepultura inteiro. Não por ter doado um órgão à ciência, como Einstein e Lênin fizeram com seus cérebros, mas porque um fanático devotado deseja uma parte do corpo para ter como relíquia. Este foi o destino de Galileu. Quando o corpo do astrônomo foi transferido para o mausoléu na igreja de Santa Cruz, em 1737, quase um século após sua morte, um de seus discípulos, Anton Francesco Gori, arrancou-lhe o dedo médio da mão direita. Hoje, o dedo encontra-se numa redoma de vidro no alto de uma coluna de alabastro no Museu da História da Ciência, em Florença. Na base da coluna encontra-se a inscrição latina:

> Este é o dedo com o qual a mão ilustre cobriu os céus e indicou a imensidão do espaço. Apontou para novas estrelas com o maravilhoso instrumento, feito de vidro, e revelou-as aos sentidos. E assim foi capaz de alcançar o que Titânia nunca poderia conseguir.

Alguns gaiatos insinuaram que Galileu estava "mostrando o dedo" para as autoridades eclesiásticas que o atormentaram.

Veio à mente de Chopin, pouco tempo antes de sua morte em Paris, em 1849, a história do dedo de Galileu. Chopin temia que os russos que ocupavam a Polônia pudessem impedir que seu corpo fosse levado de volta a Varsóvia. Ele falou à sua irmã Ludwika que, durante a autópsia, ela deveria

ASAS DA LOUCURA 257

retirar seu coração, encerrá-lo em uma urna e contrabandeá-lo de volta para sua terra natal. Ela conseguiu fazê-lo, e depois escondeu a urna nas catacumbas da igreja da Sagrada Cruz de Varsóvia. Embora grande parte do prédio tivesse sido destruída durante o bombardeio à capital polonesa em 1939, a urna sobreviveu, e hoje faz parte de uma das colunas da igreja reconstruída. Os poloneses acorrem ao local para homenagear Chopin, cuja música, ao mesmo tempo triste e inspiradora, parece captar a história melancólica e doce de seu país, da mesma forma que o faz o fato de seu coração ter resistido aos nazistas.

Quando Santos Dumont morreu em 1932, o dr. Walther Haberfield ficou encarregado de embalsamar o cadáver para que, ao terminar a guerra, pudesse ser transportado com segurança de São Paulo para o Rio de Janeiro para o funeral. Haberfield conhecia a história do enterro de Chopin e, quando se encontrava só na sala mortuária, removeu o coração de Santos Dumont. Ele achou que o órgão era extraordinariamente grande, como o de um bovino, e considerou um sinal de que seu dono tivera a generosidade e a coragem de herói. Mergulhou o coração num recipiente com formol e o levou para casa sob seu casaco. Haberfield não confiava que o governo Vargas tomasse o devido cuidado com o corpo. Santos Dumont pertencia ao povo, que deveria pelo menos ficar com o seu coração. Doze anos depois, em 1944, Haberfield entrou em contato com a família do aeronauta e ofereceu o órgão preservado. Eles não o quiseram e, então, Haberfield o doou ao governo com a condição de que fosse colocado num lugar público, onde qualquer pessoa pudesse visitá-lo gratuitamente e comungar com o espírito do "Petit Santos". A exigência do médico foi atendida — hoje o coração está sob a custódia de um pequeno museu numa academia da Força Aérea no Campo dos Afonsos, nos arredores do Rio —, mas poucos brasileiros optam por fazer uma peregrinação até lá, pois a maioria não tem conhecimento da existência do coração.

Em janeiro de 2000, fiz uma viagem de uma hora de carro de Copacabana ao museu. Nunca havia visto um coração humano antes, e não sabia o que esperar. O diretor do museu, um brigadeiro com altura semelhante à de Santos Dumont, serviu-me um café amargo em seu escritório sob um quadro do pioneiro da aviação, que parecia mais feliz e mais forte que na maioria das fotos. O brigadeiro disse-me que era uma honra trabalhar num lugar dedicado ao herói mais romântico do Brasil. Ele me conduziu do escritório até o hangar repleto de velhos aviões. Passamos por três ou quatro jovens soldados, cada um deles mais alto que o general cerca de um ou dois palmos. Os homens ficaram em posição de sentido e, pela primeira vez na vida, fui cumprimentado com continência, enquanto estava ali de pé, de calça jeans e tênis. Sem conhecer a etiqueta apropriada, eu, um filho da geração de 1960, fiz continência em retorno. Como se fosse uma coreografia, todos eles estenderam o braço direito e apontaram para o outro lado do hangar onde estava uma réplica em tamanho real do 14-Bis. Feito de bambu e seda branca, foi delicadamente talhado como uma fina peça de mobília japonesa. Mesmo que seu formato tenha chocado os aeronautas companheiros de Santos Dumont, o avião não parecia o patinho feio como foi muitas vezes descrito. Era muito bonito e elegante.

O general se retirou para atender o telefone. Um dos soldados, que falava inglês, caminhou comigo até o avião. "Fico pensando", disse ele, "na bravura que ele teve de ser o primeiro a voar nisso quando ninguém havia voado antes dele. Nem o senhor nem eu teríamos essa coragem. Além disso, somos grandes demais para caber nele."

Um soldado então me levou a uma sala pequena, cheia de objetos de Santos Dumont. Num estojo estava uma de suas marcas registradas, os colarinhos altos de camisa, amarelados pelo tempo. Havia também uma fotografia dele em uma pose muito elegante. "Ele é a alma do meu país", disse o soldado com ar viril.

Após olhar longa e respeitosamente para a foto, eu perguntei: "Poderia me dizer onde está o coração dele?", tentando não demonstrar ansiedade.

"Está ali", respondeu, batendo continência para uma esfera de uns 25 centímetros banhada a ouro e sustentada por uma pequena figura alada, provavelmente Ícaro. O ouro era perfurado por estrelas minúsculas que formavam as constelações do hemisfério sul. "Dentro da esfera", continuou o soldado, "há um recipiente de vidro com o coração." Ele bateu continência para a esfera novamente e ficou em posição de sentido. Tentei espiar através das estrelas para vislumbrar o coração, mas elas eram pequenas demais e a luz da sala era muito escassa para que se pudesse perceber alguma coisa. "É difícil ver o coração", disse ele, "porque já perdeu a cor e está imerso num

líquido conservante, mas se o senhor o vir, terá visto o coração do Brasil."
Assenti solenemente com um movimento de cabeça e espiei de novo. Em
posição de descanso, ele indagou:

> Diga-me, por que as pessoas de seu país insistem em que os irmãos
> Wright foram os pioneiros a voar? Ninguém os viu naquela maldita
> praia. Sem testemunhas, qualquer um pode reivindicar qualquer
> coisa. Todos em Paris viram Santos Dumont voar. Por que o mundo
> se esquece dele? E de sua mensagem de que o avião não deveria ser
> usado para a destruição? Quantas vidas teriam sido salvas?

Ele fez uma pausa e olhou para o chão. "Se tivéssemos atentado para a
sua mensagem, não haveria necessidade de uma Força Aérea brasileira, e
eu estaria em outro ramo de trabalho." O soldado secou os olhos. "É sua
missão", disse ele, "contar ao mundo sobre Santos Dumont. Faça isso pela
glória do Brasil!"

Origens e agradecimentos

Como a maior parte das pessoas nos Estados Unidos, eu nunca tinha ouvido falar de Santos Dumont antes de começar este projeto. Em 1996, meu amigo Matt Freedman voltou de uma viagem ao Brasil. Matt sabia que eu estava procurando um assunto para o meu próximo livro e me sugeriu Santos Dumont. Sua presença era marcante em todo lugar no Brasil, contou-me Matt. As pessoas falavam dele com reverência, como uma figura de suprema importância cujo amálgama próprio de solução, inventividade, empreendimento e generosidade representava o espírito do país como um todo. Fui ao Brasil em janeiro de 2000 para ver com meus próprios olhos.

Antes mesmo de deixar os Estados Unidos, experimentei a mística do aeronauta. No aeroporto de O'Hare, em Chicago, entrei numa loja de informática para comprar um conversor elétrico e um adaptador de linha telefônica para que pudesse usar meu laptop no Rio. O vendedor era brasileiro e perguntou por que eu estava indo à sua terra natal. Respondi-lhe que estava interessado em Santos Dumont. Depois de se assegurar de que o outro vendedor não estava nos observando, ele colocou os adaptadores em minha mão. "São cortesia", sussurrou ele, "para um amigo de Santos Dumont."

Em todos os lugares em que estive no Brasil, presenciei reações similares. No primeiro dia no Rio, visitei meia dúzia de sebos, meu português era nulo, e ainda não tinha contratado um intérprete; porém, a cada loja a que ia, dizia para o homem atrás do balcão: "Santos Dumont", e a resposta era sempre a mesma. O homem acenava com a cabeça afirmativamente, e os clientes paravam o que estavam fazendo, olhavam para mim e davam um largo sorriso. Nenhuma livraria foi tão generosa quanto a do aeroporto de O'Hare, porém algumas delas me deram desconto de 50% sem que eu pedisse.

Naquela noite, comi numa churrascaria próxima a meu hotel na praia. Era um renomado restaurante de rodízio do Rio, com vários garçons entusiasmados circulando a mesa com facas afiadas e longos espetos de carne de boi, de porco e de galinha. Sobre a mesa, havia três marcadores redondos empilhados: um verde, um amarelo e um vermelho. Se você colocasse o verde por cima, os homens com os espetos se aproximavam e generosamente trinchavam a carne no seu prato mais rápido do que você conseguia comê-la. O marcador amarelo estimulava-os a diminuírem um pouco o ritmo do serviço. O vermelho mantinha-os afastados.

Eu estava no estágio do marcador vermelho, quando comecei a folhear os livros sobre Santos Dumont que havia comprado mais cedo. Eram repletos de fotografias e me detive nas mais intrigantes. A aeronave Nº 5, destroçada, pendendo do telhado do hotel Trocadéro. Santos Dumont usando um terno escuro, descendo do Baladeuse, diante de seu apartamento na Champs-Élysées. Seus olhos fundos e tristes e seus lábios cobertos por um bigode não mostravam nenhum esboço de sorriso, fotografia após fotografia, tiradas em ocasiões supostamente felizes, após um voo que estabeleceu recorde ou um bem-sucedido teste de uma nova aeronave.

Havia pouco que eu estava examinando as fotografias quando um garçom, empunhando um espeto de filé-mignon, aproximou-se da mesa. Será que não tinha visto o marcador vermelho? Mas ele não estava ali para me servir de carne. "Os irmãos Wright. Uma catapulta!", deixou ele escapar com desdém. Tentei conversar com ele, mas aquilo era tudo o que ele sabia de inglês.

Eu ficara no Rio somente um dia e já testemunhara a fascinação que Santos Dumont provocava no brasileiro comum. No jantar, tomei a decisão de pesquisar e escrever sua biografia. Não demorou muito para que a imprensa no Rio descobrisse meu interesse por seu ilustre compatriota e escrevesse artigos de destaque sobre o projeto. Tendo em vista a dificuldade de encontrar material de fonte original, solicitei aos jornalistas que mencionassem meu endereço eletrônico nos artigos juntamente com o pedido de que as pessoas que possuíssem correspondência, objetos ou recordações do aeronauta fizessem contato comigo. Por ele não ter nenhum descendente direto, seus documentos estão espalhados. Além disso, ele destruiu seus desenhos e livros de notas, e as casas de repouso em que se internou não conservaram os registros médicos.

ASAS DA LOUCURA

Algumas de suas aeronaves e outros artefatos importantes guardados em um museu em São Paulo foram roubados ou depredados.

A publicação do meu endereço eletrônico revelou-se um feliz acaso. Três dúzias de brasileiros se ofereceram para verter o material do português para o inglês, muitos enfatizando que fariam o trabalho gratuitamente porque para eles era importante que alguém escrevesse uma biografia honesta de Santos Dumont e permitisse que o mundo lá fora soubesse quem ele era. (As biografias brasileiras sobre ele tendiam a ser pobres em detalhes, laudatórias, pasteurizadas; e a principal biografia inglesa, publicada em 1962, embora de grande ajuda para impulsionar o início da minha pesquisa, era incompleta e cheia de erros, a começar pela afirmação de que ele era o mais jovem dos sete filhos, quando na verdade ele era o sexto de oito.) E de outras quatro pessoas, cujas heranças de família incluíam reminiscências de testemunhas oculares de seus voos em Paris e correspondência do próprio aeronauta. Recebi centenas de cartas escritas por ele; elas não tinham valor documental, sobretudo, por não descreverem onde o aeronauta esteve em diferentes fases depressivas de sua vida, enquanto transitava entre suas casas no Brasil, em Paris ou em Bénerville, e as casas de repouso na Europa.

Nos arquivos que recebi, havia um manuscrito inédito no qual ele refletia sobre o trabalho de toda uma vida; a última carta que escreveu; um croqui da asa do Demoiselle; seu registro profissional; uma conta de tratamento psiquiátrico; e raras fotografias dele quando criança. Não deve haver nenhuma testemunha viva dos seus voos — a pessoa teria de ter quase 100 anos para lembrar-se deles —, mas encontrei pessoas que o conheceram.

Em Belo Horizonte, uma cidade cerca de 320 quilômetros a oeste do Rio, conheci um garçom de 82 anos na Cantina do Lucas, um estabelecimento noturno de vinhos e massas. Quando tinha 14 anos de idade, Olympio Peres Munhóz era o ascensorista do hotel no Guarujá onde Santos Dumont passou os últimos dias. Munhóz, a última pessoa a vê-lo com vida, revelou as circunstâncias perturbadoras em que ele deixou o mundo e a ordem do governo para falsificar o atestado de óbito. A família de Santos Dumont conspirou, junto com amigos e militares brasileiros, para suprimir quaisquer aspectos de sua vida e de sua morte que pudessem depreciar seu status de herói. Hoje, entretanto, seus parentes buscam a verdade e me ajudaram enormemente na minha pesquisa.

No Rio, Sophia Helena Dodsworth Wanderley, sobrinha-neta de Santos Dumont, gentilmente compartilhou as memórias do intrépido aeronauta e me mostrou o telescópio alemão que o deixara em apuros, agora em lugar de destaque na sala de estar. Ela foi tão gentil a ponto de me hospedar em seu apartamento por uma semana e fotocopiar o conteúdo de seis volumosos álbuns de recortes de jornais da virada do século XIX, que descreviam todos os movimentos dele no ar e na terra. O material pertencia ao próprio Santos Dumont e apareceu quando o marido já falecido de Sophia, general Nelson Wanderley, descobriu-o numa caixa no porão da casa. Santos Dumont assinava três serviços de recortes de notícias em Paris, Londres e Nova York, que buscavam em jornais de todo o mundo referências sobre ele. Centenas de artigos foram preservados nos álbuns de recortes, poupando-me meses de pesquisa. Sou grato a Sophia e a seu filho, Alberto Dodsworth Wanderley, por sua sinceridade, e a Alessandra Blocker, da Editora Objetiva, minha primeira editora no Brasil, por ceder uma copiadora para o apartamento de Sophia, após diversas tentativas de persuadir inúmeras lojas de material de escritório a fazer o mesmo.

Stella Villares Guimarães, outra parente de Santos Dumont em São Paulo, compartilhou comigo histórias que seu avô contava sobre o tio Alberto. Stella é designer gráfica, e transportou um grande scanner óptico de São Paulo para o Rio para que pudéssemos copiar as antigas fotografias dos álbuns de recortes de Sophia.

Marcos Villares, um sobrinho-bisneto de Santos Dumont, informou-me que em 1973, no centenário de nascimento do aeronauta, o escritório brasileiro da Enciclopédia Britânica realizou um concurso nacional, em que solicitava às pessoas que tivessem lembranças de Santos Dumont que as enviassem a uma central de recebimento. Mario Rangle, organizador do concurso, forneceu-me cópias de centenas de páginas de documentos enviados.

Fiz também a minha parte esmiuçando os jornais. Passei um ano revirando os olhos numa leitora de microfilme enquanto lia as páginas do *Herald* e de outros renomados periódicos da virada do século XIX. A maioria deles não tinha índice, e jornais como o *Herald* tinham múltiplas edições, o que significava folhear página por página. Encontrei mais de quinhentos artigos dessa forma. As primeiras fontes de material foram o

ASAS DA LOUCURA 265

Instituto Histórico e Geográfico Brasileiro e a Biblioteca Nacional no Rio, o Museu Aeroespacial em Campo dos Afonsos, o Museu Santos Dumont em Petrópolis, a Biblioteca Municipal em Santos Dumont, a Fundação Casa de Cabangu, a British Library e a Royal Aeronautical Society em Londres, a Royal Society, a Library of Congress, a Bibliothèque Forney em Paris, o National Air and Space Museum em Washington, D.C., a New York Public Library, a University of Chicago Library e a Newberry Library em Chicago.

Shante Udon, o bibliotecário-chefe da Enciclopédia Britânica em Chicago, ajudou-me a rastrear documentos raros. A Missouri Historical Society forneceu material sobre as viagens de Santos Dumont a St. Louis. A Cartier International colocou à disposição seus arquivos sobre a origem do relógio de pulso. A Sociedade Sem, em Paris, forneceu detalhes sobre a casa de Santos Dumont em Bénerville.

Contratei dois pesquisadores, João Marcos Weguelin, no Rio, e Marina Juliene, em Paris, para buscar as fontes brasileiras e francesas. Tanto João quanto Marina descobriram documentos suplementares e os traduziram para mim. João também me acompanhou em viagens a Belo Horizonte e a Santos Dumont (Cabangu), e sua dedicação ao projeto foi inestimável. Aqui nos Estados Unidos, Sérgio Almeida e Eveline Felsten deram ajuda adicional nas traduções.

Quero agradecer também a Sérgio Barbosa por fornecer quarenta cartas que Santos Dumont havia escrito a seu bisavô, Agenor Barbosa; a Henrique Lins de Barros, diretor do Museu de Astronomia e Ciências Afins, no Rio, por oferecer orientação inicial; a Mônica Castello Branco Henriques, diretora da Fundação Casa de Cabangu, por compartilhar histórias e documentos sobre a casa da infância do aeronauta; a Tom Crouch, do Museu Nacional Aeroespacial, em Washington, D.C., por revisar meu relato sobre os irmãos Wright, e a Dan Hagedorn, da mesma instituição, por indicar-me fontes latino-americanas; a Rebecca Herzig, da Bates, a Peter Galison, de Harvard, e a Joseph Corn, de Stanford, por sugerirem material fundamental sobre o *ethos* do otimismo tecnológico do final do século XIX; a Will Schwalbe, meu editor da Hyperion, e a Christopher Potter e a Catherine Blyth, do Fourth Estate, por seu apoio entusiástico; a Peter Matson, por encorajar-me quando me sentia perdido ante uma pilha de recortes de jornais sobre Santos Dumont; a Carolyn Waldron, por sua "habilidade especial" no preparo dos originais; a meu irmão, Tony, por me fazer construir modelos com clipes de papel do 14-Bis e do Demoiselle; à minha mulher, Ann, por entreter o jovem Alexander enquanto eu dormia até tarde após trabalhar madrugada adentro; e, finalmente, a Alexander, que exultava ao querer saber se alguém se acidentara no livro do papai (certamente por ter assistido várias vezes ao filme *Esses homens maravilhosos e suas máquinas voadoras*).

Notas

Ao citar documentos neste livro, preservei a grafia e a pontuação originais. As fontes mais comuns são o *New York Herald*, abreviado NYH, e *Os meus balões*, a autobiografia de Santos Dumont, abreviada SD. A publicação irmã do *Herald*, o *Paris Herald*, era o único jornal de língua inglesa em Paris à época dos voos de Santos Dumont, e seu editor, James Gordon Bennet, era seu amigo, bem como um campeão pioneiro na aeronáutica. Por conseguinte, a cobertura sobre Santos Dumont em ambos os jornais era mais extensa que nos demais. Os artigos que cito são do *New York Herald*, mas eles também eram publicados no *Paris Herald* no mesmo dia ou no dia seguinte.

Santos Dumont escreveu suas memórias aos 30 anos e, assim, só cobriu seu trabalho aeronáutico até o Nº 9 — o Baladeuse — e não menciona suas realizações com os mais pesados que o ar. Escrita em francês, essa auto-biografia foi publicada em 1904 com o título *Dans l'air* por Charpentier e Fasquelle em Paris, e como *My Air-Ships* por Grant Richards, em Londres, e pela Century Company, em Nova York [e subsequentemente lançada em português com o título *Os meus balões*, pela Biblioteca de Divulgação Aeronáutica, em 1938, e aqui tendo como referência a edição da Fundação Rondon, de 1986]. As edições originais são difíceis de encontrar, mas a Dover Publications reeditou essas memórias em 1973.

A maioria das outras fontes é de jornais e revistas da época que encontrei nos recortes de publicações periódicas de museus e bibliotecas em microfil-me, e nos grossos livros de recortes de jornais de Santos Dumont. Em alguns casos, as cópias estavam rasgadas, o que explica as datas incompletas ou títu-los parciais. Outro problema surgiu: muitos dos relatos diferiam em detalhes importantes. Um voo com a altitude de 17 metros em um jornal poderia ser um voo de 166 metros em outro. Um motor de 3 HP em um artigo poderia ser de 300 HP em outro. Essas diferenças poderiam ser atribuídas a erros de impressão, informações de fontes secundárias, testemunhas incultas, ou lembranças falhas ou ocasionalmente fantasiosas de Santos Dumont. Um relato mais fiel emerge do exame das inúmeras fontes.

PRÓLOGO

1. *Times*, 26 de novembro de 1901.

1. A CHEGADA

1. SD, p. 22.
2. Ibid., p. 23.
3. Ibid., p. 24, 25, 26.
4. Ibid., p. 26.
5. *Encyclopaedia Britannica*, vol. 1, 9. ed., 1875, Scribner, p. 189.
6. Ibid., p. 185.
7. L. T. C. Rolt, *The Aeronauts: A History of Balloning 1783-1903*, Walker, 1966, p. 25.
8. Ibid., p. 34.
9. *Encyclopaedia Britannica*, p. 189.
10. Rolt, p. 26-59.
11. M. C. Flammarion, *Travels in the Air*, p. 159, como citado em Rolt, p. 28, 29.
12. Lee Kenneth, *A History of Strategic Bombing*, Scribner, 1982, p. 1.
13. SD, p. 27.
14. Ibid., p. 30.

2. "O LUGAR MAIS PERIGOSO PARA UM RAPAZ"

1. SD, p. 33.
2. Joseph Harris, *The Tallest Tower*, Regnery Gateway, 1979, p. 28.

ASAS DA LOUCURA

3. Ibid., p. 28.
4. Ibid., p. 22.
5. Ibid., p. 122.
6. Ibid., p. 144.
7. Burton Holmes, *Paris*, Chelsea House Publishers, 1998, p. 90-93.
8. Eugen Weber, *France, Fin de Siècle*, Harvard University Press, 1986, p. 74. Um livro maravilhoso sobre o dia a dia da vida em Paris na virada do século.
9. Ibid., p. 74.
10. Ibid., p. 76.
11. Ibid., p. 73, 74.
12. SD, p. 34-35.
13. Santos-Dumont, *O que eu vi, o que nós veremos*, citado em Peter Wykeham, *Santos-Dumont*, Harcourt, 1962, p. 28, 29.
14. Ibid., p. 32.
15. SD, p. 36, 37.
16. Weber, p. 63, 64. (Este costume foi ressuscitado no século XXI: em festas chiques em Long Island, cirurgiões plásticos administram botox depois dos canapés e antes do chardonnay.)
17. Ibid., p. 37.
18. SD, p. 38.
19. Henri Lachambre e Alexis Machuron, *Andrée's Balloon Expedition*, Frederick A. Stokes, 1898, p. 2.
20. SD, p. 38.
21. Editores da Swedish Society of Anthropology and Geography, *Andrée's Story*, Viking, 1930, p. 10.

3. O PRIMEIRO VOO

1. SD, p. 39, 40.
2. Ibid., p. 42.
3. "The Pleasures of Ballooning", *The Independent*, 1º de junho de 1905, p. 1.226.
4. SD, p. 43.
5. Ibid.

6. Ibid., p. 44.
7. Ibid., p. 46.
8. Ibid., p. 67.
9. Ibid., p. 46, 47.
10. Ibid., p. 47.
11. Ibid., p. 50.
12. Ibid., p. 51.
13. Ibid., p. 53.
14. Ibid., p. 61-62.
15. Ibid., p. 63, 64.
16. Sterling Heilig, "The Dirigible Balloon of M. Santos-Dumont", *The Century Magazine*, novembro de 1901, nº 1, p. 68.
17. Alberto Santos-Dumont, "How I Became an Aeronaut and My Experience with Air-Ships", Parte I, *McClure's Magazine*, vol. XIX, agosto de 1902, p. 314.
18. Ibid., p. 314.
19. Ibid.
20. Ibid.
21. Heilig, *The Century Magazine*, p. 68.
22. Santos-Dumont, *McClure's*, Parte I, p. 315.
23. Heilig, *The Century Magazine*, p. 68.
24. Santos-Dumont, *McClure's*, Parte I, p. 315.
25. Heilig, *The Century Magazine*, p. 69.
26. [Chicago] *Inter Ocean*, "Why I Believe the Airship Is a Commercial Certainty", 20 de abril de 1902.
27. Wykeham, p. 67.
28. *McClure's*, Parte I, p. 316.
29. SD, p. 88, 91.
30. Heilig, *The Century Magazine*, p. 70.
31. SD, p. 82.
32. Heilig, *The Century Magazine*, p. 70.
33. SD, p. 83.
34. Ibid.
35. Ibid., p. 85.
36. H. J. Greenwall, *I'm Going to Maxim's*, Allan Wingate, 1958.
37. Ibid., p. 105

4. SEDE DE CIÊNCIA

1. [Londres] *Evening News*, 1898.
2. "The Attempted Voyage to Paris", *Aeronautical Journal*, janeiro de 1899, p. 19.
3. *Aeronautical Journal*, outubro de 1899.
4. *NYH*, "Wife Saw Severo's Balloon Explode", 13 de maio de 1902.
5. "The Future of American Science", *Science 1* (fevereiro de 1883), como citado em Rebecca Herzig, "In the Name of Science: Suffering, Sacrifice, and the Formation of American Roentgenology", *American Quaterly*, dezembro de 2001, p. 562-581.
6. Lawrence Altman, *Who Goes First?*, University of California Press, 1987, p. 23-26, 107-113.
7. Ibid., p. 108.
8. Ibid., p. 111.
9. Ibid., p. 25.
10. Nancy Knight, "'The New Light' X Rays and Medical Futurism", em Joseph Corn, ed. *Imaging Tomorrow*, MIT Press, 1986, p. 13-34.
11. Ibid., p. 14.
12. *Punch* 110 (1896), p. 117, como citado em ibid., p. 15.
13. Herzig, p. 562-581.
14. *The New York Times*, "Operated on 72 Times: Roentgenologist Has Lost Eight Fingers and an Eye for Science", 12 de março de 1926, p. 22, como citado em ibid., p. 563.
15. Ibid., p. 565.
16. Ibid., p. 578.
17. Alberto Santos-Dumont, "How I Became an Aeronaut and My Experience with Air-Ships", Parte I, *McClure's Magazine*, vol. XIX, setembro de 1902, p. 454.
18. SD, p. 109.
19. Ibid.
20. Ibid., p. 110.
21. *Jornal do Brasil*, 25 de abril de 1976.
22. Wykeham, p. 84.
23. Santos-Dumont, *McClure's*, Parte II, p. 454.
24. SD, p. 112.

25. Ibid., p. 113.
26. Ibid.
27. Heilig, *The Century Magazine*, p. 70.
28. SD, p. 115.
29. *NYH*, "Steerable Balloon Manoeuvres", 24 de novembro de 1899.
30. SD, p. 127, 128.
31. Ibid., p. 115.
32. *The New York Times*, "M. Santos-Dumont Ready to Test His Balloon", 10 de julho de 1900.
33. *Daily Graphic*, "Aerial Navigation", 20 de outubro de 1900.
34. Sterling Heilig, "New Flying Machine", *Washington Star*, 20 de junho de 1900.
35. Santos-Dumont, *McClure's*, Parte II, p. 455.
36. *Daily Graphic*, "Aerial Navigation", 20 de outubro de 1900.
37. *NYH*, "Aerial Navigation", 30 de julho de 1900.
38. Heilig, *The Century Magazine*, p. 71.
39. *NYC*, "M. Santos-Dumont Air-Ship Moves Against the Wind", 20 de setembro de 1900.
40. [Londres] *Daily Express*, "Perilous Ballooning", 19 de setembro de 1900.
41. *NYH*, 20 de setembro de 1900.

5. O SEGREDO DO ABUTRE

1. Discussão sobre Chanute e Lancaster em Tom Crouch, *A Dream of Wings*, Norton, 1989, p. 20-41.
2. Ibid., p. 40.
3. Carl Snyder, "The Aerodrome and the Warfare of the Future", *Leslie Weekly*, 28 de julho de 1896, p. 51.
4. Ray Coffman, "Prof. Langley First to Make Steady Power Flight Plane", *Smithsonian Collection*, documento não identificado.
5. SD, p. 121.
6. Ibid., p. 149.
7. Santos-Dumont, *McClure's*, Parte II, p. 455. Este artigo refere-se erroneamente ao Nº 5 como Nº 4.

6. UMA TARDE SOBRE O CASTANHEIRO
DOS JARDINS DO BARÃO DE ROTHSCHILD

1. SD, p. 123.
2. Wykeham, p. 108.
3. *NYH*, "President's First Automobile Ride", 14 de julho de 1901.
4. *NYH*, "Royal Automobile Upsets the Palace", 31 de julho de 1901.
5. *NYH*, "Will Open the Park to Automobiles", 19 de novembro de 1899.
6. *NYH*, "Automobiles for War", 15 de outubro de 1900.
7. SD, p. 128-129.
8. Ibid., p. 129-130.
9. *NYH*, "M. Santos-Dumont Solves the Problem of Aerial Navigation", 13 de julho de 1901.
10. *NYH*, "Paris has a Hot Spell of Its Own, with Many Fatalities", 14 de julho de 1901.
11. *NYH*, "Belgium's Queen Overcome by Heat", 14 de julho de 1901.
12. *NYH*, "Paris has a Hot Spell of Its Own, with Many Fatalities", 14 de julho de 1901.
13. *NYH*, "Airship Under Control", 14 de julho de 1901.
14. [Filadélfia] *American*, "Dumont's Paris Airship Makes a Great Stride in Aeronautics by Sailing Against a Strong Wind", 15 de julho de 1901.
15. SD, p. 135.
16. *NYH*, "M. Santos-Dumont Hero of the Hour", 18 de julho de 1901.
17. *Chester* [NY] *Democrat*, "Balloon Navigation Impracticable", 17 de julho de 1901.
18. Ibid.
19. *NYH*, "France Celebrates National Fête", 15 de julho de 1901.
20. Ibid.
21. Ibid.
22. *NYH*, "Horse Accidents by Far Most Numerous", 16 de junho de 1901.
23. *NYH*, "Alienist Doctor Goes Mad", 21 de julho de 1901.
24. *NYH*, "Many Persons in Europe Killed by Lightning", 22 de julho de 1901.
25. *NYH*, "Parisians Out to See Airship", 22 de julho de 1901.
26. W. L. McAlpin, "Santos-Dumont and His Air Ship", *Munsey's Magazine* [mês desconhecido], 1902.

274 PAUL HOFFMAN

27. *NYH*, "Santos-Dumont Tries Again", 30 de julho de 1901.
28. *The New York Times*, "Dirigible Balloon Fails", 5 de agosto de 1901.
29. *NYH*, "Like Another Dreyfus Affair", 2 de agosto de 1902.
30. Ibid.
31. *NYH*, "Parisians Out to See Airship", 22 de julho de 1901.
32. *NYH*, "Applause from Brazil", 14 de agosto de 1901.
33. SD, p. 135.
34. [Londres] *Daily Express*, 9 de agosto de 1901.
35. SD, p. 136-137.
36. [Londres] *Daily Express*, 9 de agosto de 1901.
37. SD, p. 137.
38. [Londres] *Daily Express*, 9 de agosto de 1901.
39. SD, p. 138.
40. Ibid., p. 141.
41. Ibid.
42. *NYH*, "Santos-Dumont's Escape", 14 de agosto de 1901.
43. Ibid.
44. *Daily Telegraph*, 9 de agosto de 1901.
45. *NYH*, "Santos-Dumont's Escape", 14 de agosto de 1901.

7. "OS POBRES SERÃO OS PERDEDORES!"

1. *NYH*, "M. Santos-Dumont Plans New Airship", 10 de agosto de 1901.
2. *NYH*, "Price of Absinthe Raised in Paris", 18 de agosto de 1901.
3. *NYH*, "Dr. Koch's Theory Discredited", 18 de agosto de 1901.
4. *NYH*, "Parasols for Horses", 18 de agosto de 1901.
5. *NYH*, "Four Days in Well and Found Alive", 11 de agosto de 1901.
6. *Buffalo Courier*, "M. Dumont's Airship Expected", 23 de agosto de 1901.
7. *New York Journal*, "Around the World in an Airship", 13 de outubro de 1901.
8. *NYH*, "Actresses Beset Paris Aeronauts", 3 de setembro de 1901.
9. *NYH*, "M. Santos-Dumont Sued for Damages to Tiled Roof", 27 de agosto de 1901.
10. SD, p. 164.
11. *NYH*, "M. Santos-Dumont Makes a Protest", 11 de setembro de 1901.

ASAS DA LOUCURA

12. *NYH*, 21 de setembro de 1901.
13. *NYH*, "How Airship Was Wrecked", 23 de setembro de 1901.
14. SD, p. 149.
15. *Rangoon Gazette*, "Ballooning", 11 de outubro de 1901.
16. *NYH*, "M. Santos-Dumont Successful", 11 de outubro de 1901.
17. Ibid.
18. [Boston] *Post*, "Santos-Dumont Describes His Journey through the Air on Saturday", 21 de outubro de 1901.
19. [Boston] *Post*, "M. Santos-Dumont Rounds the Eiffel Tower", 20 de outubro de 1901.
20. *Westminster Gazette*, "The Great Airship Triumph", 21 de outubro de 1901.
21. [Boston] *Post*, 21 de outubro de 1901.
22. *Philadelphia Inquirer*, "Santos-Dumont King of the Air", 20 de outubro de 1901.
23. *Daily Messenger*, "The Santos-Dumont Balloon", 20 de outubro de 1901.
24. *Philadelphia Inquirer*, 20 de outubro de 1901.
25. [Boston] *Post*, 21 de outubro de 1901.
26. *NYH*, "M. Santos-Dumont Rounds the Eiffel Tower", 20 de outubro de 1901.
27. Ibid.
28. *Philadelphia Inquirer*, 20 de outubro de 1901.
29. *NYH*, "Public Favors M. Santos-Dumont", 21 de outubro de 1901.
30. *NYH*, "Ballooning: M. Santos-Dumont About to Be Immortalized by the Tailors and Toymakers", 15 de outubro de 1901.
31. *Dry Goods Economist*, Nova York, 21 de dezembro de 1901.
32. *NYH*, "M. Santos-Dumont Very Popular", 7 de novembro de 1901.
33. *NYH*, 28 de outubro de 1901.
34. *Denver Times*, "Toy Flying Machines", 6 de janeiro de 1902.
35. *La Vélo*, 9 de novembro de 1901.
36. *Dispatch*, "Paris Idolatry Now Rests Upon Hero of Airship", 6 de novembro de 1901.
37. *Daily Telegraph*, "A Glória de Santos-Dumont", 11 de novembro de 1901.
38. *Daily Messenger*, "Santos-Dumont in London", 26 de novembro de 1901.
39. *Sketch*, "The Aerial Navigator", 12 de novembro de 1902.
40. *Daily News*, "M. Santos-Dumont in London", 23 de novembro de 1901.
41. *Brighton Standard*, 4 de janeiro de 1902.
42. *Daily News*, 23 de novembro de 1901.
43. Ibid.

8. "OS EXÉRCITOS SE TRANSFORMAM EM PILHÉRIA"

1. *Westminster Gazette*, "The Great Airship Triumph", 21 de outubro de 1901.
2. James J. Horgan, *City of Flight: The History of Aviation in St. Louis*, The Patrice Press, Gerald, Missouri, 1984, p. 44.
3. Maj. Charles B. van Pelt, "The Aerodrome That Almost Flew", *American History Illustrated*, dezembro de 1966, p. 46.
4. Carl Snyder, "The Aerodrome and the Warfare of the Future", *Leslie's Weekly*, 28 de julho de 1896, p. 55.
5. Ibid.
6. John Ellis, *The Social History of the Machine Gun*, Croom Helm, 1975.
7. Ibid., p. 26
8. Ibid., p. 16.
9. Ibid., p. 17.
10. Ibid., p. 18.
11. Nicholas Halasz, *Nobel: A Biography*, Robert Hale Limited, 1960.
12. Ibid., p. 154.
13. Ibid., p. 158-159.
14. Ibid., p. 159.
15. Ibid., p. 173.
16. Ibid., p. 180, 183, 184.
17. Ibid., 185.
18. Luis Alvarez, Alvarez: *Adventures of a Physicists*, Basic Books, 1987, p. 7.
19. Ibid., p. 8.

9. UM MERGULHO INESPERADO NO MEDITERRÂNEO

1. SD, p. 28.
2. Ibid., p. 164.
3. Ibid., p. 162.
4. Ibid., p. 165.
5. Ibid., p. 163.
6. *NYH*, "M. Santos-Dumont on Mediterranean", 3 de novembro de 1901.
7. SD, p. 172.
8. Ibid., p. 161.
9. Ibid., p. 168.

ASAS DA LOUCURA

10. *NYH*, "M. Santos-Dumont Flight Checked. Riviera Official Thought He Was Turning Blue Mediterranean into Red Sea", 26 de janeiro de 1901.
11. [Nova York] *Journal*, "Hey, for a Flight to Africa! Is Santos-Dumont's Cry To-Day", 26 de janeiro de 1902.
12. SD, p. 175.
13. Ibid., p. 176.
14. Ibid., p. 176-177.
15. Ibid., p. 177.
16. Ibid.
17. Santos-Dumont, *Baltimore American*, "Travel by Balloon", 5 de janeiro de 1902.
18. *Daily Express*, "Remarkable Meeting", 8 de fevereiro de 1902.
19. "M. Santos-Dumont Out for a Flight", 11 de fevereiro de 1902.
20. SD, p. 179-180.
21. Ibid., p. 180-181.
22. Ibid., p. 185.
23. [Londres] *Daily Mail*, "Airship Wrecked", 15 de fevereiro de 1902.
24. SD, p. 197-198.
25. Ibid., p. 201.
26. [Londres] *Times*, 23 de fevereiro de 1902.

10. "A AEROSTAÇÃO É INÚTIL, DIZ LORDE KELVIN"

1. *Daily Chronicle*, "M. Santos-Dumont Moves His Headquarters to London", 5 de março de 1902.
2. *NYH*, "Aeronaut Farewell", 5 de março de 1902.
3. *Philadelphia Record*, "Dumont Longs for America", 9 de março de 1902.
4. Ibid.
5. *NYH*, "To Fly Over the Brooklyn Bridge", 5 de março de 1902.
6. *Philadelphia Record*, "Dumont Longs for America", 9 de março de 1902.
7. *Daily Express*, "Dumont Wants Rivals", 6 de março de 1902.
8. *Senhor Santos Dumont's Receipt in London, 1901: The Aero Club Banquet*, atas privadas, British Library.
9. *NHY*, "London to Have Ambulances", 9 de março de 1902.
10. [Pittsburgh] *Dispatch*, "Santos-Dumont Never Heard of Tariff", 12 de abril de 1902.

11. Ibid.
12. Jornal desconhecido.
13. Jornal desconhecido.
14. *Pittsburgh Press*, "Santos-Dumont Forecasts Days of Aerial Navigation", 12 de abril de 1902.
15. *New-York Mail and Express*, "Santos-Dumont Knits and Sews", 19 de abril 1902.
16. *New York Journal*, 14 de abril de 1902.
17. *Brooklyn Daily Eagle*, 5 de março de 1902.
18. *Brooklyn Daily Eagle*, 18 de maio de 1902.
19. Jornal desconhecido.
20. *Philadelphia Telegraph*, "Tom Edison's Airship Talk with Santos-Dumont", 2 de março de 1902. Toda a conversa entre Edison e Santos Dumont foi extraída desse artigo.
21. *NYH*, "President Would Take Trip in Air", 17 de abril de 1902.
22. *Brooklyn Eagle*, 17 de abril de 1902.
23. *NYH*, "President Would Take Trip in Air", 17 de abril de 1902.
24. *Pall Mall Gazette*, "M. Santos-Dumont", 4 de março de 1902.
25. *New York Journal*, "Edison Would Join Aerial Club", 14 de abril de 1902.
26. *New York Journal*, "Airship Is Useless, Says Lord Kelvin", 20 de abril de 1902.
27. *New York Journal*, "Santos-Dumont Sails Away", 2 de maio de 1902.
28. *NYH*, "Amateur Aeronautics", [dia desconhecido] maio de 1902.
29. *NYH*, "Looks to America to Perfect Airship", lº de maio de 1902.
30. *The New York Times*, 2 de maio de 1902.
31. [Filaldéfia] *Telegraph*, "Can Build an Airship to Cross the Ocean", [dia desconhecido] maio de 1902.
32. [Londres] *Sun*, "Santos-Dumont Loss", 28 de maio de 1901.
33. [Filadélfia] *Evening Standard*, "Balloon Cut into Ribbons", 28 de maio de 1902.
34. [Londres] *Daily Express*, "Airship Mystery", 28 de maio de 1902.
35. [Londres] *Morning Leader*, 21 de maio de 1902.
36. [Londres] *Daily Express*, "Airship Mystery", 28 de maio de 1902.
37. [Brooklyn] *Standard Herald*, "Santos-Dumont's Airships Will Be Tested At Brighton Beach", 12 de julho de 1902.
38. *NYH*, "Will Fly Only for Definite Object", 5 de julho de 1902.
39. *Brooklyn Daily Eagle*, "Santos-Dumont Is Coming", 13 de julho de 1902.

ASAS DA LOUCURA

40. *NYH*, "Santos-Dumont's Air Ship Inflated, Ready to Fly When Owner Arrives", 20 de julho de 1902.
41. *NYH*, "M. Santos Dumont's Inspects His Air Ship Nº 6", 24 de julho de 1902.
42. *NYH*, "M. Santos-Dumont Flies to Rescue", 1º (ou 11) de agosto de 1902.
43. *NYH*, "Airship Propeller Frightens Crowd", 11 de agosto de 1901.
44. [Rochester] *Herald*, "Dumont's Airship Damaged", 12 de agosto de 1902.
45. *NYH*, "Santos-Dumont Hurriedly Sails", 15 de agosto de 1902.
46. [Lafayette] *Mall*, 16 de agosto de 1902.
47. *NYH*, "M. Santos-Dumont Is Disappointed", 26 de agosto de 1902.

11. O PRIMEIRO CARRO AÉREO DO MUNDO

1. SD, p. 214.
2. Helen Waterhouse, "La première aero-chauffeuse", *Sporstman Pilot*, julho de 1933.
3. *L'Illustration*, 4 de julho de 1903.
4. SD, p. 217-220.
5. Ibid., p. 221.
6. Ibid., p. 221-222.
7. Waterhouse.
8. [Washington] *Sunday Star*, "The First Woman to Fly a Dirigible", 25 de junho de 1933.
9. *Milwaukee Journal*, "Society Girl Flew Before the Wrights", 20 de agosto de 1933.
10. *Christian Science Monitor*, "Only Woman to Fly Dirigible Eligible for Early Bird Honor", 10 de julho de 1933.
11. Waterhouse.
12. *Milwaukee Journal*, "Society Girl Flew Before the Wrights", 20 de agosto de 1933.
13. *Christian Science Monitor*, "Only Woman to Fly Dirigible Eligible for Early Bird Honor", 10 de julho de 1933.
14. Ibid.
15. William Sanson, *Proust and His World*, Charles Scribner's Sons, 1973, p. 75.

16. *Remembrance of Things Past*, como citado em Stephen Kern, *The Culture of Time and Space 1880-1918*, Harvard University Press, 1983, p. 245.
17. Amália Dumont, "Reminiscence", *O Globo*.
18. *NYH*, "Santos-Dumont Named in a Divorce Suit", 16 de janeiro de 1903.
19. *NYH*, 18 de janeiro de 1903.
20. Conversa do autor com Sophia Helena Dodsworth Wanderley em junho de 2000.
21. Henrique Dumont Villares, *Santos-Dumont "The Father of Aviation"* [sem menção de editor], 1956, p. 28.
22. Walter T. Bonney, "Prelude to Kitty Hawk Part IV", *Pegasus*, agosto de 1953, p. 12.
23. John M. Taylor, "The Man Who Didn't Invent the Airplane", *Yankee*, novembro de 1981, p. 223.
24. Stephen Kirk, *First in Flight: The Wright Brothers in North Carolina*, John F. Blair, 1995, p. 174.
25. Ibid., p. 102.
26. Bonney, p. 14.
27. Kirk, p. 192.
28. Kirk, p. 193.
29. John Tierney, "Langley's Aerodrop", *Science '82*, março de 1982, p. 82.
30. Ibid.
31. *American History Illustrated*, [data desconhecida], p. 53.
32. Taylor, p. 224.
33. Ibid., p. 227.
34. Tierney, p. 82.
35. Ibid., p. 83.
36. Kirk, p. 190.
37. Ibid., p. 193.

12. FACADAS MALÉVOLAS E UM SUBORNO RUSSO

1. *The New York Times*, "Air Sailing", 14 de janeiro de 1904.
2. James Horgan, *City of Flight: The History of Aviation in St. Louis*, p. 42-53.
3. Ibid., p. 42.
4. Ibid., p. 46.
5. Ibid., p. 52.

ASAS DA LOUCURA 281

6. James Horgan, "Aeronautics At the World's Fair of 1904", *Bulletin*, Missouri Historical Society, abril de 1968.
7. "A Letter from Leo Stevens", *Scientific American*, 26 de março de 1904.
8. *NYH*, "M. Santos-Dumont is Confident of Winning Prize Airship Race", janeiro de 1904.
9. *NYH*, "Santos-Dumont to Enter Contest", 3 de março de 1904.
10. James Horgan, "The Strange Death of Santos-Dumont *Number 7*", *AAHS Journal*, setembro de 1968.
11. *The New York Times*, "Santos-Dumont Here to Fly for Airship Prize", 18 de junho de 1904.
12. *The New York Times*, "Dumont's Big Airship Slashed by a Vandal", 29 de junho de 1904.
13. *NYH*, "Santos-Dumont Airship Slashed", 29 de junho de 1904.
14. *NYH*, "M. Dumont Orders New Airship Bag", 30 de junho de 1904.
15. *NYH*, 29 de junho de 1904.
16. *The New York Times*, "Accuses Santos-Dumont", 30 de junho de 1904.
17. Ibid.
18. *NYH*, "I Cut It? Absurd! M. Santos-Dumont", 1º de julho de 1904.
19. *St. Louis Post-Dispatch*, "Russia Figures in Cutting of Airship Here", 22 de outubro de 1907.

13. "UM AEROPLANO LEVANTOU VOO PROPELIDO POR UM PEQUENO MOTOR, SANTOS DUMONT REALIZA UM FEITO INÉDITO NA EUROPA"

1. SD, p. 239-240.
2. *Lecture pour Tous*, 1º de janeiro de 1914.
3. *Je sais tout*, 15 de fevereiro de 1905.
4. [Londres] *Times*, [data desconhecida], 1905.
5. *NYH*, "Aeroplane Raised by Small Motor", 23 de agosto de 1906.
6. *NYH*, "Santos-Dumont Flies 37 Feet", 14 de setembro de 1906.
7. *NYH*, "Aeronauts of Seven Nations Contest for International Cup", 1º de outubro de 1906.
8. O *Tribune de Londres*, citado em *NYH*, "The Aero Club Busy on Balloon Race", em 29 de setembro de 1906.
9. *Pelican*, citado em *NYH*, em 29 de setembro de 1906.
10. *NYH*, "Santos-Dumont Wins $10,000 Aerial Prize", 24 de outubro de 1906.

282 PAUL HOFFMAN

11. Ibid.
12. Ibid.
13. *NYH*, "Dayton Aeronauts Are Not Surprised", 13 de novembro de 1906.
14. Crouch, *The Bishop's Boys*, p. 317.
15. *NYH*, "Santos-Dumont Aeroplane Simple", 25 de outubro de 1906.
16. Crouch, *The Bishop's Boys*, p. 317.
17. Ibid., p. 301.
18. Ibid., p. 301, 302.
19. *Scientific American*, "The Wright Aeroplane and Its Fabled Performances", 13 de janeiro de 1906, p. 40.
20. *NYH*, "Fliers or Liars", 10 de fevereiro de 1906.
21. Nancy Winters, *Man Flies*, *The Ecco Press*, 1997, p. 128.
22. Crouch, *The Bishop's Boys*, p. 382, 383.
23. Ibid., p. 387.
24. *L'homme mécanique*, 1929, manuscrito não publicado, da coleção do general Nelson Wanderley.
25. Henry P. Palmer Jr., "The Birdcage Parasol", *Flying*, outubro de 1960.
26. John Underwood, "The Gift of Alberto Santos-Dumont", fonte desconhecida.
27. Henrique Lins de Barros, *Alberto Santos-Dumont*, Editora Index, 1986, p. 115-118. Um maravilhoso livro bilíngue (português e inglês), com excelentes fotografias e ilustrações de Santos Dumont e de seu trabalho.
28. Underwood.
29. Ibid.
30. Ibid.

14. "UMA GUERRA DE ENGENHEIROS E QUÍMICOS"

1. Michael Adas, *Machines as the Measure of Man*, Cornell University Press, 1989, p. 366.
2. Jornal não identificado.
3. Adas, p. 235.
4. Ibid., p. 367.
5. Ibid.
6. David Wragg, *The Offensive Weapon*, Robert Hale, 1986, p. 1.

ASAS DA LOUCURA

7. Adas, p. 367.
8. Barbara Tuchman, *The Proud Tower*, MacMillan, 1966, p. 229-288.
9. Tuchman, p. 240.
10. Ibid., p. 240.
11. Ibid., p. 262.
12. Wykeham, p. 234.
13. Ibid.
14. Curtis Prendergast, *The First Aviators*, Time-Life Books, 1981, p. 49.
15. Crouch, *The Bishop's Boys*, p. 404.
16. Roger Bilstein, *Flight in America*, The Johns Hopkins University Press, 1984, p. 17.
17. Ibid., p. 26.
18. Joseph Corn, *The Winged Gospel*, Oxford University Press, 1983, p. 4.
19. Ibid., p. 4.
20. Bilstein, p. 20, 21.
21. Jornal não identificado.
22. Bilstein, p. 25.
23. Ibid.

15. "A CAVALARIA DAS NUVENS"

1. Adas, p. 370, 371.
2. Edgar Middletown, *Glorious Exploits of The Air*, D. Appleton & Company, 1918, p. 14, 15.
3. Ibid., p. 189, 190.
4. Floyd Gibbons, *The Red Knight of Germany*, The Sun Dial Press, 1927, p. 2.
5. Ibid., p. 2.
6. Ibid., p. 3.
7. John H. Morrow Jr., *The Great War in the Air*, Smithsonian Institution Press, 1993, p. 367. Obra definitiva sobre o assunto.
8. Ibid., p. 365.
9. Lee Kennett, *The History of Strategic Bombing*, p. 20.
10. Ibid., p. 25.
11. Bilstein, p. 39.

16. PARTIDA

1. Wykeham, p. 247.
2. Henrique Dumont Villares, p. 43, 44.
3. Extratos do diário de A. Camillo de Oliveira, 254, da coleção do general Nelson Wanderley.
4. Ibid.
5. Barros, p. 131.
6. Corn, *The Winged Gospel*, p. 91-111.
7. Ibid., p. 95.
8. *L'homme mécanique*, 1929, manuscrito não publicado, da coleção do general Nelson Wanderley.
9. Ibid.
10. Conversa do autor com Olympio Peres Munhóz em junho de 2000.

Escritos de Santos Dumont

A conquista do ar pelo aeronauta brasileiro Santos Dumont, 1901. Panfleto com poucas páginas.

"Travel by Balloon", *Baltimore American*, 5 de janeiro de 1902.

"How I Became an Aeronaut and My Experience with Air-Ships", Parte I, *McClure's Magazine*, vol. XIX, agosto de 1902.

"How I Became an Aeronaut and My Experience with Air-Ships", Parte II, *McClure's Magazine*, vol. XIX, setembro de 1902.

"The Sensations and Emotions of Aerial Navigation", *The Pall Mall Magazine*, 1904.

"Ce Que Je Ferai, Ce Que L'on Fera", *Je sais tout*, 15 de fevereiro de 1905.

"The Pleasures of Ballooning," *The Independent*, 1º de junho de 1905.

L'homme mécanique, 1929. Manuscrito em francês não publicado.

O que eu vi, o que nós veremos, 1918.

Os meus balões. Tradução de A. de Miranda Bastos. Edição fac-símile. Brasília: Fundação Rondon, 1986.

Leituras de Santos Dumont

Adolfo Venturi, *Botticelli*, A. Zwemmer, 1927. Um dos livros que ele encadernou quando estava numa clínica de repouso na Suíça.

H. G. Wells, *A guerra dos mundos*, 1898.

_____, *A guerra no ar*, 1908.

Henri Lachambre e Alexis Machuron, *Andrée's Balloon Expedition*, Frederick A. Stokes, 1898.

Júlio Verne, *Cinco semanas num balão*, 1863.

_____, *Viagem ao centro da Terra*, 1864.

_____, *Da Terra à Lua*, 1866.

_____, *Vinte mil léguas submarinas*, 1870.

_____, *Volta ao mundo em 80 dias*, 1873.

_____, *A ilha misteriosa*, 1874.

_____, *O dono do mundo*, 1904.

Octave Chanute, *Progress in Flying Machines*, Nova York, 1894.

Victor Hugo, *Les misérables*. Encontrado em sua casa em Petrópolis depois de sua morte.

Feitos de Santos Dumont

1883   Miniaturas em papel de balões de ar quente

1883   Avião de madeira acionado por uma tira de borracha

1897   Primeiro voo de balão (com Alexis Machuron)

1898   Brasil, balão de hidrogênio
Aparência: pequeno invólucro de gás em forma de pera com longo cordame
Dimensões: 6 metros de diâmetro
Cubagem: 113 metros cúbicos
Características: feito de seda japonesa leve
Desempenho: mais de duzentas ascensões

N° 1, aeronave de um só lugar
Aparência: cilíndrico com as extremidades em forma de cone
Dimensões: 25 metros de comprimento, 3,5 metros de diâmetro
Cubagem: 186 metros cúbicos
Motor: motor de triciclo modificado de 3,5 HP
Características: motor preso à cesta; sem invólucro externo; pesos deslocáveis para mudar o centro de gravidade; bomba de ar; leme de seda; *guide rope*; propulsor
Desempenho: chocou-se contra árvores (18 de set.); caiu ao ser submetido à pressão atmosférica (20 de set.)

1899   N° 2, aeronave de um só lugar
Aparência: similar ao N° 1

Dimensões: 26,5 metros de comprimento, 3,8 metros de diâmetro
Cubagem: 200 metros cúbicos motor: 3,5 HP
Características: pequena ventoinha rotativa para ajudar a bomba de ar
a encher o balonete interno; propulsor
Desempenho: caiu sobre umas árvores antes de ascender (11 de maio)

Nº 3, aeronave de um só lugar
Aparência: menos alongado
Dimensões: 20 metros de comprimento, 7,5 metros de diâmetro
Cubagem: 500 metros cúbicos
Motor: 3,5 HP
Características: sem balonete nem bomba de ar; gás de iluminação; haste
de bambu de 10 metros para dar rigidez; propulsor
Desempenho: atingiu a velocidade de 9,3 km/h; voo circular pela torre
Eiffel de vinte minutos (13 de nov.); diversos voos; recorde de 23 horas
de permanência no ar

1900   Nº 4, aeronave de um só lugar
Aparência: elíptico; "uma enorme lagarta amarela"
Dimensões: 29 metros de comprimento, 5,6 metros de diâmetro
Cubagem: 420 metros cúbicos
Motor: 7 HP
Características: sem cesto; ventilador de alumínio; selim de bicicleta
como assento; primeiro propulsor com dispositivo de arranque; enorme
leme hexagonal de seda
Desempenho: ascendeu preso ao solo num tempo tempestuoso perante
os participantes do Congresso Internacional de Aeronáutica (19 de set.)

Nº 4, aeronave modificada de um só lugar
Aparência: elíptico
Dimensões: 33 metros de comprimento
Cubagem: desconhecida
Características: acréscimo de seda ao invólucro do balão "tal como se
faz com as mesas elásticas"
Desempenho: sem estabilidade; nunca foi testado

ASAS DA LOUCURA

1901   Nº 5, aeronave de um só lugar
Aparência: elíptico
Dimensões: 34 metros de comprimento
Cubagem: 550 metros cúbicos
Características: quilha de 18 metros presa por cordas de piano; propulsor; taxada pelos funcionários da alfândega como um trabalho de marcenaria apurado
Desempenho: caiu sobre o castanheiro dos jardins do barão de Rothschild (13 de julho); destruiu-se ao cair no telhado do hotel Trocadéro (8 de agosto)

Nº 6, aeronave de um só lugar
Aparência: formato de charuto
Dimensões: 33 metros de comprimento
Cubagem: 622 metros cúbicos
Características: sistema de carburador e de lubrificação; motor refrigerado à água; boa potência do propulsor; ganhou o prêmio Deutsch ao circum-navegar a torre Eiffel (19 de out.); afundou na baía de Mônaco (13 de fevereiro de 1902); foi esfaqueado no Palácio de Cristal em Londres (27 de maio de 1902); foi consertado e enviado para o Brooklyn (julho de 1902) com o invólucro de gás com 650 metros cúbicos de cubagem

1902   Nº 7, dirigível de competição
Aparência: formato de charuto
Dimensões: 49 metros de comprimento, 7 metros de diâmetro
Cubagem: 1.257 metros cúbicos
Características: dois propulsores, um na frente e outro atrás, movidos por um só motor
Desempenho: nunca competiu; foi esfaqueado durante a Exposição de St. Louis (junho de 1904)

1903   Nº 9, Baladeuse, o primeiro carro aéreo do mundo
Aparência: balão robusto, um terço maior que o Nº 6
Cubagem: 220 metros cúbicos
Motor: 3 HP

Desempenho: 19-24 km/h; voou por toda parte; primeiro balão a motor a transportar uma criança (26 de junho); primeiro voo solo de uma mulher (final de junho)

1904 Nº 10, aeronave para dez pessoas
Cubagem: 2.010 metros cúbicos
Dimensões: 48 metros de comprimento, 8,5 metros de diâmetro
Desempenho: testes muito limitados; nunca carregou mais de uma pessoa

1905 Nº 11, monoplano não tripulado
Desempenho: quase não saiu da água ao ser puxado por um barco a motor

Nº 12, helicóptero com dois propulsores
Desempenho: nunca foi concluído

Nº 13, dirigível
Características: combinação de hidrogênio e ar quente
Desempenho: nunca foi concluído

Nº 14, dirigível
Motor: 14 HP
Desempenho: serviu de rebocador aéreo para puxar um aparelho mais pesado que o ar (19 de julho de 1906)

1906 Nº 14-Bis, "Ave de Rapina", aeroplano
Aparência; em forma de pato
Dimensões: 10 metros de comprimento, 12 metros de envergadura
Motor: 50 HP
Desempenho: voou 15 metros (13 de set.); 220 metros em 21 minutos e dois segundos (12 de nov.); primeiro avião a voar na Europa; primeira exibição pública de um voo de uma máquina mais pesada que o ar

1907 Nº 15, biplano
Desempenho: não chegou a levantar voo

ASAS DA LOUCURA

Nº 16, dirigível/avião híbrido
Desempenho: caiu após levantar voo

Nº 17, biplano
Desempenho: nunca foi construído

Nº 18, hidroplanador
Desempenho: não levantou da água

Nº 19, protótipo do avião esportivo Demoiselle
Aparência: monoplano de bambu
Dimensões: 8 metros de comprimento, 6 metros de envergadura
Motor: 18 HP
Desempenho: muito pesado porque o motor foi colocado acima da cabeça do piloto

1909   Nº 20, Demoiselle, o primeiro avião esportivo do mundo
Aparência: uma libélula com asas cobertas de seda
Dimensões: similar ao Nº 19
Motor: 18 HP
Desempenho: estabeleceu um recorde de velocidade de 89,8 km/h (set.); foi largamente copiado nos Estados Unidos e na Europa

Década de 1920 — motor para esquis subirem montanhas

Década de 1920 — estilingue para lançar um colete salva-vidas

Década de 1920 — mecanismo como o utilizado em corridas de galgos para movê-los na pista de corridas

Índice

A

Abbott, Charles, 191
absinto, preço do, 107
Academia de Ciências de Paris, 21
Acosta, Aida de, 176, 178
Adas, Michael, 230-231, 242
Aeroclube da América, 1655, 166, 167, 169, 170
Aeroclube de Paris
  aeródromo do, 70-71
  comissão científica do, 91, 101, 102, 109, 115, 118
  competições estabelecidas por, 100- -101, 110-12, 120-121
  desligamento de Santos Dumont do, 97-98, 154-155, 161-162
  e a feira de St. Louis, 150-151
  e regulamentos do prêmio Deutsch, 90
  e voos de Santos Dumont, 66-67, 69, 93, 115-116, 139
  política do, 93-94, 109-112, 113-114
  Prêmio de Encorajamento do, 91-92
  renúncia de Santos Dumont ao, 118- -119
Aeroclube do Reino Unido, 122, 149- -150, 164
aeródromo da estação
  aerostática marítima de Toulon, 137- -138

Aeródromos, 83-84, 85-86, 99, 127, 136, 138, 140-42, 145-46, 148, 164
aeronáutica, primórdios da 77-78
Aeronautical Journal, 61
Aeronca (Flying Bathtub), 189
aeroplanos
  aeródromos, 83-84, 85-86, 99, 127, 136, 138, 140-42, 145-46, 148, 164
  altitudes voadas por, 222-223
  asas em forma de diedro, 218-219
  Ave de Rapina (14-Bis), 211-212, 214, 215, 216, 289, 219, 227-228, 247-248, 249, 253-54, 257-58, 266
  biplanos, 186, 214-215, 216, 219-220, 221
  competições com, 214, 216
  controle de, 219-220
  desconfiança pública, 198-199
  desenvolvimento de, 65
  envergadura dos, 79-80, 81-82, 83
  estabilizadores dianteiros, 218-219
  experimentos de Santos Dumont com, 204-205, 209-210
  fabricantes de, 226-227, 230-231, 234-235
  hidroaviões, 235-236, 237, 250-251
  invenção do, 186
  lemes dos, 218-219

mais pesado que o ar, 11, 77-79, 85-86, 159, 186, 208-210, 212, 234

modelos de brinquedo, 82

monoplanos, 202-208, 209, 210, 216

motores rotativos para, 85

primeira vítima, 222-223

primeiro alerta de aeroplano perdido, 223-224

primeiro avião esportivo, 223-224, 293

primeiro homem de negócios a utilizar como meio de transporte pessoal, 235-236

primeiro voo de carga, 235-236

primeiro voo de reconhecimento, 240

resistência ao vento dos, 75-76

voo tripulado, 81-82, 83-84, 160, 175-176

voos de passageiros, 236-237

ver também máquinas voadoras

aeroporto, uso do termo, 122-123

aerostação

aerostação teórica, versus no ar, 113

como uma experiência religiosa, 237

companhias de seguro e, 182-183

experimentos em, 18-19, 23-24

perigos da, 69-70

pioneiros da, 18-19

ver também balões

África

controle de nativos na, 240

territórios na, 130

voo para a, 139

Agostinelli, Alfred, 181-182

Aimé, Emmanuel, 93, 101, 113, 115, 121, 193, 147-151, 155-156, 160, 225

Albert I, príncipe (Mônaco), 71, 136, 139, 146

Albert, príncipe Grã-Bretanha, 26-27

Alfonso XIII, rei da Espanha, 89

Allard (funâmbulo), 77, 78

Altman, Lawrence, 63

Alvarez, Luis, 132-133

American Association for the Advancement of Science, 79

Andrée, Salomon August, 35-36, 37, 131-132

Andrée's Balloon Expedition (Lachambre e Machuron), 35

Archdeacon, Ernest, 212, 214, 215, 216-217

arfada, 218

argônio, descoberta do, 82

Aristoff (russo), 58

armas automáticas, 129, 241-242

Arquitas de Tarento, 19

asas arqueadas, 218-219

asas em forma de diedro, 218-219

Assis Chateaubriand, 184

Associação Britânica para o Progresso da Ciência, 82

astronomia, 227-228

ataque aéreo, primeiro, 127

Aulo Gélio, 19

Áustria, estrategistas militares na, 126

automóveis

buggy elétrico, 47

confiabilidade dos, 135-136

corridas de, 48-49, 135

interesse de Santos Dumont nos, 32, 33-34, 47-48, 153-154

motores a petróleo de, 47, 41-42, 106

patentes de, 32

perigos dos, 193

primeiro na América do Sul, 32-33

primeiro, 12, 85, 86, 171

recordes de velocidade dos, 66, 67

restrições dos, 150

uso militar dos, 90

ASAS DA LOUCURA

Automóvel Clube de Paris, 47-48, 52-53, 58, 70, 89
Ave de Rapina (14-Bis), 211-212, 214, 215, 216, 289, 219, 227-228, 247-248, 249, 253-254, 257-258, 266
aves como modelo de voo, 66, 67-68, 69, 130-31, 24-42
aviação, história da, 189
aviação, *ver* aerostação; aeroplanos; máquinas voadoras
aviões Blériot, 234, 240-241

B
Baetjer, Frederick H., 86
Balaceano, 122
Baladeuse, 10-11, 171, 172, 176, 224, 253--54, 262, 267
balões
  à mercê do vento, 94-95, 194
  aeronaves de uso pessoal, 10-11, 13, 30, 97, 145-147, 155-156
  ar quente, 18-20, 22, 23
  artistas de rua, 30
  balonete interno dos, 41, 67, 74, 100--101, 104
  cabos de suspensão, 42-43
  centro de gravidade dos, 51
  como obra do diabo, 31
  como um divertimento para os ricos, 12, 32-33
  competições de, 52, 61-62, 87-88, 133, 138-39, 161-167, 172-173, 178-179
  corda da válvula de escape, 194
  cordames dos, 39-40, 41-42, 46-47, 50, 69, 194-195
  dirigíveis, 10-11, 46-47, 49, 70-71, 99-100, *ver também* dirigíveis
  equilíbrio vertical, 50-51

  esféricos, 50, 51, 53
  estabilidade dos, 42, 43, 46, 47
  expedição ao polo Norte em, 35
  experiências de Santos Dumont com, 41-43, 44, 121-122, 123-124, 175
  formato de charuto, 31, 49, 109, 120, 166
  formato fusiforme, 68
  gás de iluminação em, 68, 69, 70, 71
  guide ropes para, 174-175
  hidrogênio, *ver* balões de hidrogênio
  lastro para, 37-38, 46, 49-50
  lemes de, 70, 71, 73-74
  modelos de brinquedos de, 13, 119-121
  motores para, 31, 47-50, 52-53, 61-62, 75-76, 85-86
  perigos dos, 33, 45-47, 51-54, 59
  presos ao solo, 30-31, 54
  primeiras experiências em, 16-24
  primeiras pesquisas de Santos Dumont sobre, 31-32, 33-34, 35-36
  primeiro passeio de Santos Dumont em, 40-49
  propulsores de, 50, 51, 53-54
  quilha, 87-88, 102-103
  recordes estabelecidos com, 71
  seda para, 20-22, 42, 43, 46-47, 50, 73-74
  sobre a água, 136-137
  travessia do Atlântico em, 141, 151, 160, 162, 234
  usos militares de, 30, 100, 119, 123, 125, 203-204
  válvula de escape de, 194
  válvulas de segurança, 21, 56
  válvulas de gás de, 41-42, 50-51, 56--57, 102-103
  voo em baixa altitude em, 224

voo mais leve que o ar em, 67, 71-72, 81-82, 133

balões de ar quente
    invenção dos, 18-20, 22-24
    montgolfières, 23, 24, 194
    ver também aerostação; balões

balões de hidrogênio, 23
    Brasil (balão), 42-44, 46-47, 49-50, 51
    charlières, 23
    fontes de propulsão, 47
    primeiras pessoas a ascender em, 23
    Santos Dumont Nº 1, 49
    Santos Dumont Nº 2, 68
    Santos Dumont Nº 4, 72-73
    ver também aerostação; balões

"balomania", 23

Balzer, Stephen Marius, 84-85

banho quente, 28

Barbosa, Agenor, 184, 265

barômetro, invenção do, 19

Beachey, Lincoln ("Louco Voador"), 238

Bell, Alexander Graham, 83, 127, 165, 167

Bennett, James Gordon, 59, 143

Benz, Karl, 32

Besançon, Georges, 115

bicicletas, primórdios das, 28, 234

Bierce, Ambrose, 187

Bilstein, Roger, 239

biplanos, 186, 215, 216, 219, 221

Black, Joseph, 22

Blériot, Louis, 211, 215, 234, 240

Boelke, Oswald, 343

bolômetro, invenção do, 79

bomba a vácuo, invenção da, 19

bombas atômicas, 132-133, 186

Bonaparte, príncipe Roland, 119

Bowen, Palmer, 150

Brasil
    financiamento pelo, 101
    glória do, 259
    indústria do café, 15, 15-18
    Inquisição no, 31
    jazigo de Santos Dumont no, 251
    obras públicas no, 15
    primeira pessoa a dirigir um automóvel no, 32-33
    retorno de Santos Dumont para o, 185, 225
    Revolução Constitucionalista, 254
    Santos Dumont lembrado no, 12-13, 247-248
    viagem para a Europa, 12

Brasil (balão)
    construção, 42-43, 49
    estabilidade, 46-47
    primeira ascensão em, 46, 50

Breckinridge, coronel Henry, 176

Britain, Vera, 242

Brokaw, W. Gould, 167

Brooklyn Rapid Transit Company, 155, 162, 166

Brooks, Harry, 252

buggy elétrico, 47

Burr, George, 196

C

cadeira elétrica, instituição da, 30

cadeiras de rodas elétricas, 206

Calnan, tenente George, 176

canal da Mancha, travessia aérea, 12, 60, 210-211, 234

canal de Suez, construção do, 130

carros, *ver* automóveis

Cartier, Louis, 9, 11, 12, 59, 101, 180

Cavallo, Tiberius, 22

Cayley, sir George, 78-79

Central Park, Nova York, 45, 89

ASAS DA LOUCURA

Chanute, Octave, 78, 79-80, 189, 217, 220

Chapin, Albert, 53, 151, 199, 204

Charles, Jacques Alexandre César, 21-23

Chopin, Frédéric, 256-257

ciência e tecnologia, progresso em, 60-82

Clausen, George, 89

Comenda da Legião de Honra, 228

Companhia Britânica da África do Sul, 130

companhias de seguro, 109

Comuna de Paris, 24

comunicação sem fio, 231

conferências de paz, 232, 233

conflitos trabalhistas, metralhadoras usadas em, 171

Congresso dos Estados Unidos
financiamento pelo, 83-84, 188, 189
proposta de criação de um correio aéreo rejeitada pelo, 235

Congresso Internacional de Aeronáutica, 72, 75

Convenção de Genebra, 232

Copa Internacional de Aeronautas, 212-213

Corn, Joseph, 237, 252, 265

correio aéreo, 235

corridas de carros Paris-Amsterdã, 48

Crouch, Tom, 80, 217, 220, 223, 235

Curtiss, Glenn, 190, 191, 234-237, 238

D

D'Arlandes, marquês, 23

Daimler, Gottlieb, 62

Danti, Giovanni Battista, 78

Darwin, Charles, 82

Davis, Zeb, 89

Dayton Daily News, 192

De Dion (triciclo), 48

Dédalo de Perúgia (Giovanni Battista Danti), 77-78

Demoiselle, 224-227, 253-254, 263, 266

Deniau, Sra., 108-109

Deutsch de la Meurthe, Henry
competição estabelecida por, 71-72
e participações de Santos Dumont, 92, 93-95, 105-106, 109-122, 135, 137
prêmio para competição de aeroplanos oferecido por, 216-217
prêmio para competição de balões oferecido por, 85-86, 90-93, 114-15, 134, 136-137, 202, 207
regulamentos mudados por, 91-95, 96, 100
valsa composta por, 122

Die Waffen Nieder! (Suttner), 130

dinamite, desenvolvimento da, 130

Dino, duque de, 136, 138, 146

Dion, conde Albert de, 115, 117-118

dirigíveis
financiamento para, 11
primeira mulher a voar sozinha em, 237
primeiros, 24
R101, 254
Santos Dumont Nº 1, 49
uso militar, 230

Dream of Wings, A (Crouch), 80

Drumont, Sr., 119

Dumont Villares, Jorge, 250, 254-255

Dumont, Amália, 182

Dumont, Henrique Villares, 185

Dumont, Henrique, 15-16, 18, 25-27, 32-33

dundum (balas), 308

E

Eagle, 35

Edison, Thomas, 32, 134, 156-158, 160, 161, 165, 167

Eiffel, Gustave, 9, 10, 27, 119, 122, 143
Einstein, Albert, 256
eixo de guinada, 218
elerões, 219-220
eletricidade, primórdios da, 27
Elisabeth I, da Inglaterra, 180
Ellis, John, 129
Encantada, A (casa no Brasil), 248
energia solar, 79
Enola Gay, 133
era da aviação, 127
estabilizadores (de aviões), 218
estações de aeronaves, 171-172
estilingue, usos de, 249
Eugênia, imperatriz, 9
Europa
    aeronautas pioneiros na, 11
    Primeira Guerra Mundial na, 13, 129, 227, 229, 240-241
    viagem para, 12
excentricidade e genialidade, conexão entre, 181
exibições aéreas, 236, 239
explosivos
    desenvolvimento de, 131, 230
    na guerra, 230, 233, 241, 245-246
Exposição de St. Louis (Feira Mundial), 150, 160, 169, 197, 200, 202-203, 205, 206, 161-173
Exposição Pan-Americana, Buffalo, 108
Exposição Universal de Paris (1889), 27, 32
Exposição Universal de Paris (1900), 72

F

Fagel, André, 173
Farman, Henri, 217
Faujas de Saint-Fond, Barthélemy, 21

Feira Mundial de St. Louis, 150, 151, 159, 160, 193-194, 196-197
Fleischmann, Elizabeth, 66
Flight in America (Bilstein), 239
flogístico ou "gás inflamável", 22
Flying Bathtub (Aeronca), 226
fobia do número 12, 69
Fokker, Anthony, 241
Fonvielle, Wilfrid de, 100-101, 115
Ford modelo T, 251-252
Ford, Henry, 252

G

Gaillard, conde de, 224
Gaillard, madame de, 225
Gaillard, Maxime, 58
Galien, Joseph, 20
Galileu, Galilei, 19, 256
Garcia (professor), 33, 35
Gard, Martin du, 248
Garros, Roland, 241
Gastambide, Antoinette, 69
Gatling, Richard Jordan, 128-131, 233
Gavotti, tenente Giulio, 240
genialidade e excentricidade, conexão entre, 180
Giffard, Henri, 30, 49
Gilliam, Lucian, 200-201
Gleanings in Bee Culture, 186
Goltz, barão von der, 230
Gori, Anton Francesco, 256
Goursat, George (Sem), 9, 59, 143, 171, 180, 182, 208, 209, 225
Grande Guerra (Primeira Guerra Mundial), 11, 13, 129, 227, 229, 230-231, 240-241, 246
Grande Prêmio de Aviação, 217
Greenwall, H. J., 59

ASAS DA LOUCURA

Guarda Nacional, Estados Unidos, 130

Guericke, Otto von, 19

Guerra de Secessão (guerra civil americana), balões de observação na, 125, 128, 233

Guerra dos Bálcãs (1912), 240-241

Guerra dos Bôeres, 180

guerra dos mundos, A (Wells), 253

guerra entre a Itália e a Turquia, 240

guerra entre os Estados Unidos e o México, 126

Guerra Franco-Prussiana (1871), 27, 126, 180

Guerra Hispano-Americana, 66, 84

guerra

aeronaves como armas, 13, 128, 240-241

e a Convenção de Genebra, 232

e tecnologia, 230, 233-234, 235

impacto psicológico, 246

metralhadoras na, 129-130, 241-242

Ministério da Guerra, Estados Unidos, 126, 235

observação aérea em, 241

Primeira Guerra Mundial, 11, 13, 129, 227, 229, 240-241

repressão à, 130

uma atividade nobre, 242

Guilherme II, Kaiser, 229, 232

Gusmão, Lourenço de, 38

H

Haberfield, Walther, 257

Haig, Douglas, 129

Halasz, Nicholas, 131, 132

Hall, Lewis Coelman, 167

Hamilton, Tom, 200, 226

Hargrave, Lawrence, 208

Haussmann, barão Georges-Eugène, 45

Heilig, Sterling, 73

helicópteros, 209

Herzig, Rebecca, 66, 265

Herzl, Theodor, 131

hidroaviões, 216, 236, 250-251

hidrogênio

a natureza inflamável do, 46, 49

descoberta do, 21

e ar, 46-47

gás de iluminação comparado com, 53

Hitchcock, Gilbert, 189

Holmes, Burton, 28-29

I

I'm Going to Maxim's (Greenwall), 59

Ícaro, 77, 82, 98, 227, 251, 258

Inquisição, 31

Instituto Smithsonian, 77, 79, 83, 85, 159, 190-191

irmãos Robert, 21, 23

irmãos Wright

como pilotos de planadores, 188, 208

disputas sobre patentes dos, 158-159

e competição, 217-218, 220

experimentos dos, 174-175, 175-176, 182-183, 184, 185-186

histórias publicadas em jornais sobre, 186, 217

influência de Langley sobre, 187-188

metas comerciais dos, 13, 186, 218--219, 239, 246, 234, 237

primeiro voo dos, 12, 186, 189, 191--192, 259

segredo dos, 12, 186-188, 189-190, 191-192, 208-209, 217-218, 206

sobre a guerra, 205-206

voos públicos dos, 220-221

Isabel, princesa, condessa d'Eu, 9, 10, 11, 95, 101, 102, 122, 225

J

jantares aéreos, 9-10, 176
Japão, serviço de balões em, 203, 206
Jefferson Guards, 199, 201, 205

K

Kelvin, William Thompson, lorde, 82, 83, 148, 160-162
Kennett, Lee, 23, 244, 245
Kerr, George Francis, 166-167, 169
Kevles, Bettyann Holtzmann, 66
Kingsbury, coronel, 201
Kitty Hawk, Carolina do Norte, os Wright em, 186, 188, 190-192, 219, 221
Knight, Nancy, 65
Krebs, Arthur, 30, 47, 100
Krupp ("a famosa indústria Krupp"), Alemanha, 230

L

L'homme mécanique (Santos Dumont), 253
La France, 100
Lachambre, Henri
    balões cativos de, 53-54
    e a primeira viagem de balão de Santos Dumont, 37-43
    e Brasil (balão), 41-44, 46, 50
    e Eagle, 35
    e Santos Dumont Nº 1, 49-50, 51
    livro sobre Andrée por, 35-36
Lana Terzi, Francesco de, 19-20
Lancaster, Israel, 80-81
Langley, Samuel Pierpont, 77, 79-86, 113, 156-161
    aeródromos de, 77, 83-84, 127, 136, 188, 218, 220
    características pessoais de, 79-86
    com funções militares, 126-127, 220
    financiamento do trabalho de, 81
    morte de, 189-190
    primórdios da carreira de, 77, 79
    segredo de, 81-82, 186, 187
Lawson, Alfred, 236
Lebaudy, Paul e Pierre, 233
Lei de Langley, 81, 82
Lei Tarifária de Dingley, 151
Lênin, 256
Leonardo da Vinci, 77
Leslie's Weekly, 127
Letellier, Sra., 69
Liga das Nações, 248
Lilienthal, Otto, 78, 218
Lincoln, Abraham, 129
Lindbergh, Charles, 176, 250
Lloyd George, David, 324
Londres
    balão rasgado em, 162-163, 164, 165
    bombardeio de, 245
    Museu da Ciência em, 190
    Palácio de Cristal em, 149, 164, 199
    possível mudança de Santos Dumont para, 149-150
Lorrain, Jean, 181
Loubet, Emile, 97, 179
Luís XIV, rei da França, 78
Luís XVI, rei da França, 22
lusíadas, Os (Camões), 142
luzes elétricas, 149, 167

M

Machines as the Measure of Men (Adas), 231
Machuron, Aléxis
    e a primeira viagem de balão de Santos Dumont, 37-42
    e Brasil (balão), 41-44, 46
    e Eagle, 35
    e Santos Dumont Nº 1, 49
    livro sobre Andrée por, 35-36
    morte de, 92-93

ASAS DA LOUCURA

Madame Pi-Pi, 58
Manly, Charles, 187, 188
máquinas voadoras
    como armas de destruição em massa, 13, 125, 151, 234
    como carruagens da paz, 11, 132-133
    como divertimento para os ricos, 12, 122
    competições para construir e voar, 12, 125, 155-157, 175, 177-178, 181-182
    controle de, 166-184
    dificuldade para controlar os tempos de voo, 179-180
    mais leve que o ar, 79, 159, 172, 196
    mais pesado que o ar, 79, 82, 209, 212, 234
    motores elétricos para, 47-48
    patentes de, 158
    perigos de, 12-13, 33
    primeira criança em, 175
    primeiro piloto feminino de, 176, 237
    transporte de longa distância, 12
    uso militar de, 70-71, 77, 105-113, 115, 184, 194-196, 200-206, 207-208
    uso pessoal de, 10-11, 13, 146-147, 156, 187, 188-189, 209-212
    voo tripulado em, 181-184, 160, 175
    ver também aeroplanos; balões
marcha de Montgolfier, A (Deutsch), 122
Marconi, Guglielmo, 134
Maria Antonieta, rainha da França, 22
Marie-Henriette, rainha da Bélgica, 93
Maupassant, Guy de, 27
Maxim's, Paris, 58-59, 98, 122, 223, 253
McCormick, Harold Foster, 236
McKinley, William, 84, 88-89
mecanismo de corridas de galgos, 249
Methot, Minnie, 172
metralhadoras Gatling, 128
meus balões, Os (Santos Dumont), 16, 185, 267
Meyers, Carl, 200, 201
Mônaco
    aeródromo em, 70-71, 135-136, 116
    mudança de Santos Dumont para, 135-141
    partida de Santos Dumont de, 146-147
    usina de hidrogênio em, 138
    voos de balões em, 136, 14-43
monoplano Taube, 244
monoplanos, 208, 209, 216, 218, 240, 244
Monte Carlo, 121, 136, 138, 148, 149, 181
Montgolfier, Joseph e Etienne, 19, 24, 30, 78, 122, 125
Morgan, J. Pierpont, 149
motor a petróleo Balzer, 187
motor Clément, 172
motor de motocicleta Dulthiel & Chalmers, 216
motores a vapor, 83
motores de triciclos, 47-50, 53, 73
motores elétricos, 47-48
motores rotativos, 18, 85

N

Napoleão III, 9, 45, 141
Nasa, 191
New York Herald, 59, 71
Newport, Rhode Island, cassino em, 167
Nicolau II, tsar russo, 232
Nobel, Alfred Bernhard, 130-132, 133, 234
Nobel, Ludwig, 131
noites áticas, As (Aulo Gélio), 19
Nova York, 84, 89
    Central Park, 89
    partida de Santos Dumont de, 140
    possível mudança de Santos Dumont para, 141, 148-151
    visita de Santos Dumont a, 154

O

Oceano Atlântico, travessia em balão, 141, 151, 160, 162, 234
Oliveira, A. Camillo de, 249
operações militares aéreas, 234
ornitóptero, 78
Osiris, Daniel, 121

P

Palácio de Cristal, Londres, 149, 164, 165, 199, 205
Paris Herald, 59, 267
Paris
  "balomania" em, 23
  banhos quentes em, 28
  Bois de Boulogne, 45, 70
  bombardeio de, 234, 244
  correntes de ar em, 91
  escarradeiras em, 107
  festas em, 34
  Grande Cascade em, 114-115
  homossexualidade em, 34, 181
  irmãos Wright em, 222
  Jardin d' Acclimatation em, 45-46, 52-54, 67
  maravilhas tecnológicas de, 26
  Maxim's em, 58-59, 70, 98, 180
  mudança de Santos Dumont para, 24-32, 174-175
  nacionalismo exacerbado em, 227
  ondas de calor em, 93
  Palácio da Indústria em, 32
  pouso de balões em, 60, 145-146
  subúrbio de Neuilly Saint-James de, 171-172, 174
  Tomada da Bastilha, 93, 96
Pasteur, Louis, 26, 63
Pathfinder, 195
Pedro II, D., 9, 15, 95
Peres Munhóz, Olympio, 255, 263

Peterson, J. H., 200
Pettenkofer, Max von, 64
Peugeot (automóveis), 32-34, 47
Piazza, capitão Carlo, 240-241
Pilâtre de Rozier, Francis, 23
Pilcher, Percy Sinclair, 211
planadores, 77, 78, 80, 188, 208-209, 210
Popular Mechanics, 226
Popular Science, 252
Powers, Edna, 184
Prado, Antônio Jr., 9, 69, 254
Prêmio Nobel da Paz, 132
Prêmio Santos Dumont, 91, 92, 97
Primeira Guerra Mundial, 11, 13, 129, 227, 229, 240-241, 246
Princesa Alice (iate), 143
princípios newtonianos, 81
Proust, Marcel, 181-182

Q

quatorzième (décimo quarto convidado), 69
Quimby, Harriet, 237-238

R

R101 (dirigível), 254
Radiação
  experimentos com, 64, 65
  solar, 79
raios X, 34, 64-66
Rayleigh, John William Strutt, 82
rebocador aéreo, 210, 211
religião, 198-200
relógios de pulso, 179-180
Renard, Charles, 30, 47, 100-101
resina elástica, 22
resistência do vento, 81
Revolução Francesa, 27
Revolução Industrial, 65, 129, 130, 231

Revue Scientifique, 61
Richthofen, Manfred von (Barão Vermelho), 243
Ritt, Olivier, 139
Roche, Jean, 119, 226
Rochefort, Henri, 119, 141
Rockefeller, John D., Sra. 117
Roentgen, Wilhelm Conrad, 64-66
rolamento (de avião), 218-219
Rolls, C. S., 122, 150
Rolt, L. T. C., 20
Roosevelt, Alice, 158, 167
Roosevelt, Theodore, 84, 158, 160
Rothschild (família), 9, 42
Rothschild, Alphonse de, 42, 46
Rothschild, Edmund de, 94-95
Royal Flying Corps (R. F. C.), 243

S
"Santos" (valsa de Deutsch), 122
Santos Dumont, Alberto
    abstenção de patentes por, 11, 156
    aeroplanos de, 213-216
    apelido de Petit Santos de, 51-52
    biplano pilotado por, 186
    coração de, 256-259
    declarações públicas de, 91-93, 117-122, 138, 140-142
    depressão de, 227, 247
    doença de, 226-227, 247, 254
    e a feira de St. Louis, 151, 159, 194, 196
    e a morte do pai, 32-33
    e as mulheres, 152, 182
    e o prêmio Deutsch, 90-92, 100, 109, 119, 135, 136
    educação de, 32, 33
    em Mônaco, 130
    exibições públicas de, 64-65
    experimentos aerodinâmicos de, 210
    experimentos com balão por, 45-47, 49, 145, 149, 204
    experimentos infantis de, 23-24
    fama de, 12-13, 50-51, 79, 82, 91-92, 101, 103-104, 104-105, 154-155, 169-170, 180-181
    festas dadas por, 9-17, 185
    guarda-roupa de, 52, 178, 180
    habilidades mecânicas de, 18-20
    histórias publicadas em jornais sobre, 59, 93, 95, 97-98, 101, 105, 108-109, 119, 131, 150, 152, 163, 167-168, 193
    imagem no pão de mel, 120
    influência de, 196, 212
    interesse por automóveis, 32-34, 47, 178-179
    invenções de, 289-293
    jazigo de, 251
    legitimidade científica do trabalho de, 88
    livros de, 16, 156, 206, 211-212, 238-239
    medalha de São Benedito para, 101-102, 105, 113
    morte de, 255, 263-264
    mudança para Paris, 24-32, 174
    nascimento e infância de, 16-19
    no Maxim's, 58-59, 70, 98, 107, 180
    papéis destruídos por, 243-244
    personalidade e aparência de, 32, 45-46, 103-104, 126-127, 152-153, 153-154
    pesquisas sobre balões por, 33-34, 45-46
    prêmios e presentes para, 102-104, 113, 190-192
    primeiro balão construído para, 41-42
    primeiro passeio de balão de, 41-45
    primeiros sonhos de, 22-25
    questões financeiras de, 32-34, 149-150, 160
    reputação de, 51, 100, 154, 158, 180-181
    riscos assumidos por, 38-39, 45-46, 84, 87-88, 102-103, 104-105, 122

rumores contra, 108-109
superstições de, 69, 248
vida doméstica de, 126-128
visões pacíficas das máquinas voadoras, 10, 12
Santos Dumont N° 1, 49, 51, 52-53, 289
aproveitamento do, 67
primeiro voo do, 54-57
projeto do, 49, 56-57, 74
Santos Dumont N° 2, 67-69, 289-290
Santos Dumont N° 3, 68-74, 86, 87, 290
Santos Dumont N° 4, 72-76, 85, 87-88, 272, 290
projeto do, 72-76, 85-86, 87
reconstrução do, 243
voos de teste do, 72-73, 85-86, 87
Santos Dumont N° 5
e o prêmio Deutsch, 88, 86-90
explosão do, 88-89, 91
projeto do, 83, 291
reconstrução do, 105, 107
voos de teste do, 94, 103
Santos Dumont N° 6, 107, 199
acidentes com, 116-117, 146, 148-150
e o prêmio Deutsch, 114-115, 135, 227-228
em Mônaco, 136-137, 138, 141
em Nova York, 154, 162
esfaqueado, 136-138
modelos de brinquedo do, 120
no Palácio de Cristal, 148
projeto do, 109, 135, 227
reparos no ar de, 98-99
venda do, 135
Santos Dumont N° 7, 137, 171
e a feira de St. Louis, 198-199
e o Exército japonês, 205
esfaqueado, 201, 205
nos Estados Unidos, 151

projeto do, 124, 291
tarifas sobre, 126, 133
Santos Dumont N° 9, 171
primeira criança em, 175
primeiro carro aéreo, 171, 172
primeiro piloto feminino em, 179
projeto do, 144, 243-244
Santos Dumont N° 10, 208, 292
Santos Dumont N° 11, 208, 209, 292
Santos Dumont N° 12, 209, 292
Santos Dumont N° 13, 209-210, 292
Santos Dumont N° 14, 210, 211, 292
Santos Dumont N° 14-Bis (Ave de Rapina), 211-212, 214, 215, 216, 289, 219, 227-228, 247-248, 249, 253-254, 257-258, 266, 292
Santos Dumont N° 15, 216, 223, 292
Santos Dumont N° 16, 216, 223, 292
Santos Dumont N° 17, 216, 223, 292
Santos Dumont N° 18, 216, 223, 292
Santos Dumont N° 19, 216-217, 223-224, 293
Santos Dumont N° 20 (Demoiselle), 223, 293
Santos Dumont, Sophia, 182
Santos Dumont, Virgínia, 182
Santos, Francisca de Paula, 15
Science, 63
Scientific American, 196, 220, 222
Segunda Guerra Mundial, 191
Selfridge, tenente Thomas, 222
Sem (Goursat), 9, 171, 180, 182, 208, 209, 225
Severo, Augusto, 62, 67
Simon (operário), 108
síndrome de Tourette, 98
sionismo, 131
sistema norte-americano (produção em massa), 231
Smith, L. E. P., 182
Social History of the Machine Gun (Ellis), 129

Sociedade de Assistência aos Animais, 107

Sociedade Protetora dos Animais, 107

sorvete de casquinha, 206

Spencer, Stanley, 165, 166

Spreckels, Lillie "Lurline", 184

St. Moritz, pistas de esqui de, 249

Stevens, Leo, 196

Stowe, Harriet Beecher, 130

Suttner, baronesa Bertha Sophie Felicita von, 130-133, 232

T

Tecnologia

   e cooperação internacional, 230-231

   e guerra, 229-231, 233-234, 235

   produção em massa de, 231

   progresso científico e, 62-66

teleféricos e esqui, 249, 250, 253

telefone, 29-30, 230

Templer, coronel, 123

Tesla, Nikola, 165

Tiffany & Co., 84

Tissander, Gaston e Albert, 30

Tolstói, Leon, 130

torneios aéreos, 149-150, 234, 235, 239

torre Eiffel, 26-28

   circum-navegação da, 10, 12, 21, 70, 72, 75, 85-86, 90, 92-93, 98, 100-101, 105-106, 108, 114, 120-121, 122-123, 134, 135, 160, 164

   Serviço Central Meteorológico, 115

Torricelli, Evangelista, 19

Tourette, Gilles de la, 98

túneis aerodinâmicos, 81, 208

U

Uchatius, tenente Franz, 126

Underwood, John, 224, 226

V

vacina antirrábica, pesquisa sobre, 63

Vargas, Getúlio, 254, 255, 257

Vaulx, conde Henry de la, 195

Verne, Júlio, 10, 18, 24, 30, 253

véu Santos Dumont, 120

viagem aérea, possibilidade de, 125,

Villares Dumont, Henrique, 185

Villares, Jorge Dumont, 250, 255

Virginia-Pilot, 192

Voisin, Gabriel, 210-211, 215, 219, 249

voo como obra do diabo, 31

voo tripulado, interesse em, 81, 83

W

guerra no ar, A (Wells), 234

Walcott, Charles, 190-191

Wanderley, Sophia Helena Dodsworth, 184, 264

Weber, Eugen, 29, 30, 34

Wells, H. G., 11, 234, 253

Who Goes First? (Altman), 63

Wilde, Oscar, 181

Williams, A., 60-61

Wilson, Woodrow, 176, 251

Winged Gospel, The (Corn), 237

Winters, Nancy, 222

Wise, John, 126, 194-196

Wolfert, Karl, 61

Wolko, Howard, 191

Z

zepelins

   para fins militares, 240, 244-246, 247-248

   para transporte de passageiros, 236-237

Zeppelin, conde Ferdinand von, 60, 233--234

Este livro foi composto na tipografia Minion Pro,
em corpo 11/15, e impresso em
papel off-white no Sistema Cameron da
Divisão Gráfica da Distribuidora Record.